NOS VEMOS HOY 1

Curso de español

A1

EDICIÓN ANOTADA PARA DOCENTES

difusión

NOS VEMOS HOY 1
EDICIÓN ANOTADA PARA DOCENTES

Autoras
Eva Díaz Gutiérrez, Marina Martínez Moya

Con la colaboración de
Celia Jaén

Propuestas metodológicas de ritmos de aprendizaje individualizados
Andreas Escudero

Redacción
Roberto Castón (ilusionoptica.es)

Coordinación editorial
Pablo Garrido, Clara Serfaty

Diseño
Laurianne Lopez

Corrección
Marina López

Nos vemos hoy está basado en el manual *Con gusto nuevo*.

© de la edición original: Ernst Klett Sprachen GmbH, Stuttgart, Alemania (2018)

© de esta edición: Difusión, Centro de Investigación y Publicaciones de idiomas, Barcelona, España (2021)

ISBN: 9788418625190

Impreso en la UE

Queda prohibida cualquier forma de reproducción, distribución, comunicación pública y transformación de esta obra sin contar con la autorización de los titulares de la propiedad intelectual. La infracción de los derechos mencionados puede ser constitutiva de delito contra la propiedad intelectual (arts. 270 y ss. Código Penal).

Cómo es esta edición anotada para docentes
NOS VEMOS HOY 1

En la primera página encontrará un resumen de los **objetivos comunicativos**, **gramaticales** y **culturales** de la unidad.

En los cuadros de color blanco encontrará indicaciones para llevar a cabo las actividades: propuestas de contextualización, propuestas de dinámicas, ejemplos para ofrecer a sus estudiantes, sugerencias de uso de las fichas disponibles en **campus difusión**, información sobre aspectos culturales, etc.

Los **números de página** corresponden a los del libro de clase.

En estos cuadros de color blanco encontrará también (en rojo) las **soluciones** de las actividades que no cuentan con un espacio reservado para ello.

Las actividades se presentan mediante una breve descripción.

En algunos cuadros blancos encontrará la referencia a las fichas fotocopiables y a las fichas de lectura correspondientes a la actividad y a la secuencia que está trabajando.

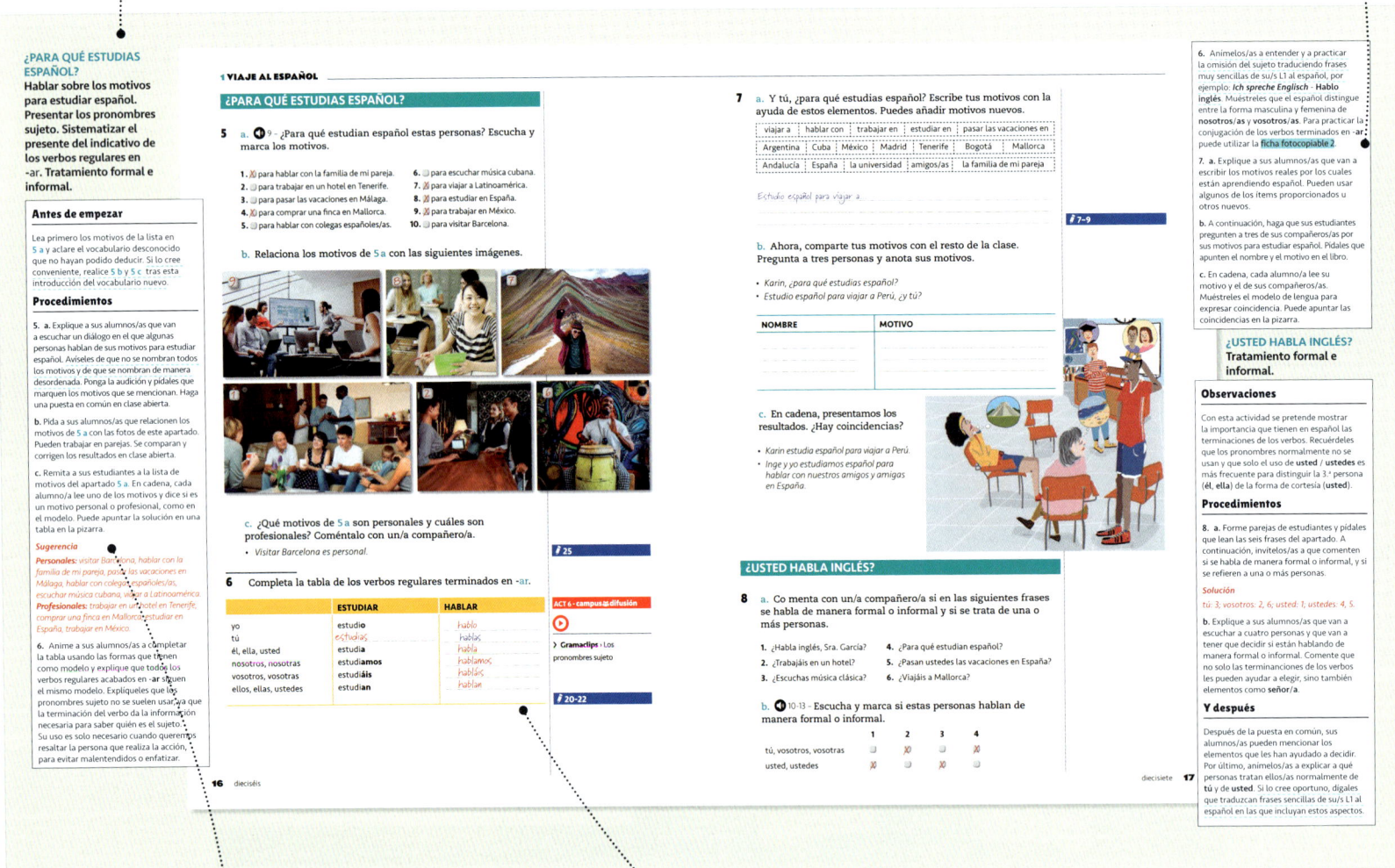

Para aquellas actividades que no tienen una respuesta única y cerrada, se ofrece una sugerencia de respuesta.

Cuando haya espacio para ello, encontrará las soluciones en el cuerpo de la propia actividad.

NOS VEMOS HOY y los ritmos de aprendizaje individualizados

Esta **EDICIÓN ANOTADA PARA DOCENTES** proporciona al profesorado pautas concretas de actuación que permiten adecuar los contenidos del manual al alumnado con necesidades y ritmos de aprendizaje específicos. Nos referimos, por ejemplo, a aprendientes de edades avanzadas que disponen de una menor memoria de trabajo o tienen dificultades para la percepción auditiva. También es el caso de aquellas personas que se inician en el aprendizaje de una L2 con un acervo de estrategias de aprendizaje menos completo, bien porque nunca han aprendido una lengua extranjera, bien porque su aprendizaje de idiomas tuvo lugar con una metodología muy diferente a la actual.

En esta **EDICIÓN ANOTADA PARA DOCENTES** se incluyen propuestas metodológicas destinadas a orientar al docente en la toma de decisiones cuando conviven en el aula estudiantes con ritmos de aprendizaje diferentes. Dichas sugerencias se indican en forma de anotaciones complementarias y se marcan con un subrayado punteado azul.

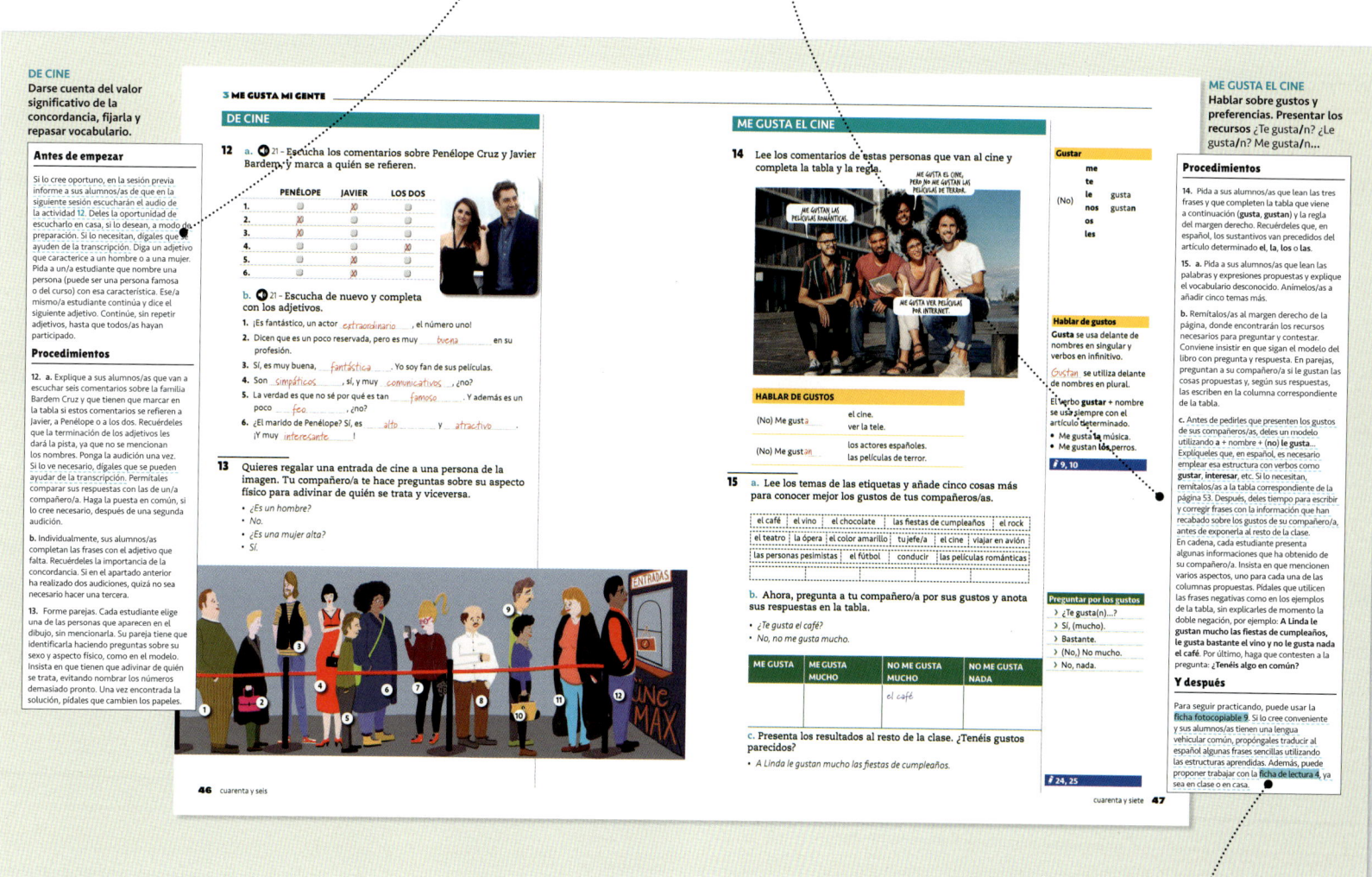

En línea con estas propuestas metodológicas, se presentan dos fichas de lectura en cada unidad. Estos materiales ofrecen a los/as estudiantes un apoyo escrito adicional para que se familiaricen, a su propio ritmo y mediante la lectura, con los contenidos que se tratarán en las siguientes sesiones de clase.

NOS VEMOS HOY 1

Curso de español

A1

difusión

NOS VEMOS HOY

Autoras
Eva María Lloret Ivorra, Rosa Ribas, Bibiana Wiener,
Margarita Görrissen, Marianne Häuptle-Barceló

Coordinación editorial y redacción
Clara Serfaty, Pablo Garrido

Diseño gráfico
Laurianne Lopez, Pablo Garrido

Diseño de cubierta
Laurianne Lopez

Ilustración
Miguel Manich (studiomanich.com)

Maquetación
David Caramés, Pedro Franquet, Miner Grillo

Corrección
Pablo Sánchez

Documentación
Emma González Mesas

Nos vemos hoy está basado en el manual *Con gusto nuevo*.

© de la edición original: Ernst Klett Sprachen GmbH, Stuttgart, Alemania (2018)

© de esta edición: Difusión, Centro de Investigación y Publicaciones de Idiomas, Barcelona, España (2021)

ISBN: 978-84-18625-16-9

Reimpresión: septiembre 2021

Impreso en la UE

Queda prohibida cualquier forma de reproducción, distribución, comunicación pública y transformación de esta obra sin contar con autorización de los titulares de propiedad intelectual. La infracción de los derechos mencionados puede ser constitutiva de delito contra la propiedad intelectual (arts. 270 y ss. Código Penal).

Bienvenidos a NOS VEMOS HOY ❶

NOS VEMOS HOY es un manual para descubrir el mundo de habla hispana y aprender a comunicarse en situaciones de la vida cotidiana. Al final de este nivel el / la estudiante habrá alcanzado el nivel A1 del Marco Común Europeo de Referencia para las Lenguas.

Para vivir una experiencia aún más interactiva, todos los recursos digitales de **NOS VEMOS HOY** se encuentran disponibles en:

Recursos para estudiantes y docentes
campus difusión

campus difusión

- ✓ **Libro digital interactivo en dos formatos (flipbook y HTML)**
- ✓ **Audios y vídeos**
- ✓ **Transcripciones de los audios**
- ✓ **Textos mapeados**
- ✓ **Textos locutados**
- ✓ **Itinerarios digitales**
- ✓ **Evaluaciones**
- ✓ **Exámenes autocorregibles por unidad**
- ✓ **Edición anotada para docentes**
- ✓ **Glosarios en inglés, francés y chino**
- ✓ **Soluciones**

En campus difusión encontrará además:

- un **itinerario digital** para cada unidad que integra todos los recursos digitales de la colección y, además, muchos otros de **Campus Difusión** (clips animados de gramática, micropelis, ejercicios interactivos…) para enriquecer sus clases presenciales y a distancia
- dos versiones de los **vídeos**: con y sin subtítulos
- todos los **textos mapeados** y **locutados** en las variantes argentina, colombiana, mexicana y peninsular
- **evaluaciones** con actividades para trabajar la comprensión lectora y auditiva y la expresión escrita y oral
- **exámenes autocorregibles** para cada unidad
- numerosas **fichas fotocopiables** y **de lectura**, ideales para trabajar las actividades y gestionar los **ritmos de aprendizaje individualizados**
- **glosarios alfabéticos** y **por unidades** en inglés, francés y chino

ÍNDICE

PÁG. 12

1 VIAJE AL ESPAÑOL

Comunicación
• Saludar y despedirse • Preguntar por el nombre • Presentarse y reaccionar • Preguntar por el significado • Los números hasta 10 • Hablar de los motivos para estudiar español

Léxico
• Nombres y apellidos • Saludos y despedidas • Las letras • Palabras de origen latino, árabe, indígena, inglés • Lenguas • Países • Motivos para estudiar español

Gramática
• La pronunciación • El artículo determinado • El género y el número en los nombres • Los pronombres personales • El tratamiento (**tú** / **usted**) • Los verbos regulares terminados en -**ar**

Cultura
• Personas famosas del mundo hispanohablante • El origen de las palabras • **Vídeo 1** Me presento • **PANAMERICANA** De norte a sur

PÁG. 26

2 PRIMEROS CONTACTOS

Comunicación
• Deletrear • Presentarse, preguntar por el estado y reaccionar • Saludar y despedirse • Hablar del lugar de origen • Preguntar por los datos personales y responder • Preguntar por la profesión, el lugar de trabajo y responder • Negar una afirmación

Léxico
• El alfabeto • Saludos y despedidas • Las profesiones • Lugares de trabajo • Caracteres especiales (arroba, guion…)

Gramática
• El artículo indeterminado • El género en las profesiones • La negación • Los verbos regulares terminados en -**er**, -**ir** • Los verbos **tener** y **ser** en presente

Cultura
• **Vídeo 2** Personalidades latinas
• **PANAMERICANA** México

PÁG. 40

3 ME GUSTA MI GENTE

Comunicación
• Hablar de la familia • Hablar de una persona: el aspecto físico, el carácter, el estado civil • Preguntar por los gustos y responder • Decir la fecha • Preguntar por el cumpleaños y responder

Léxico
• La familia y las relaciones personales • Características físicas • Adjetivos de carácter • Los gustos personales • Los números hasta 100 • Los meses del año

Gramática
• Los posesivos • El género y el número en los adjetivos • Los interrogativos • **Gusta(n)**

Cultura
• Familias famosas: Cruz y Bardem • Chocolates Valor • **Vídeo 3** Esta es mi familia • **PANAMERICANA** Guatemala

PÁG. 54

4 MIRADOR

Unidad de repaso

Hablamos de cultura: relaciones personales

Nos conocemos

Aprender a aprender

Terapia de errores

4 cuatro

PÁG. 58

5 COMER CON GUSTO

Comunicación
• Comprar alimentos • Preguntar el precio • Hablar de cantidades y envases • Pedir algo en un bar • Informarse sobre la comida • Referirse a una cosa mencionada • Preguntar por la hora y decirla • El momento del día y la hora • Expresar la frecuencia

Léxico
• Los alimentos • Las cantidades y las medidas • Los envases

Gramática
• Los pronombres de OD • El **se** impersonal • Los números a partir del 100 • Verbos con cambio vocálico (**e → ie**, **o → ue**) • La hora (**Es la** una / **Son las** dos)

Cultura
• Las tapas • El menú del mediodía • Los bares en España y los horarios • **Vídeo 4** Las recetas de Felipe • **PANAMERICANA** Costa Rica

PÁG. 72

6 POR LA CIUDAD

Comunicación
• Descubrir una ciudad • Preguntar y decir dónde se encuentra algo • Pedir información • Expresar necesidad • Indicar el camino • Los números ordinales • Expresar cómo ir a un lugar

Léxico
• Las partes de la ciudad • Los monumentos • Actividades en la ciudad • Los medios de transporte • Las tiendas y los establecimientos

Gramática
• **Hay** • **Está(n)** • Expresiones de lugar • El uso de las preposiciones **a** y **en** • La contracción del artículo • Los verbos irregulares **ser**, **ir**, **estar**, **seguir**

Cultura
• Sevilla • Bogotá • **Vídeo 5** ¿Dónde hay una farmacia? • **PANAMERICANA** Colombia

PÁG. 86

7 EL PLACER DE VIAJAR

Comunicación
• Reservar una habitación de hotel • Pedir información • Expresar acuerdo y desacuerdo: **A mí también**, **A mí tampoco**, **(Pues) A mí sí**, **(Pues) A mí no** • Expresiones de frecuencia • Marcadores temporales • Dirigirse a alguien para reclamar, disculparse, aceptar disculpas

Léxico
• Tipos de alojamiento y servicios • El ocio y el turismo • Reclamaciones

Gramática
• Los pronombres de objeto indirecto • **Mucho/a/os/as**, **muy**, **mucho** • Los verbos irregulares con **-g-** en la primera persona • El pretérito perfecto • Los participios irregulares

Cultura
• Mallorca • Cuba • **Vídeo 6** Este lugar es un sueño • **PANAMERICANA** Ecuador

PÁG. 100

8 MIRADOR

Unidad de repaso

Hablamos de cultura: no todo es diferente

Ahora ya sabemos

Aprender a aprender

Terapia de errores

cinco **5**

ÍNDICE

PÁG. 104

9 CAMINANDO

Comunicación
• Hablar de la ropa y los colores • Hablar de los materiales • Señalar algo • Describir la rutina diaria • Describir un proceso • Dar consejos • Comparar algo • Hablar del clima

Léxico
• La ropa • Los colores • Los materiales • El clima

Gramática
• La comparación • Los verbos reflexivos • El verbo **conocer** en presente • El objeto directo de persona • Los demostrativos • **Estar** + gerundio • Algunos gerundios irregulares

Cultura
• El Camino de Santiago • El Camino Inca • **Vídeo 7** El compañero de piso • **PANAMERICANA** Perú

PÁG. 118

10 TENGO PLANES

Comunicación
• Pedir en el restaurante • Modos de preparación de la comida (**frito/a**...) • Pedir algo que falta • Valorar la comida • Describir algo • Hacer planes, aceptar y rechazar una propuesta • Quedar con alguien

Léxico
• Actividades de tiempo libre • Productos y platos internacionales • El menú del día • Habilidades

Gramática
• **Ir a** + infinitivo • Preposición + pronombre • Frases de relativo con **que** y **donde** • Adjetivos de nacionalidad • El uso de **saber** y **poder** • **Otro/a/os/as** + nombre contable • **Un poco (más) de** + nombre incontable

Cultura
• En el restaurante • La importancia de salir a comer • **Vídeo 8** El grupo • **PANAMERICANA** Chile

PÁG. 132

11 CASA NUEVA, VIDA NUEVA

Comunicación
• Describir una vivienda • Hacer cumplidos y reaccionar • Dar datos biográficos • Hablar sobre sucesos en el pasado • Preguntar por el pasado • Localizar un momento en el pasado • Expresar la cantidad

Léxico
• Las partes de la casa y los muebles • Características de una vivienda • Las etapas de la vida

Gramática
• El pretérito indefinido regular • El pretérito indefinido irregular: **ir** / **ser** • Marcadores temporales para el pretérito indefinido y para el pretérito perfecto

Cultura
• La historia del cacao • **Vídeo 9** Bienvenidos a mi casa • **PANAMERICANA** Argentina

PÁG. 146

12 MIRADOR

Unidad de repaso

Hablamos de cultura: quedar y salir

Aprender a aprender

Terapia de errores

Organizar un juego

CÓMO ES **NOS VEMOS HOY**

Cada unidad de NOS VEMOS HOY se estructura de la siguiente manera:

Una página doble de **portadilla** presenta los objetivos, activa los conocimientos previos e introduce el tema de la unidad.

Tres páginas dobles forman el corazón de la unidad. Contienen textos vivos e informativos para familiarizarse con el idioma y actividades para aplicar de inmediato lo aprendido.

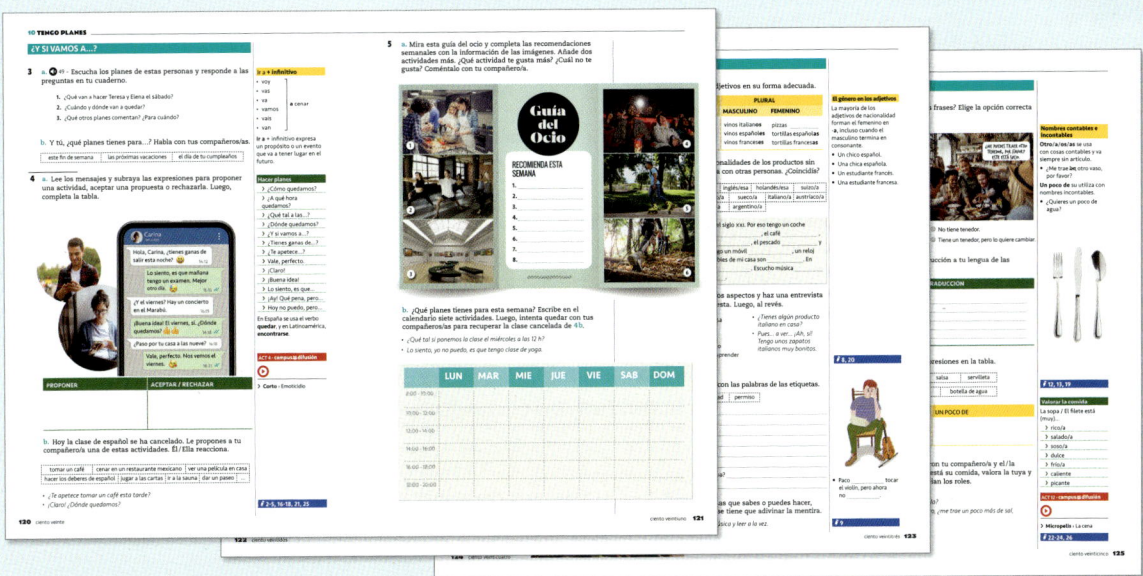

siete **7**

Este manual integra **itinerarios digitales** para completar las unidades. Estos itinerarios ofrecen en campus difusión:

contenido extra de **NOS VEMOS HOY** (textos mapeados y textos locutados)

vídeos que apoyan y complementan las explicaciones gramaticales y léxicas (gramaclips, cortos, micropelis, clases de gramática...)

Además, las ayudas laterales **de gramática** y las **de léxico y comunicación** ofrecen a los / las estudiantes, a lo largo de toda la unidad, un cómodo apoyo lingüístico para desarrollar las actividades y las propuestas prácticas de manera eficaz.

1, 2 Estas **remisiones al Cuaderno de ejercicios** informan a los / las estudiantes de qué actividades están asociadas a las propuestas didácticas de las unidades.

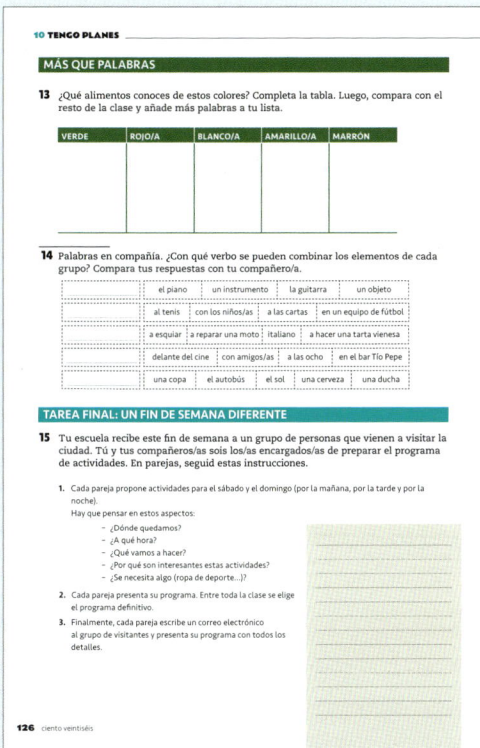

Más que palabras trabaja los recursos comunicativos y el contenido léxico de la unidad. Además, presenta colocaciones léxicas que ayudan a comprender cómo se combinan las palabras en español.

Una **tarea final** servirá para convertir los conocimientos adquiridos en la unidad en algo práctico para la vida real. Junto con sus compañeros/as, **el/la estudiante elaborará un producto** en el que plasmará su competencia comunicativa.

Todas las unidades ofrecen un vídeo, disponible en **campus difusión**, que complementa el contenido de la unidad al tiempo que nos acerca a la realidad sociocultural de los países de habla hispana.

En el apartado **Panamericana** se realiza un interesante recorrido cultural por gran parte de Latinoamérica.

CÓMO ES NOS VEMOS HOY

La doble página final brinda una recopilación de **recursos comunicativos** y **contenidos gramaticales**.

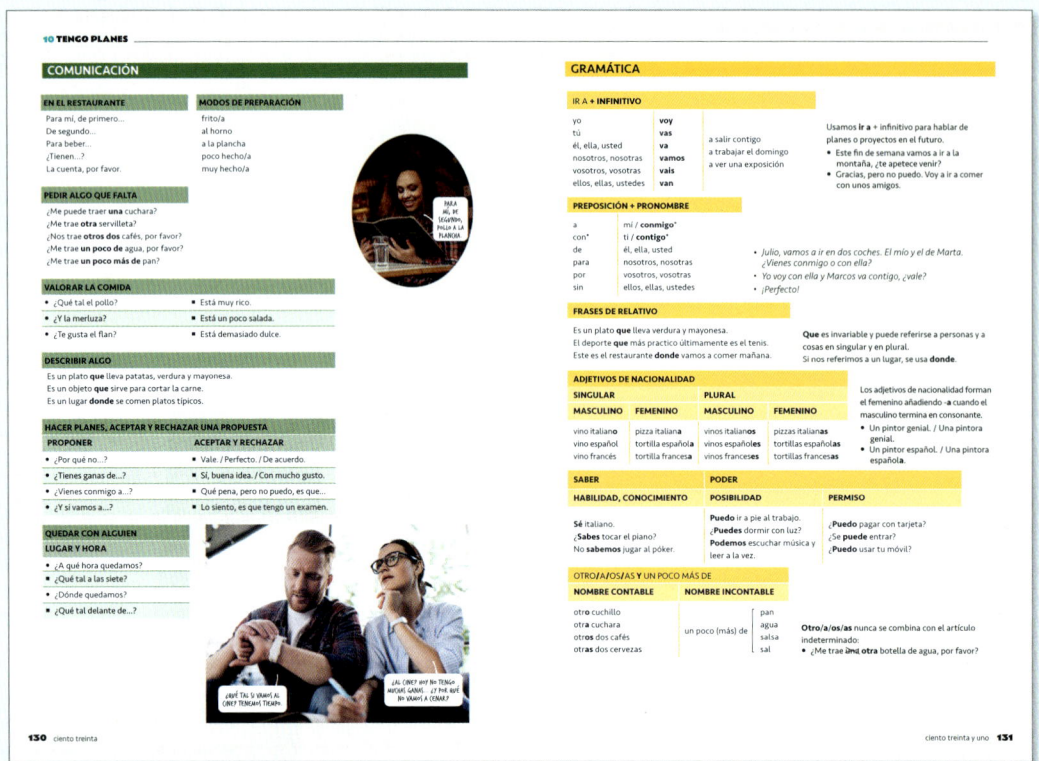

Las unidades 4, 8 y 12 son **unidades de repaso**. Se llaman **Mirador** porque ofrecen una vista global sobre todos los conocimientos lingüísticos y culturales adquiridos. Además, permiten experimentar con las estrategias de aprendizaje y tratar los errores.

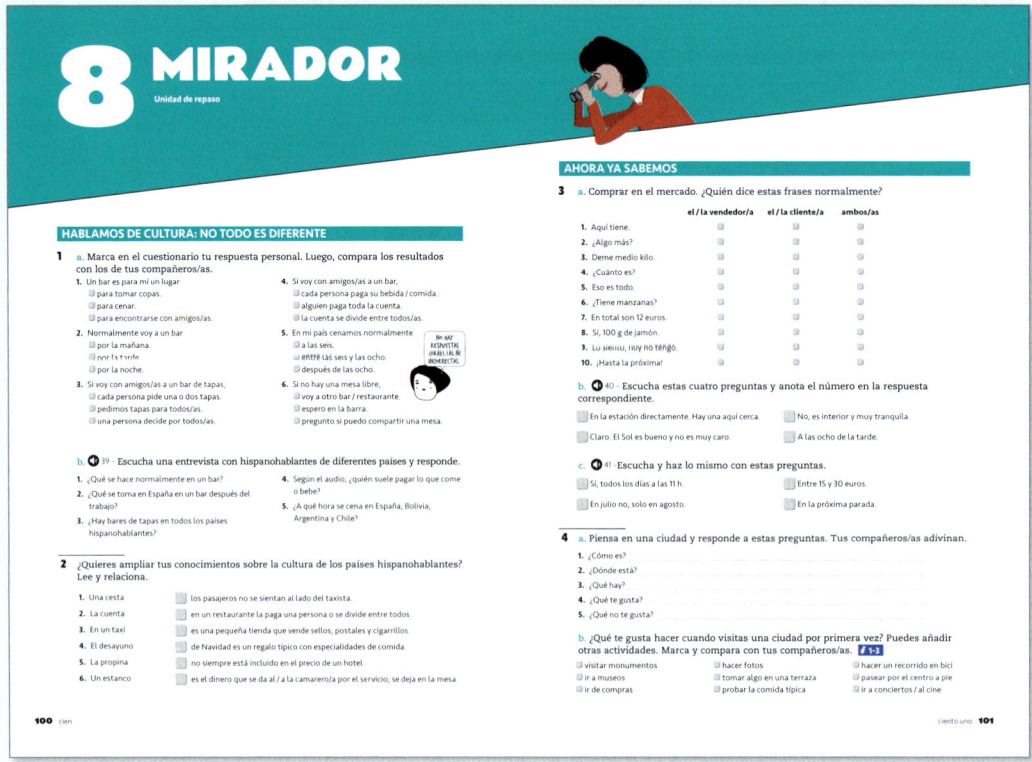

PRIMER CONTACTO

HOLA, ¿CÓMO TE LLAMAS?

1 a. Preséntate a tus compañeros/as.

- Hola, me llamo Alexandra. ¿Y tú? ¿Cómo te llamas?
- Yo me llamo Jonathan.

b. Ahora escribe tu nombre en un papel y ponlo encima de la mesa.

2 🔊 1 – Escucha estos diálogos y marca los saludos y despedidas que oigas.

SALUDOS		DESPEDIDAS	
☒ Hola.	☒ Buenos días.	☒ Adiós.	☐ ¡Hasta pronto!
☒ ¿Qué tal?	☐ Buenas tardes.	☒ ¡Hasta luego!	☒ ¡Chao!
☒ ¿Cómo estás?	☐ Buenas noches.	☒ ¡Hasta mañana!	☒ ¡Nos vemos!

3 a. 🔊 2 – Escucha las letras del abecedario y repite.

A, a	a	**A**lemania	país	Ñ, ñ	eñe	**E**spaña	país
B, b	be, be larga	**B**árbara	nombre	O, o	o	**O**lga	nombre
C, c	ce	**C**uba	país	P, p	pe	**P**erú	país
D, d	de	**D**iana	nombre	Q, q	cu	**Q**uito	ciudad
E, e	e	**E**lena	nombre	R, r	erre	Costa **R**ica	país
F, f	efe	**F**rancia	país	S, s	ese	**S**evilla	ciudad
G, g	ge	**G**uatemala	país	T, t	te	**T**eresa	nombre
H, h	hache	**H**onduras	país	U, u	u	**U**ruguay	país
I, i	i	**I**talia	país	V, v	uve, ve corta	**V**enezuela	país
J, j	jota	**J**osé	nombre	W, w	uve doble	**W**endy	nombre
K, k	ka	**K**ike	nombre	X, x	equis	**M**éxico	país
L, l	ele	**L**ima	ciudad	Y, y	ye, i griega	**Y**ucatán	ciudad
M, m	eme	**M**álaga	ciudad	Z, z	zeta	**Z**aragoza	ciudad
N, n	ene	**N**acho	nombre				

b. Clasifica las palabras de la tabla anterior según las siguientes categorías. Luego, compara tus respuestas con el resto de la clase.

Nombre de persona	País	Ciudad

once **11**

En esta unidad, sus estudiantes van a tener la oportunidad de saludar y despedirse, de preguntar por el nombre, de presentarse y reaccionar, de preguntar por el significado de una palabra, y de hablar de los motivos para estudiar español. Para ello, van a aprender la pronunciación del español, el artículo determinado, el género y número de los nombres, los pronombres personales, el tratamiento de cortesía y los verbos regulares terminados en -ar. Además, van a conocer personas famosas del mundo hispanohablante. el origen de algunas palabras y la ruta Panamericana.

1 VIAJE AL ESPAÑOL

Comunicación
- Saludar y despedirse
- Preguntar por el nombre
- Presentarse y reaccionar
- Preguntar por el significado
- Los números hasta 10
- Hablar de los motivos para estudiar español

Léxico
- Nombres y apellidos
- Saludos y despedidas
- Las letras
- Palabras de origen latino, árabe, indígena, inglés
- Lenguas
- Países
- Motivos para estudiar español

Gramática
- La pronunciación
- El artículo determinado
- El género y el número en los nombres
- Los pronombres personales
- El tratamiento (**tú** / **usted**)
- Los verbos regulares terminados en **-ar**

Cultura
- Personas famosas del mundo hispanohablante
- El origen de las palabras
- **Vídeo 1** Me presento
- **PANAMERICANA** De norte a sur

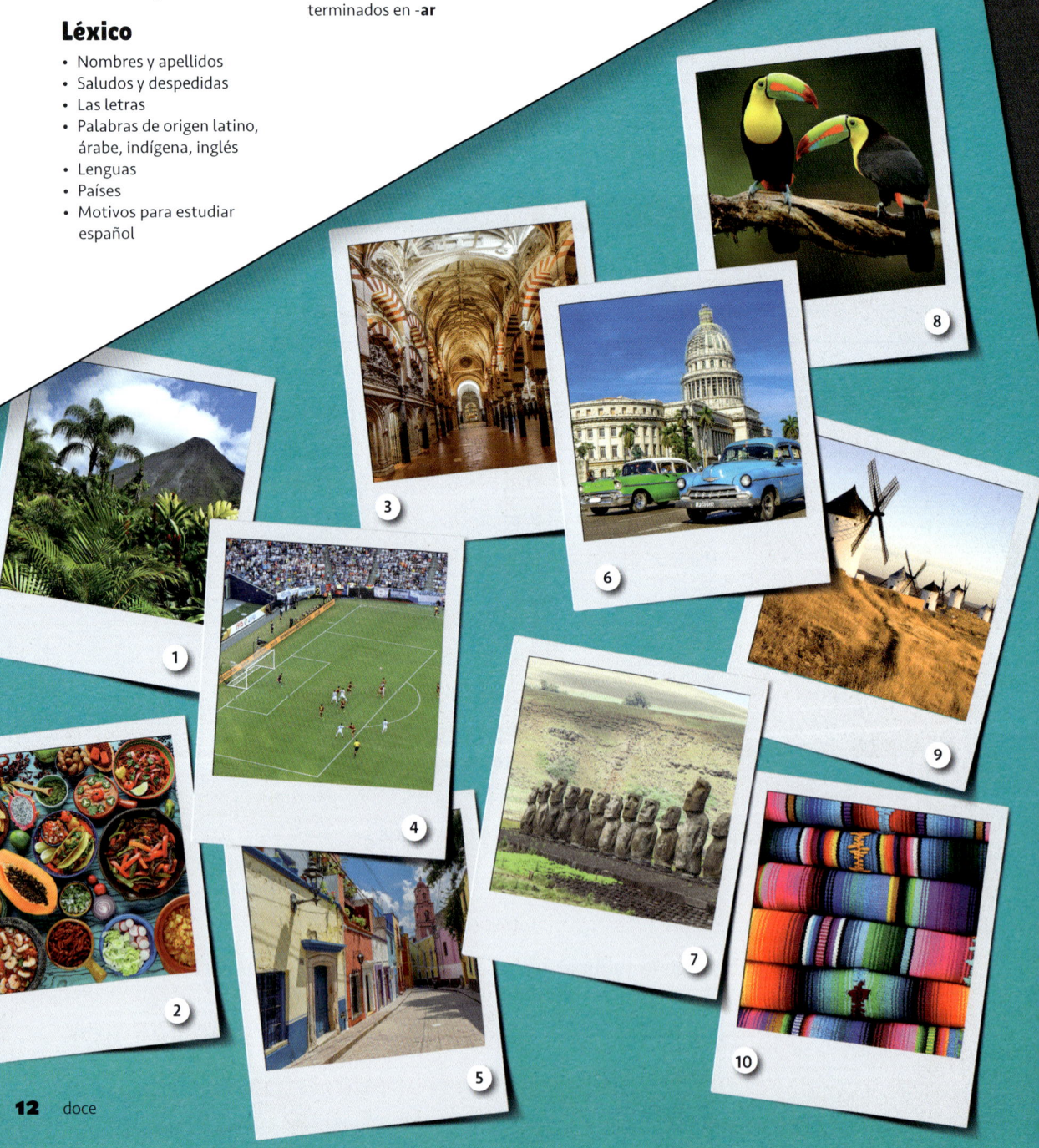

naturaleza

guitarra adiós cultura
México carnaval
historia fiesta sangría
salsa hola tomate
tacos Latinoamérica
paella ruinas mayas
chocolate fútbol tango
Argentina playa fruta
tortilla cacao
café Colombia
España mate tapas
Perú
música sol vale
Cuba

1

a. Lee estas palabras en español. ¿Cuáles conoces?

b. 🔊 3 – Escucha y marca en la nube de palabras las que se mencionan.

c. Relaciona las palabras con las fotografías.
- Uno: naturaleza, Latinoamérica...

d. ¿Conoces otras palabras en español?

Los números hasta 10	
› 0 cero	› 6 seis
› 1 uno	› 7 siete
› 2 dos	› 8 ocho
› 3 tres	› 9 nueve
› 4 cuatro	› 10 diez
› 5 cinco	

🎤 4, 13

VIAJE AL ESPAÑOL
Establecer un primer contacto con el mundo hispanohablante y mostrar a sus alumnos/as que no parten de cero en su aprendizaje del español.

Observaciones

Con esta primera actividad mostrará a sus estudiantes que ya entienden algo y les pondrá en contacto con la lengua que van a aprender. Es importante transmitirles confianza desde el principio y conseguir así una atmósfera relajada.

Antes de empezar

Pida a sus alumnos/as que observen las fotos y coméntales que presentan algunos aspectos de la cultura hispana, de España y de Latinoamérica. ¿Pueden identificar alguno de ellos?

Procedimientos

1. a. Dirija la atención de sus estudiantes hacia la nube de palabras y comenten aquellas que ya conocen y, en caso de que alguna palabra sea desconocida, aclare su significado, si lo cree conveniente. Para facilitar la comprensión auditiva, realice **a** y **c** antes de **b**.

b. Explique a sus alumnos/as que van a escuchar un texto relativamente largo sobre el mundo del español y que van a comprobar que son capaces de identificar muchas palabras. Ponga la audición y pídales que marquen en la nube de palabras aquellas palabras que identifican. Si lo cree necesario, puede darles, antes de la escucha, una copia de la transcripción.

Solución

ruinas mayas, mate, cacao, tapas, playa, salsa, música, paella, tomate, tacos.

c. A continuación, haga que sus estudiantes relacionen las palabras con las fotografías, siguiendo el ejemplo.

Sugerencia

Dos: comida, fruta, tacos, salsa, México.
Tres: cultura, historia, España.
Cuatro: fútbol.
Cinco: Argentina, cultura, Latinoamérica.
Seis: sol, Cuba, Latinoamérica.
Siete: historia, cultura, naturaleza.
Ocho: naturaleza, Latinoamérica.
Nueve: sol, cultura, historia, España.
Diez: Perú, cultura, Latinoamérica.

d. Por último, amplíe la lista de palabras anotando en la pizarra otras palabras españolas conocidas por sus alumnos/as.

ME LLAMO MARÍA JOSÉ

Dar información sobre nombres y apellidos en los países hispanohablantes. Practicar los recursos para presentarse, preguntar por el nombre y responder.

Observaciones

Frida Kahlo Calderón (1907 – 1954): pintora mexicana. Comenzó a pintar después de un grave accidente. El dolor por las continuas operaciones es tema constante en sus cuadros y autorretratos, que a menudo pintaba en la cama.

Pablo Ruiz Picasso (1881 – 1973): pintor español y uno de los principales representantes de la pintura del siglo XX. Es autor de más de 700 cuadros, entre ellos el *Guernica*, numerosas esculturas y cerámicas.

Gabriel García Márquez (1927 – 2014): escritor y periodista colombiano, autor de novelas como *Cien años de soledad* o *El amor en los tiempos del cólera*. Premio Nobel de Literatura en 1982.

Penélope Cruz Sánchez (1974): actriz española conocida por películas como *Volver* o *Vicky Cristina Barcelona*. Ha sido la primera actriz española en ganar un premio Óscar.

Procedimientos

1. a. Dirija la atención de sus estudiantes hacia las fotos y lea en voz alta los nombres y apellidos de las personas. Pregúnteles si conocen a estas personas con sus apellidos completos. Haga referencia a la información sobre los apellidos en el mundo hispanohablante que aparece en el margen.

b. Explique a sus alumnos/as que van a escuchar tres diálogos en los que tres personas se presentan. Ponga la audición y pídales que marquen los nombres y apellidos que escuchan. Haga hincapié en que son solo tres y explíqueles que los nombres y apellidos están desordenados. Avíseles de que ahora solo deben identificar los nombres y apellidos. Si lo desean, después de la audición pueden leer la transcripción y ver vocabulario nuevo.

2. a. Pida a sus estudiantes que vuelvan a la columna de NOMBRE de la actividad anterior. Con estos nombres y apellidos deben crearse una nueva identidad, que les servirá para tener un motivo real para preguntarse por sus nombres y contestar en el siguiente apartado.

b. Anímelos a asumir la nueva identidad española que han elegido en la actividad anterior y a moverse por la clase para tener una pequeña conversación con varios/as compañeros/as, como muestra el modelo (presentarse, preguntar cómo se llaman y despedirse). Deles la oportunidad de escribir el diálogo primero y corregirlo, si lo ve necesario.

---

1 VIAJE AL ESPAÑOL

ME LLAMO MARÍA JOSÉ

2 a. ¿Conoces a estas personas con sus apellidos completos? ¿Cómo son conocidos? ¿Conoces a otras personas famosas del mundo hispanohablante?

 Frida Kahlo Calderón
 Pablo Ruiz Picasso
 Gabriel García Márquez
 Penélope Cruz Sánchez

- *Rigoberta Menchú Tum es muy famosa también.*

b. 🔊 4-6 – ¿Cómo se llaman estas tres personas? Escucha y relaciona.

NOMBRE	APELLIDO 1	APELLIDO 2
☐ Alejandro	☐ García	☐ Alonso
☐ Ana María	2 Gómez	☐ Álvarez
1 Antonio	☐ González	☐ Díaz
☐ Carmen	3 López	3 Gutiérrez
☐ Cristina	1 Martín	☐ Hernández
☐ Francisco	☐ Martínez	1 Jiménez
2 Javier	☐ Pérez	2 Moreno
☐ Manuel	☐ Rodríguez	☐ Romero
3 María José	☐ Sánchez	☐ Ruiz

3 a. Mi identidad española. Crea tu nueva identidad con nombres y apellidos de la lista anterior.

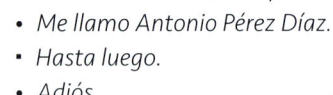
Me llamo...

b. Conoce a tus compañeros/as. Para ello, debes presentarte con tu nueva identidad, preguntar su nombre y despedirte.

- *Hola, ¿cómo te llamas?*
- *Me llamo Ana María López Moreno. ¿Y tú?*
- *Me llamo Antonio Pérez Díaz.*
- *Hasta luego.*
- *Adiós.*

Apellidos en español

En España y en Latinoamérica las personas tienen, generalmente, dos apellidos. El primero corresponde normalmente al padre y el segundo a la madre, aunque en algunos países este orden puede variar. Además, las mujeres mantienen sus apellidos cuando se casan.

Saludos y despedidas

Saludos
› Hola.
› Buenos días.
› ¿Qué tal?
› ¿Cómo te llamas?

Despedidas
› Adiós.
› Hasta luego.
› Hasta pronto.

i 1-3, 12, 14, 15-17

¿CÓMO SE PRONUNCIA?

4 a. 🔊 7 – Escucha estos nombres y marca las letras que tienen una pronunciación diferente en tu lengua.

- ☐ Mallorca
- ☐ Cristina Sánchez
- ☐ José Jimeno
- ☐ Gerardo García
- ☐ Zaragoza
- ☐ Ecuador
- ☐ Roberto Rodríguez
- ☐ Antonio Muñoz
- ☐ Chile
- ☐ Honduras
- ☐ María Moreno
- ☐ Quito

ACT 4a - campus difusión

▶ Clases de pronunciación ›
Los sonidos

La c, la z y la s

En Latinoamérica y en algunas regiones del sur de España la **c** delante de **e**, delante de **i** y la **z** se pronuncian como una **s**.

b. 🔊 8 – Escucha y lee los nombres. Luego completa según las reglas de pronunciación.

Hilda	**Che**ma	**E**lo**y**	Ma**rí**a	**Ga**briel	**Ce**lia
Gema	**Ca**rmen	Pa**qui**ta	Mi**gue**l	To**ñi**	**Gui**llermo
Yolanda	Al**be**rto	**Ro**sa	**Zu**lema	**Ju**lia	**E**va

C	Carmen	• delante de **a, o, u** se pronuncia fuerte, como en inglés *car*
	Celia	• delante de **e, i** se pronuncia suave, como **th** en *thing*
CH	Chema	• como en inglés *cherry*
G	Gabriel	• delante de **a, o, u** se pronuncia suave, como en inglés *good*
	Miguel	• en la combinación **gue, gui** no se pronuncia la **u** y la **g** se pronuncia suave
	Gema	• delante de **e, i** se pronuncia fuerte, como **ch** en alemán *Bach*
H	Hilda	• no se pronuncia
J	Julia	• se pronuncia fuerte, como **ch** en alemán *Bach*
LL	Guillermo	• se pronuncia suave, como en inglés *you*
Ñ	Toñi	• se pronuncia como **gn** en *cognac*
QU	Paquita	• delante de **e, i** se pronuncia fuerte, como en inglés *car*; la **u** no se pronuncia
R	Rosa	• se pronuncia fuerte a principio de palabra y cuando es doble **rr** (**carro**)
	María	• se pronuncia suave cuando va entre vocales o antes de otra consonante
B, V	Alberto	• se pronuncian igual, como en inglés *blue*
	Eva	
Y	Yolanda	• con vocal se pronuncia suave, como en inglés *you*
	Eloy	• a final de palabra se pronucia como **i**
Z	Zulema	• se pronuncia suave, como **th** en inglés *thing*

c. ¿Cómo se pronuncian estas palabras? Practica la pronunciación y lee las palabras en cadena con tus compañeros/as.

la organización
la información
la universidad
el chocolate
la geografía

el concierto
la guitarra
el español
el quiosco
la música

la tortilla
el teatro
la paella
la playa
el hotel

📄 5, 6, 26, 27

¿CÓMO SE PRONUNCIA?
Presentar las principales reglas de pronunciación.

Observaciones

Puede comentarles que en español (a diferencia de otros idiomas como el inglés o el francés) la grafía de una palabra se corresponde bastante con su pronunciación y que con estas reglas van a saber pronunciar todas las palabras que vayan viendo.

Procedimientos

4. a. Ponga la audición y pida a sus estudiantes que marquen las letras que en su lengua se pronuncian de forma diferente. Deles la oportunidad de escuchar la audición varias veces o bien haga pausas entre palabras, en caso necesario.

b. Diga a sus alumnos/as que van a escuchar los nombres de la tabla y que deben concentrarse en cómo se pronuncian. Avíseles de que las palabras se leen de arriba abajo, por columnas. Ponga la audición una o dos veces y pídales que después completen las reglas de pronunciación. Pueden trabajar en parejas. Se comparan y corrigen los resultados en clase abierta y, si es necesario, se vuelve a escuchar la audición. Haga referencia a la información del margen derecho y comente que, en cuanto la pronunciación, hay muchas diferencias regionales.

c. Pida a sus alumnos/as que marquen con un color las letras o combinaciones de letras a las que tienen que prestar especial atención. De forma individual, cada alumno/a lee para sí las palabras de la lista. En cadena, se van leyendo las palabras en voz alta. Para seguir practicando, reparta la ficha fotocopiable 1.

Y después

Explique a sus alumnos/as que van a practicar la pronunciación con unos trabalenguas. Escriba en la pizarra:

**Tres tristes tigres comen trigo en un trigal.
Como compro poco coco, poco coco como.
Pablito clavó un clavito.
Pepe Peña pica piña, pica piña Pepe Peña.
Pedro Pérez pesca peces para Paco Paz Jiménez.**

Divida la clase en pequeños grupos y deles tiempo para practicar las frases. A continuación, algunos/as voluntarios/as de cada grupo leen un trabalenguas. Si su clase tiene una lengua vehicular, puede traducir los trabalenguas, para que sepan lo que están diciendo.

quince **15**

¿PARA QUÉ ESTUDIAS ESPAÑOL?

Hablar sobre los motivos para estudiar español. Presentar los pronombres sujeto. Sistematizar el presente del indicativo de los verbos regulares en -ar. Tratamiento formal e informal.

Antes de empezar

Lea primero los motivos de la lista en **5 a** y aclare el vocabulario desconocido que no hayan podido deducir. Si lo cree conveniente, realice **5 b** y **5 c** tras esta introducción del vocabulario nuevo.

Procedimientos

5. a. Explique a sus alumnos/as que van a escuchar un diálogo en el que algunas personas hablan de sus motivos para estudiar español. Avíseles de que no se nombran todos los motivos y de que se nombran de manera desordenada. Ponga la audición y pídales que marquen los motivos que se mencionan. Haga una puesta en común en clase abierta.

b. Pida a sus alumnos/as que relacionen los motivos de **5 a** con las fotos de este apartado. Pueden trabajar en parejas. Se comparan y corrigen los resultados en clase abierta.

c. Remita a sus estudiantes a la lista de motivos del apartado **5 a**. En cadena, cada alumno/a lee uno de los motivos y dice si es un motivo personal o profesional, como en el modelo. Puede apuntar la solución en una tabla en la pizarra.

Sugerencia

Personales: visitar Barcelona, hablar con la familia de mi pareja, pasar las vacaciones en Málaga, hablar con colegas españoles/as, escuchar música cubana, viajar a Latinoamérica.
Profesionales: trabajar en un hotel en Tenerife, comprar una finca en Mallorca, estudiar en España, trabajar en México.

6. Anime a sus alumnos/as a completar la tabla usando las formas que tienen como modelo y explique que todos los verbos regulares acabados en **-ar** siguen el mismo modelo. Explíqueles que los pronombres sujeto no se suelen usar, ya que la terminación del verbo da la información necesaria para saber quién es el sujeto. Su uso es solo necesario cuando queremos resaltar la persona que realiza la acción, para evitar malentendidos o enfatizar.

---

1 VIAJE AL ESPAÑOL

¿PARA QUÉ ESTUDIAS ESPAÑOL?

5 a. 🔊 9 – ¿Para qué estudian español estas personas? Escucha y marca los motivos.

1. ✗ para hablar con la familia de mi pareja.
2. ⬜ para trabajar en un hotel en Tenerife.
3. ⬜ para pasar las vacaciones en Málaga.
4. ✗ para comprar una finca en Mallorca.
5. ⬜ para hablar con colegas españoles/as.
6. ⬜ para escuchar música cubana.
7. ✗ para viajar a Latinoamérica.
8. ✗ para estudiar en España.
9. ✗ para trabajar en México.
10. ⬜ para visitar Barcelona.

b. Relaciona los motivos de **5 a** con las siguientes imágenes.

c. ¿Qué motivos de **5 a** son personales y cuáles son profesionales? Coméntalo con un/a compañero/a.

- *Visitar Barcelona es personal.*

6 Completa la tabla de los verbos regulares terminados en -ar.

	ESTUDIAR	HABLAR
yo	estud**io**	hablo
tú	estud**ias**	hablas
él, ella, usted	estud**ia**	habla
nosotros, nosotras	estud**iamos**	hablamos
vosotros, vosotras	estud**iáis**	habláis
ellos, ellas, ustedes	estud**ian**	hablan

✏ 25

ACT 6 - campus difusión

▶

> Gramaclips > Los pronombres sujeto

✏ 20-22

7 **a.** Y tú, ¿para qué estudias español? Escribe tus motivos con la ayuda de estos elementos. Puedes añadir motivos nuevos.

viajar a	hablar con	trabajar en	estudiar en	pasar las vacaciones en
Argentina	Cuba	México	Madrid	Tenerife	Bogotá	Mallorca
Andalucía	España	la universidad	amigos/as	la familia de mi pareja

Estudio español para viajar a...

🎧 7-9

b. Ahora, comparte tus motivos con el resto de la clase. Pregunta a tres personas y anota sus motivos.

- *Karin, ¿para qué estudias español?*
- *Estudio español para viajar a Perú, ¿y tú?*

NOMBRE	MOTIVO

c. En cadena, presentamos los resultados. ¿Hay coincidencias?

- *Karin estudia español para viajar a Perú.*
- *Inge y yo estudiamos español para hablar con nuestros amigos y amigas en España.*

¿USTED HABLA INGLÉS?

8 **a.** Comenta con un/a compañero/a si en las siguientes frases se habla de manera formal o informal y si se trata de una o más personas.

1. ¿Habla inglés, Sra. García?
2. ¿Trabajáis en un hotel?
3. ¿Escuchas música clásica?
4. ¿Para qué estudian español?
5. ¿Pasan ustedes las vacaciones en España?
6. ¿Viajáis a Mallorca?

b. 🔊 10-13 – Escucha y marca si estas personas hablan de manera formal o informal.

	1	2	3	4
tú, vosotros, vosotras	☐	✗	☐	✗
usted, ustedes	✗	☐	✗	☐

diecisiete **17**

---

6. Anímelos/as a entender y a practicar la omisión del sujeto traduciendo frases muy sencillas de su/s L1 al español, por ejemplo: *Ich spreche Englisch* - **Hablo inglés**. Muéstreles que el español distingue entre la forma masculina y femenina de **nosotros/as** y **vosotros/as**. Para practicar la conjugación de los verbos terminados en **-ar** puede utilizar la ficha fotocopiable 2.

7. **a.** Explique a sus alumnos/as que van a escribir los motivos reales por los cuales están aprendiendo español. Pueden usar algunos de los ítems proporcionados u otros nuevos.

b. A continuación, haga que sus estudiantes pregunten a tres de sus compañeros/as por sus motivos para estudiar español. Pídales que apunten el nombre y el motivo en el libro.

c. En cadena, cada alumno/a lee su motivo y el de sus compañeros/as. Muéstreles el modelo de lengua para expresar coincidencia. Puede apuntar las coincidencias en la pizarra.

¿USTED HABLA INGLÉS?
Tratamiento formal e informal.

Observaciones

Con esta actividad se pretende mostrar la importancia que tienen en español las terminaciones de los verbos. Recuérdeles que los pronombres normalmente no se usan y que solo el uso de **usted / ustedes** es más frecuente para distinguir la 3.ª persona (**él**, **ella**) de la forma de cortesía (**usted**).

Procedimientos

8. **a.** Forme parejas de estudiantes y pídales que lean las seis frases del apartado. A continuación, invítelos/as a que comenten si se habla de manera formal o informal, y si se refieren a una o más personas.

Solución
tú: 3; vosotros: 2, 6; usted: 1; ustedes: 4, 5.

b. Explique a sus alumnos/as que van a escuchar a cuatro personas y que van a tener que decidir si están hablando de manera formal o informal. Comente que no solo las terminaciones de los verbos les pueden ayudar a elegir, sino también elementos como **señor/a**.

Y después

Después de la puesta en común, sus alumnos/as pueden mencionar los elementos que les han ayudado a decidir. Por último, anímelos/as a explicar a qué personas tratan ellos/as normalmente de **tú** y de **usted**. Si lo cree oportuno, dígales que traduzcan frases sencillas de su/s L1 al español en las que incluyan estos aspectos.

PALABRAS CON HISTORIA

Introducir recursos para preguntar por palabras desconocidas a través de un texto con información cultural.

Observaciones

En cualquier lectura es importante que sus alumnos/as se fijen primero en los elementos conocidos y que traten de extraer de ellos el máximo de información. En la sesión previa, diga a sus estudiantes que el próximo día trabajarán en clase con ese texto. Dígales que, si quieren, lo preparen en casa con el diccionario. Invítelos/as también a escuchar la locución en la/s variedad/es del español que prefieran.

Procedimientos

9. a. Explique a sus alumnos/as que van a leer un texto sobre el origen de algunas palabras españolas y pídales que subrayen las palabras que entiendan. De este modo, podrán comprobar que hay muchas palabras que ya comprenden por sus conocimientos del mundo y porque algunas de estas palabras son "transparentes". No hace falta insistir en aspectos gramaticales. Por ejemplo: **viene** o **vienen** se aprenden como vocabulario.

b. A continuación, haga que comparen su lista con la de un/a compañero/a y pregunte: **¿Hay coincidencias? ¿Cuáles?**

c. Pregunte a sus alumnos/as: **¿Qué significa** aceite? Si nadie lo sabe, aclare su significado. Anímelos/as a que le pregunten por las palabras desconocidas del texto usando los recursos del margen de la derecha.

d. Antes de empezar, asegúrese de que los tres pictogramas propuestos están claros para sus alumnos/as. A continuación, pídales que lean individualmente el texto de la actividad **9 a** y busquen tres ejemplos para cada una de las categorías propuestas. Invítelos/as a que comparen sus resultados en parejas. Comente las soluciones en clase abierta y reúnalas en una tabla en la pizarra.

Y después

Sin mirar el libro, haga que intenten recordar el artículo determinado (**el** o **la**) que acompaña a cada palabra de la pizarra. Este sencillo ejercicio, sirve además como introducción a la actividad **10**.

---

1 VIAJE AL ESPAÑOL

PALABRAS CON HISTORIA

9 a. Lee este texto sobre el origen de las palabras del español y subraya las palabras que son similares en tu lengua o en otras que conoces.

ACT 9a - campus difusión

Texto mapeado
Texto locutado

¿De dónde vienen las palabras del español?

Todas las lenguas son el resultado de la historia y de muchas influencias. El 80 % (ochenta por ciento) de las palabras del español viene del latín, por ejemplo, **la fábrica, el hospital, la universidad, la noche, la fruta**. El resto viene de otras lenguas.

Muchas palabras son del árabe, como **el aceite, el arroz, la taza, la naranja, el alcohol, la jirafa, el limón, el café, la cifra**, o del griego, como **la biblioteca, el museo, el teatro, la historia**.

Otras palabras vienen de las lenguas indígenas de América: **el tabaco, el maíz, el colibrí, el cacao, el jaguar, la barbacoa… Los tomates** también son "americanos".

Además, hoy muchas palabras nuevas vienen del inglés: **el champú**, el *camping*, **el fútbol**, el *chat* y el *marketing*.

b. Comparte tu lista de palabras con tus compañeros/as. ¿Coincidís?

c. ¿Qué palabras del texto no entiendes? Comparte la información con otras personas.

- ¿Qué significa cifra?
- Yo creo que significa número.

d. Busca en el texto tres palabras para cada categoría.

Comida y bebidas	Lugares	Animales
fruta, aceite, arroz, naranja, limón, café, tabaco, maíz, cacao, tomates	fábrica, hospital, universidad, quiosco, biblioteca, museo, teatro, camping	jirafa, colibrí, jaguar

Preguntar por el significado y responder
> ¿Qué significa **aceite**?
> ¿**Taza** significa…?
> (Yo creo que) Significa…
> Sí. / No. / No lo sé.

LA FORMA DE LAS PALABRAS

10 a. Completa la tabla y añade un ejemplo más para cada caso.

	MASCULINO	FEMENINO
SINGULAR	**el** teatr**o** **el** hotel el libro	**la** palabr**a** **la** universidad la biblioteca
PLURAL	**los** teatro**s** **los** hotel**es** los libros	las palabra**s** las universidad**es** las bibliotecas

b. ¿Puedes reconocer el género de las palabras por la terminación? ¿Cómo se forma el plural? Completa el cuadro lateral y coméntalo con un/a compañero/a.

c. Juega con tus compañeros/as: una persona dice una palabra en singular con el artículo; la siguiente persona forma el plural y dice una palabra nueva, y así sucesivamente. En las páginas 13, 15 y 18 hay muchas palabras para practicar.

- La guitarra.
- Las guitarras. El hospital.
- Los hospitales. …

11 Completa el cartón de bingo con palabras de la unidad. Después, tu profesor/a dice algunas palabras. Tacha las que coincidan. Quien consigue primero una línea dice ¡Bingo!

SUGERENCIA			
El hospital	La universidad	★	Las ruinas
★	La salsa	Los tomates	Las culturas
El café	La música	Los teatros	★

El género y el número

En español, generalmente, los nombres masculinos terminan en **o** y los nombres femeninos en **a**.

Para formar el plural, se añade una —s a las palabras que terminan en vocal y —es a las que terminan en consonante.

📄 10, 11, 18

LA FORMA DE LAS PALABRAS
Presentar el artículo determinado, el género de los sustantivos y la formación del plural.

Observaciones

Para el apartado **10 c** puede usar una pelota blanda. De este modo, la cadena es inesperada y consigue que todos los/as estudiantes estén atentos/as a lo que dicen sus compañeros/as.

Antes de empezar

Si no ha realizado el ejercicio propuesto en el apartado **Y después** de la actividad anterior, puede proponerlo ahora como ejercicio previo.

Procedimientos

10. a. Escriba en la pizarra la tabla de este apartado y pida a sus alumnos/as que la completen con ejemplos del texto anterior.

b. Llame su atención sobre la clasificación (masculino y femenino) y comente que en español solo existen estos dos géneros. Escriba en la pizarra todas las palabras que le vayan dictando sus estudiantes y subraye la terminación. Vuelva a la tabla y lea los ejemplos del plural. Anímelos/as a que formulen ellos/as mismos/as la regla antes de completar la que está en el margen.

c. Pida a sus alumnos/as que piensen en una palabra que hayan visto en la unidad. Invite a uno/a de sus alumnos/as a que diga la palabra en la que ha pensado. Su compañero/a dice la forma del plural, después propone otra palabra en singular y así sucesivamente, siguiendo el modelo. Vaya tomando nota en la pizarra de las palabras que salen y de sus formas correctas. Indíqueles que en las páginas 13, 15 y 18 de la unidad pueden encontrar muchas palabras.

11. Comente a sus alumnos/as que van a practicar el vocabulario de la unidad con un bingo. Pídales que elijan nueve palabras de la unidad. Aunque tienen libertad para seleccionar las palabras que ellos/as quieran, deben fijarse bien en los artículos que están en el cartón del bingo. Cuando cada alumno/a tenga su cartón completo, explíqueles que usted va a leer una serie de palabras de la unidad y que ellos/as tienen que tachar las palabras de su cartón según las vaya mencionando. El / La primero/a que tenga una línea con las palabras tachadas puede cantar ¡Bingo!

MÁS QUE PALABRAS
Repaso del vocabulario de la unidad mediante combinaciones de palabras y formación de frases.

Observaciones

Comente que esta sección aparecerá en todas las unidades con el objetivo de fijar y ampliar el vocabulario, para reflexionar sobre diferentes técnicas que apoyan el proceso de adquisición del mismo.

Procedimientos

12. a. Explique a sus alumnos/as que tienen que buscar dos palabras para cada uno de los ocho grupos. Si lo cree oportuno, pídales en la sesión previa que preparen este apartado en casa. Antes de la puesta en común, haga que comparen sus palabras con las de un/a compañero/a.

Sugerencia

Saludos: ¡Hola!, ¿Qué tal?
Nombres: Alejandro, Carmen.
Apellidos: González, Ruiz.
Palabras de origen árabe: aceite, naranja.
Despedidas: adiós, ¡Hasta luego!
Lenguas: español, árabe.
Países: Colombia, Argentina.
Motivos para estudiar español: para viajar, para hablar con mis amigos/as.

b. A continuación, haga parejas y pídales que busquen al intruso que hay en cada fila de la tabla. Haga la puesta en común en clase abierta.

TAREA FINAL: CREAR RUTINAS PARA APRENDER

Observaciones

Comente que las preguntas del recuadro sirven para el final de todas las unidades de este libro. Explique la palabra **repaso** si no la concocen.

Antes de empezar

Remita a sus estudiantes al cuadro del margen derecho y hágales notar que pueden usar su lengua o la vehicular del grupo para hablar de cuestiones sobre el aprendizaje más complejas.

Procedimientos

13. a. Explique a sus alumnos/as que tienen que contestar a cinco preguntas sobre la unidad. Haga que primero marquen dónde van a hacerlo.

b. Antes de la puesta en común en clase abierta, permítales que comparen sus respuestas con las de un/a compañero/a.

---

1 VIAJE AL ESPAÑOL

MÁS QUE PALABRAS

12 a. Escribe dos ejemplos para cada categoría. Luego, compara con tus compañeros/as.

| ❶ Saludos | ❷ Nombres | ❸ Apellidos | ❹ Palabras de origen árabe |
| ❺ Despedidas | ❻ Lenguas | ❼ Países | ❽ Motivos para estudiar español |

1. Saludos: ¡Hola!...

b. Palabras en compañía. Detecta el intruso en cada fila. Luego, compara con tus compañeros/as.

hablar	español	X Barcelona	en inglés	griego
trabajar	en la universidad	en Tenerife	en un hotel	X naranjas
viajar	a Mallorca	por Latinoamérica	con la familia	X lenguas
pasar las vacaciones	con la familia	X una guitarra	en Costa Rica	en la playa
visitar	Barcelona	monumentos	X español	las ruinas mayas
comprar	una guitarra	X a Mallorca	tomates	chocolate
estudiar	culturas antiguas	español	en la universidad	X a Barcelona

TAREA FINAL: CREAMOS RUTINAS PARA APRENDER

13 a. Este es un buen momento para crear algunas rutinas como estudiante de español. Al final de cada unidad puedes responder a estas preguntas. Primero, piensa dónde vas a hacerlo y luego responde.

☐ En una libreta   ☐ En mi teléfono o tableta   ☐ En mi ordenador

UNIDAD 1 VIAJE AL ESPAÑOL

1. ¿Qué palabras de la unidad están relacionadas con mi realidad?
2. ¿Qué palabras de la unidad son especialmente interesantes para mí?
3. ¿Qué temas de la unidad (gramática, léxico…) puedo comparar con mi lengua u otras que conozco para ayudarme a entender mejor?
4. ¿Algún recurso mnemotécnico puede ayudarme a recordar mejor los contenidos de la unidad?
5. ¿Qué contenidos de la unidad necesito reforzar?

b. Comparte tus respuestas con el resto de la clase.

Estrategias de aprendizaje

Puedes hablar en tu lengua, por ejemplo, para comentar cuestiones relacionadas con cómo aprendes mejor, para hablar de temas lingüísticos, etc.

PUEDES RESPONDER A ESTAS PREGUNTAS AL FINAL DE CADA UNIDAD. TE SERVIRÁN DE REPASO.

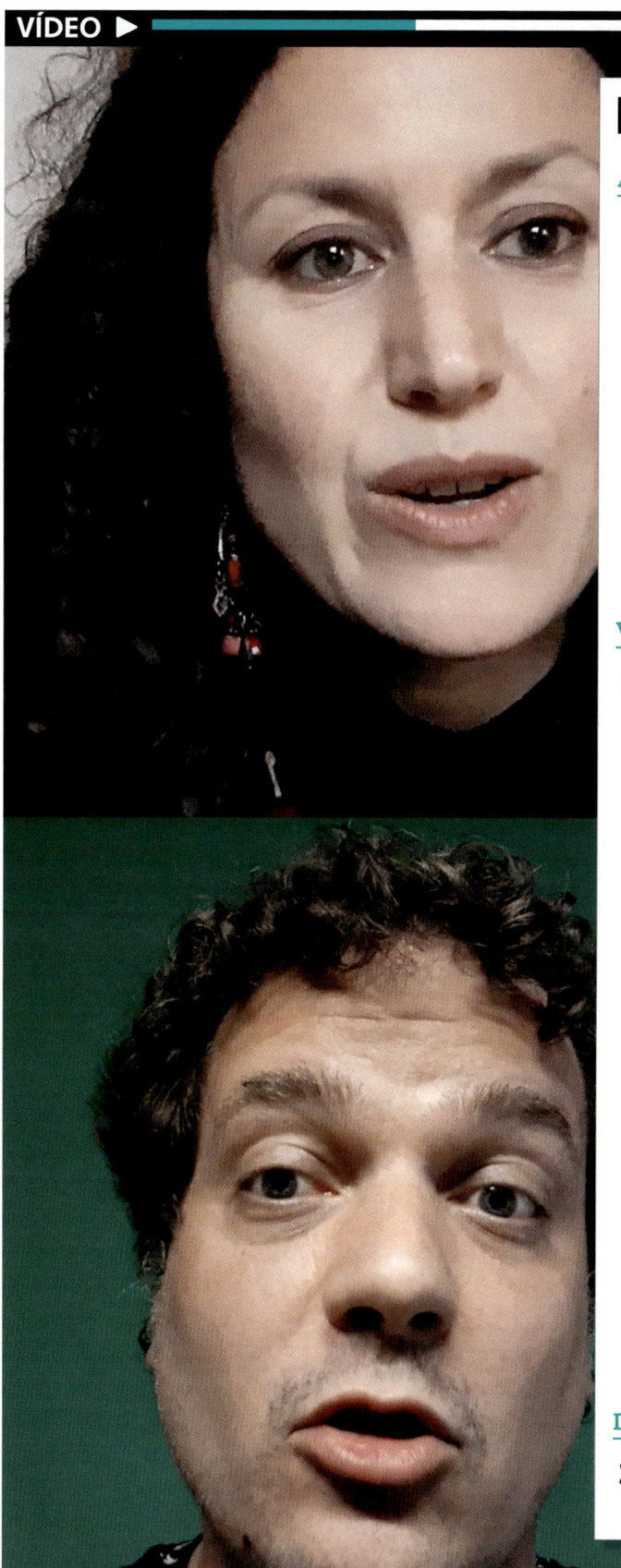

▶ 1 – ME PRESENTO

Antes de ver el vídeo

1 Relaciona la información de las dos columnas.

- a. Hola. — **4**
- b. Me llamo Julia. — **1**
- c. Jota, u, ele, i, a. — **5**
- d. Estudio español para viajar por Latinoamérica. — **3**
- e. Para mí, naturaleza. — **2**

1. Decir el nombre.
2. Una palabra importante en español.
3. Motivos para estudiar español.
4. Saludar.
5. Deletrear el nombre.

Vemos el vídeo

2 En el vídeo se presentan dos personas, una chica y un chico. Completa las preguntas después de verlo.

Chica

¿Cómo se llama?
Fleur Mankiewicz.

¿Para qué estudia español?
Para trabajar en México.

¿Qué palabra es importante en español para ella?
Familia.

Chico

¿Cómo se llama?
Samuel Lanchbury.

¿Para qué estudia español?
Para hablar con la familia de su mujer.

¿Qué palabra es importante en español para él?
Vacaciones.

Después de ver el vídeo

3 Ahora, si quieres, graba tú un vídeo similar.

ME PRESENTO
Entender la presentación de dos personas.

Observaciones

Con esta actividad de vídeo sus estudiantes pondrán a prueba buena parte de los conocimientos adquiridos durante la unidad.

Procedimientos

1. Antes de ver el vídeo, remita a sus alumnos/as a las dos columnas del ejercicio. Puede pedir a dos estudiantes que lean en voz alta una cada uno/a. Seguidamente, pídales que relacionen los elementos de las dos columnas. Haga la puesta en común en clase abierta.

2. Explique a sus alumnos/as que van a ver y a escuchar a dos personas presentándose. Pídales que tomen notas durante el visionado, para poder contestar a las preguntas del ejercicio. Si lo cree necesario, sugiera que lean las preguntas antes de la primera proyección. Anímelos/as a que comparen sus respuestas con las de su compañero/a. Haga la puesta en común con un segundo visionado o usando la ficha fotocopiable 3.

3. Propóngales que hagan un vídeo similar con los mismos contenidos: saludo, nombre y apellido, deletrearlos, motivo para estudiar español y una palabra importante en español o en su idioma. Deles la oportunidad de escribir y corregir primero un guion del vídeo. Si lo cree adecuado, haga que se lo envíen a usted por correo electrónico o por otro medio.

DE NORTE A SUR: LA PANAMERICANA

Presentación de algunos países latinoamericanos.

Observaciones

Siguiendo con la metáfora del viaje, los/as estudiantes van a conocer parte de una ruta muy especial que conecta muchos países del continente americano: la Panamericana. De la mano de personas originarias de cada lugar, sus alumnos/as tendrán la posibilidad de conocer en cada unidad nuevos países y usar la lengua para resolver pequeñas tareas.

Antes de empezar

En la sesión previa, diga a sus alumnos/as que el próximo día trabajarán en clase con ese texto. Explíqueles que, si quieren, lo preparen en casa con el diccionario. Invítelos/as también a escuchar la locución en la/s variedad/es del español que prefieran.
Si lo cree oportuno, invítelos/as a leer en casa el texto en voz alta para practicar la pronunciación y que se graben en un archivo de audio que le podrán enviar. Escriba en la pizarra la palabra **Panamericana** y pregunte a sus estudiantes si saben qué es. Si no lo saben, dígales que el texto de la actividad les dará toda la información necesaria.

Procedimientos

1. Pida a sus estudiantes que lean el texto de la actividad para sí mismos/as. Al tiempo que lo leen, pídales que subrayen las palabras que no entiendan. Haga una puesta en común en clase abierta para definir las palabras que desconocen.

2. Explique que, a continuación, van a escuchar un texto sobre la ruta Panamericana y que deben marcar en el mapa los países que se mencionan. Ponga la audición y comprueben después los países que han marcado.

Solución

México, Guatemala, El Salvador, Honduras, Nicaragua, Costa Rica, Panamá, Colombia, Ecuador, Perú, Chile y Argentina.

3. a. Pídales que escuchen de nuevo la audición y que relacionen las fotos con los países. Anímelos/as a usar la estructura que ya conocen: **La foto número 1 es...**

b. Pregunte a algunos/as voluntarios/as qué países les gustaría visitar y por qué. Escriba en la pizarra un ejemplo: **Me gustaría visitar Ecuador porque quiero ir a las islas Galápagos.**

1 Lee el texto y marca las palabras que no entiendes. Coméntalas en clase.

2 🔊 14 – Escucha y marca en el mapa los países que se mencionan.

3 a. 🔊 14 – Escucha otra vez y relaciona las fotos con los países.

- 5 El Salvador
- 2 Honduras
- 3 Nicaragua
- 4 Panamá
- 6 Chile
- 1 Argentina

b. ¿Qué países de la Panamericana te gustaría conocer? ¿Por qué?

PANAM - campus difusión   24

- Texto mapeado
- Texto locutado

La Panamericana es una ruta fascinante por el continente americano de casi cincuenta mil kilómetros de largo, que une casi todos los países del continente. De norte a sur, desde Alaska hasta Argentina, esta ruta pasa por 17 países, cuatro zonas climáticas, sistemas ecológicos muy diversos (desde selvas a glaciares) y culturas muy diferentes con sus lenguas, su música, su gastronomía y sus paisajes impresionantes. En cada unidad de **Nos vemos hoy** conoceremos una etapa de esta ruta.

5

4

6

veintitrés **23**

1 VIAJE AL ESPAÑOL

COMUNICACIÓN

SALUDOS	DESPEDIDAS
Hola.	Adiós.
Buenos días.	Hasta luego.
Buenas tardes.	Hasta pronto.
Buenas noches.	Hasta mañana.

		PREGUNTAR POR EL NOMBRE	PRESENTARSE Y REACCIONAR	
INFORMAL	tú	• ¿Cómo te llamas?	• Me llamo Julia, ¿y tú?	• Soy Lorenzo.
	vosotros/as	• ¿Cómo os llamáis?	• Yo me llamo Rosa y él Juan.	• Yo me llamo Antonia.
FORMAL	usted	• ¿Cómo se llama (usted)?	• Me llamo Eva Santos, ¿y usted?	• Me llamo Pau Gómez.
	ustedes	• ¿Cómo se llaman (ustedes)?	• Me llamo Eva Santos y él es Pablo Gómez.	• Yo soy Marina Galeano, encantada.

PREGUNTAR POR EL SIGNIFICADO

- ¿Qué significa **aceite**?
- Significa…
- ¿**Aceite** significa…?
- Sí. / No. / No sé.

LOS NÚMEROS HASTA 10

0 cero	**4** cuatro	**8** ocho
1 uno	**5** cinco	**9** nueve
2 dos	**6** seis	**10** diez
3 tres	**7** siete	

HABLAR DE LOS MOTIVOS PARA ESTUDIAR ESPAÑOL

- Yo estudio español para viajar a Guatemala.
- Y yo, para hablar con mi pareja.

GRAMÁTICA

LA PRONUNCIACIÓN

C	delante de **e**, **i** como *thing*, el resto como **k**	G	delante de **e**, **i** como *Bach* en combinación con **gue**, **gui** la **u** no se pronuncia y la **g** es suave el resto como *gap*	LL	como *you*	Y	como *you* al final de la palabra, como *i*	R	fuerte al inicio de palabra o cuando es doble (**perro**) suave entre vocales o antes de consonante (**pero**)
CH	como *cherry*	J	como **ch** en *Bach*	Ñ	como *cognac*	Z	como *thing*	Q	como **k**

EL ARTÍCULO DETERMINADO

	MASCULINO	FEMENINO
SINGULAR	**el** teatro	**la** palabra
PLURAL	**los** teatros	**las** palabras

EL GÉNERO DE LOS NOMBRES

MASCULINO	FEMENINO
el teatro	la paella
el flamenco	la playa
el señor	la señora
el chocolate	la noche
el hotel	la universidad

En español, los nombres son masculinos o femeninos, no existe un género neutro. Los nombres terminados en -**o** son generalmente masculinos y los acabados en -**a**, -**ción** y -**dad** son generalmente femeninos. Existen algunas excepciones, por ejemplo, **el día, el problema, la foto**. Los nombres terminados en -**e** o en consonante pueden ser masculinos o femeninos.

EL NÚMERO DE LOS NOMBRES

	VOCAL + -S		CONSONANTE + -ES		
SINGULAR	teatro	playa	universidad	hotel	región
PLURAL	teatro**s**	playa**s**	universidad**es**	hotel**es**	region**es**

LOS PRONOMBRES PERSONALES

yo
tú
él, ella, usted
nosotros, nosotras
vosotros, vosotras
ellos, ellas, ustedes

EL TRATAMIENTO

INFORMAL		FORMAL	
TÚ	• ¿Habl**as** español?	USTED	• ¿Habl**a** (usted) español?
VOSOTROS/AS	• ¿Estudi**áis** inglés?	USTEDES	• ¿Estudi**an** (ustedes) inglés?

LOS VERBOS REGULARES TERMINADOS EN -AR

	ESTUDIAR
yo	estudi**o**
tú	estudi**as**
él, ella, usted	estudi**a**
nosotros, nosotras	estudi**amos**
vosotros, vosotras	estudi**áis**
ellos, ellas, ustedes	estudi**an**

Los pronombres personales se usan solo cuando queremos resaltar la persona o para evitar confusiones. Para el trato formal se usa **usted** cuando nos dirigimos a una sola persona y **ustedes** cuando nos dirigimos a más de una persona. En Latinoamérica no se usa **vosotros, vosotras**; incluso cuando se tutea a varias personas, se usa **ustedes**.

En esta unidad, sus estudiantes van a tener la oportunidad de saludar y despedirse, de deletrear, de presentarse, de preguntar por el estado y reaccionar, de saludar y despedirse, de hablar del lugar de origen y de preguntar por los datos personales y profesionales, y responder. Para ello, van a aprender el artículo indeterminado, el género en las profesiones, la negación, los verbos regulares terminados en -er y en -ir y los irregulares tener y ser. Además, van a conocer el alfabeto, algunos caracteres especiales y algunos datos sobre México.

2 PRIMEROS CONTACTOS

Comunicación
- Deletrear
- Presentarse, preguntar por el estado y reaccionar
- Saludar y despedirse
- Hablar del lugar de origen
- Preguntar por los datos personales y responder
- Preguntar por la profesión, el lugar de trabajo y responder
- Negar una afirmación

Léxico
- El alfabeto
- Saludos y despedidas
- Las profesiones
- Lugares de trabajo
- Caracteres especiales (arroba, guion...)

Gramática
- El artículo indeterminado
- El género en las profesiones
- La negación
- Los verbos regulares terminados en -**er**, -**ir**
- Los verbos **tener** y **ser** en presente

Cultura
- **Vídeo 2** Personalidades latinas
- **PANAMERICANA** México

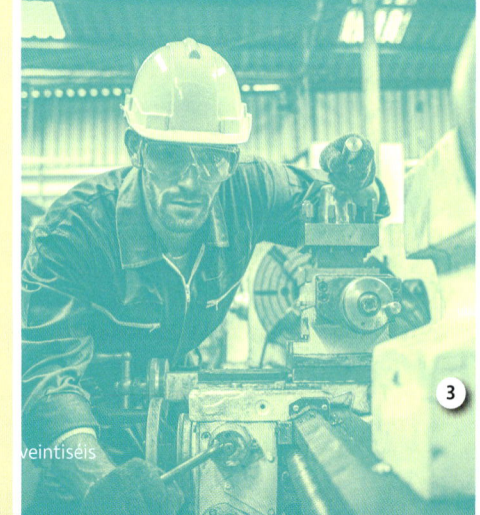

BILBAO
PALACIO DE CONGRESOS

I CONGRESO INTERNACIONAL
DIGITALIZACIÓN Y CAMBIOS EN EL MUNDO DEL TRABAJO

28
29
MARZO

1

a. Mira este anuncio y responde: ¿qué tipo de evento anuncia? ¿Dónde y cuándo es? ¿Sobre qué es? ¿Para ti es interesante?

b. ¿Qué profesiones crees que aparecen en las fotografías? Luego, compara tus respuestas con las de otra persona.

c.  15 – Una de las personas de las fotografías se presenta. ¿Quién es? Luego, escucha otra vez y marca las frases correctas.

- ☐ Soy cubana. ☒ Soy peruana.
- ☒ Vivo en Pamplona. ☐ Vivo en Gerona.
- ☐ Trabajo en un hotel. ☒ Trabajo en un hospital.

PRIMEROS CONTACTOS
Introducir el tema de la unidad: presentar vocabulario básico de algunas profesiones y hablar de la procedencia.

Observaciones

Bilbao: es un municipio situado en el norte de España, capital de la provincia de Vizcaya, en el País Vasco. La villa de Bilbao es la capital y única localidad del municipio, y con 346 843 habitantes según el padrón de 2019, un millón contando el área metropolitana, es la urbe más poblada del País Vasco. En la actualidad es una pujante ciudad de servicios, que se encuentra en un proceso de revitalización estética, social y económica liderado por el simbólico Museo Guggenheim Bilbao.

Procedimientos

1. a. Dirija la atención de sus estudiantes hacia el anuncio y formule las preguntas del enunciado. Explique dónde está Bilbao y el profundo cambio que ha sufrido desde la construcción del Museo Guggenheim.

b. Dirija la atención de sus estudiantes hacia las fotos numeradas del anuncio. Explique que cada una representa una profesión. Pida que las escriban en un papel. Permítales usar el diccionario. Antes de la puesta en común en clase abierta, haga que comparen su respuestas con las de un/a compañero/a.

Solución

1. teleoperador; 2. programadora informática; 3. mecánico; 4. fotógrafo; 5. arquitecto; 6. cocinero; 7. médica.

c. Por último, diga a sus alumnos/as que van a oír presentarse a una de esas siete personas. En la primera escucha tienen que decidir quién se está presentando. En la segunda, tienen que marcar las frases correctas. Si lo cree adecuado, deje que se ayuden de la transcripción.

Solución

La persona que se presenta es la médica.

MUCHO GUSTO

Presentarse y reaccionar con cortesía. Hablar sobre la procedencia. El presente de indicativo del verbo ser. Rituales de presentación.

Procedimientos

2. a. Pida a sus estudiantes que lean los tres diálogos del apartado, fijándose en las palabras en negrita. Llame la atención sobre el uso de **encantado** y **encantada** que se encuentra en el margen derecho. Pregunte qué persona habla en cada caso, para ayudarlos/as a deducir la regla y completarla. Dígales que solo necesitan aprender la forma que les corresponde. Comente además el uso de **mucho gusto**, que es independiente del género de la persona que habla.

Solución

Hablan por primera vez en los diálogos 1 y 3.

b. Haga que traduzcan las palabras en negrita a su lengua materna. Si sus estudiantes tienen una lengua vehicular, haga una puesta en común en clase abierta.

c. Seguidamente, pídales que completen la tabla del apartado con la información que ya tienen (las palabras en negrita de 2 a).

d. Por último, pídales que escuchen las conversaciones mientras leen los diálogos de 2 a. Posteriormente, dígales que los representen en parejas. Si lo cree oportuno, antes de empezar a crear nuevos diálogos, dirija ahora su atención a las formas que han aparecido del verbo **ser**, explíqueles la conjugación de este verbo y proponga la realización de la actividad 4 antes que la 3.

3. Si todavía no lo ha hecho y lo cree oportuno, realice la actividad 4 de manera previa a la 3, a fin de aclarar la conjugación del verbo **ser** antes de llevar a cabo los diálogos. También puede proponer ahora la actividad 7 del Cuaderno de ejercicios. Invite a sus estudiantes a preguntar a cinco compañeros/as cómo están y de dónde son. Si el grupo fuese oriundo de la misma ciudad, puede sugerirles que inventen un lugar de origen. En clase abierta se descubre quién es de más lejos (real o imaginario).

4. Sus alumnos/as observan el paradigma del verbo **ser**. Algunas formas ya las han visto. Explique que es un verbo irregular de uso muy frecuente. A continuación, sus estudiantes completan el ejercicio con las formas de **ser**. Por turnos, leen las frases para comparar los resultados.

---

2 PRIMEROS CONTACTOS

MUCHO GUSTO

2 **a.** Lee estas conversaciones entre personas que están en el congreso sobre digitalización y trabajo. ¿En qué caso las personas hablan entre ellas por primera vez?

- *Buenas tardes, **soy** Nuria Ribas, la organizadora del congreso.*
- **Mucho gusto**, *señora Ribas. Soy Marc Martí.*
- **Encantada**. *¿**Es usted de** Cataluña?*
- *Sí.*
- *Ah, yo también. ¿**De dónde es** usted?*
- *De Tarragona.*
- *Pues **yo soy de** Barcelona.*

- *Hola, Antonio. **¿Cómo estás?***
- **Bien**, *gracias. Y tú, Ricardo, ¿**qué tal**?*
- **Muy bien**. *Oye, tú **eres de** aquí, de Bilbao, ¿verdad?*
- *Sí, sí...*

- *Hola, **¿qué tal? Soy** Margarita Fuentes.*
- **Encantado**. *Me llamo Gabriel Vargas.*
- ♦ *Y yo **soy** Ana Segura. ¿**De dónde eres**, Margarita?*
- *De Salamanca. ¿Y vosotros?*
- *Nosotros **somos de** Guadalajara, México.*

b. Fíjate en las palabras en negrita. ¿Cómo expresas lo mismo en tu lengua?

c. Lee de nuevo las conversaciones de 2 a y completa la tabla.

PREGUNTAR		RESPONDER
FORMAL	INFORMAL	FORMAL / INFORMAL
• ¿Cómo está usted?	• ¿Cómo estás? • ¿Qué tal?	• Muy bien, gracias. • Bien, gracias, ¿y tú / usted?
• ¿De dónde es usted? • ¿Es usted de Cataluña?	• ¿De dónde eres? • ¿Eres de Bilbao?	• Soy de Salamanca / Bilbao. • Sí. / No, soy de Guadalajara.

d. 🔊 16 – Escucha las conversaciones y represéntalas con tu compañero/a. Podéis cambiar los nombres y los lugares de origen.

3 Pregunta a cinco compañeros/as cómo están y de dónde son. ¿Quién es de más lejos?

- *¿De dónde eres, Jason?*
- *Soy de Gales, ¿y tú?*

4 Mira las formas del verbo ser y completa las frases.

1. Nuria Ribas _es_ la organizadora.
2. Me llamo Margarita y _soy_ de Salamanca.
3. Antonio y Ricardo _son_ de Bilbao.
4. Tú _eres_ de aquí, ¿verdad?
5. ¿Marc y tú _sois_ de Tarragona?
6. Ana y yo _somos_ de Guadalajara.

Responder a una presentación

Encantado se usa cuando habla _un hombre_, **encantada** cuando habla _una mujer_.

Mucho gusto funciona en los dos casos.

i 1, 2, 7

ACT 4 - campus🟦difusión

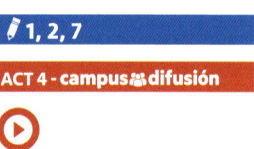

› **Gramaclips** › Ser y estar

Ser

soy	somos
eres	sois
es	son

28 veintiocho

¿CÓMO SE ESCRIBE?

5 a. Con tu compañero/a, escribe una palabra para cada letra. Si hay más de una pronunciación posible, escribe una palabra para cada una. Luego, compara tus palabras con el resto de la clase.

SUGERENCIA

A	arroz	B	biblioteca	C	cacao, cifra, aceite
D	dos	E	español	F	fruta
G	Gómez, guitarra, gente	H	hola	I	informático/a
J	joven	K	kiwi	L	latino/a, llamar
M	amigo/a	N	nombre	Ñ	señor/a
O	ocho	P	patatas	Q	Quito
R	perro, Rosa, cultura	S	sol	T	tortilla
U	usted	V	vivir	W	Wendy
X	taxi	Y	yogur, Uruguay	Z	Zaragoza

b. 🔊 17 – Escucha, anota las letras y descubre las palabras. Luego compara con un/a compañero/a.

1. MARGARITA FUENTES
2. GABRIEL VARGAS
3. NURIA RIBAS
4. GUADALAJARA
5. BILBAO
6. CATALUÑA
7. MÉXICO
8. ENCANTADA

---

6 a. Deletrea a tu compañero/a tu nombre y apellidos o el nombre español que elegiste en la **Unidad 1**.

- Me llamo Antonio Jiménez.
- ¿Cómo se escribe el apellido?
- Jota, i, eme, e con acento, ene, e, zeta.

b. Piensa en una palabra difícil para ti en español y deletréala. Quien la adivina antes puede deletrear la siguiente palabra.

- Cu, u, i, o, ese, ce, o.
- ¿Quiosco?
- ¡Sí!
- ¿Quiosco...? ¿Qué significa? ¡No me acuerdo!

Deletrear

› **é** e con acento
› **ü** u con diéresis
› **M** eme mayúscula
› **m** eme minúscula

En Latinoamérica
› **b** be larga
› **v** ve corta

ACT 5a - campus difusión

› **Clase de pronunciación** ›
La erre

› **Clase de pronunciación** ›
La ere

✏ 28

✏ 3, 4

¿Cómo se escribe?

- ¿Jiménez se escribe con ge?
- No, con jota.
- ¿Con acento en la e?
- Sí, con acento.

¿CÓMO SE ESCRIBE?
Presentar el alfabeto, deletrear y preguntar cómo se escribe una palabra.

Procedimientos

5. a. Divida la clase en parejas. Pídales que escriban palabras que contengan cada letra del alfabeto. Dígales que intenten incluir palabras que ya han visto en el libro hasta el momento, y que consulten las normas de pronunciación que aprendieron en la **Unidad 1** si lo necesitan. Si hay más de una pronunciación posible, tienen que escribir una palabra para cada una de ellas. Póngales el ejemplo de la letra **c** (**cacao**, **cifra**, **aceite**). Pasados unos minutos, haga una puesta en común en clase abierta escribiendo las palabras que proponen en la pizarra o en una proyección. Después, dígales que usted va a deletrear algunas de estas palabras y que ellos/as deberán reconocerlas. Explíqueles cómo deletrear en español.

b. Diga a sus alumnos/as que van a escuchar una serie de letras para poder completar las palabras "ocultas". Ponga la audición y, después, haga que comparen sus propuestas con las de un/a compañero/a. Si lo necesitan, dígales que se ayuden de la transcripción. Ponga la audición una segunda vez para la corrección en clase abierta.

6. a. En parejas, sus alumnos/as se presentan un/a compañero/a con su nombre y apellido(s) o la identidad española que han elegido en la actividad **3** de la página 14. Se preguntan mutuamente cómo se escribe su apellido y lo deletrean. Quien escucha debe escribirlo y su compañero/a, comprobar si está correctamente escrito. El modelo y el cuadro de recursos en el margen derecho les sirven de ayuda. Deles tiempo a preparar su diálogo antes de llevarlo a cabo.

b. Dé un poco de tiempo para pensar en una palabra (puede ser en español o en la lengua vehicular) y apuntarla. Un/a voluntario/a empieza a deletrear su palabra. El resto está atento y trata de identificarla. El / La primero/a que la identifique sigue con su palabra y así sucesivamente hasta que un gran número de estudiantes haya participado. Si lo cree conveniente, repita la dinámica de esta actividad pidiéndoles que deletreen formas de la conjugación del verbo **ser** en presente, que sus compañeros/as deberán reconocer, nombrando el pronombre correspondiente (por ejemplo: **s-o-m-o-s**; **somos**; **nosotros somos**).

Y después

Pida a sus alumnos/as que cierren el libro y explíqueles que usted les va a deletrear una frase con seis palabras. Mientras deletrea, ellos/as apuntan las letras. ¿Qué frase es?

Estudio español con *Nos vemos hoy*.

PROFESIONES

Preguntar por la profesión y el lugar de trabajo. El género de las denominaciones de profesión. El artículo indeterminado.

Procedimientos

7. a. Dirija la atención de sus estudiantes hacia las profesiones de los recuadros. Aclare las dudas de significado que pudiera haber. Dígales que tienen que relacionar esas profesiones con el cuadro de abajo "Algunas de las profesiones mejor valoradas en España". Coménteles que las fotos les servirán de mucha ayuda. Si lo cree conveniente, proponga ahora utilizar la ficha de lectura 1 y, posteriormente, dé paso al apartado d.

b. A continuación, porpóngales que ordenen esas profesiones según su valoración personal. Seguidamente, haga que comparen su valoración con la de un/a compañero/a.

c. Pregunte a la clase: **¿Qué otras profesiones os gustan?** Anote en la pizarra la pofesiones nuevas que vayan diciendo. Aproveche ese listado para introducir el tema del género en las profesiones.

d. Por último, remítales al apartado del margen derecho. Aclare las dudas y pídales que añadan una profesión a cada grupo del cuadro.

8. Si todavía no han trabajado con la ficha de lectura 1, puede proponerla ahora como introducción de esta actividad. Pida a un/a estudiante que piense en una profesión. El resto tienen que descubrirla preguntando por el lugar de trabajo, como se indica en el modelo. Solo se puede contestar **sí** o **no**. El / La que adivina la profesión, elige la próxima. Al hacer la tarea, sus estudiantes han utilizado el artículo indeterminado en singular (**un**, **una**). Si todavía no lo ha hecho, llame la atención sobre sus formas.

9. a. Presente los recursos de la tabla que sus estudiantes pueden aplicar. Hágales notar que se utiliza **¿Qué haces? ¿Qué hace usted? ¿A qué te dedicas? ¿A qué se dedica usted?** para preguntar por la profesión, pero se responde con **ser**: **Soy programador**. Explique a sus alumnos/as que deberán levantarse y preguntar a tres compañeros/as por su profesión o lugar de trabajo. Deles tiempo antes a preparar sus diálogos. Si lo desean, dígales que se ayuden de sus notas al hablar con sus compañeros/as.

b. Cada uno/a presenta un resultado de su encuesta según el modelo. Para eso usan los verbos en tercera persona del singular o del plural. Esté especialmente atento/a para corregir los posibles errores.

---

2 PRIMEROS CONTACTOS

PROFESIONES

7 a. Estas son algunas de las profesiones mejor valoradas en España. Escribe cada una debajo de la imagen correspondiente.

| fontanero/a | informático/a | arquitecto/a | veterinario/a |
| médico/a | profesor/a | escritor/a | enfermero/a |

ALGUNAS DE LAS PROFESIONES MEJOR VALORADAS EN ESPAÑA

médico/a · enfermero/a · profesor/a · arquitecto/a · informático/a · fontanero/a · veterinario/a · escritor/a

b. Y tú, ¿cómo valoras estas profesiones? Organízalas en orden de preferencia. Luego, coméntalo con tus compañeros/as.

- *Para mí el orden es: profesor/a, escritor/a...*

c. ¿Cuáles son tus profesiones preferidas? Haz una lista y, luego, compártela con el resto de la clase. Anotad las profesiones en la pizarra.

- *Mis profesiones preferidas son: cantante...*

d. Añade una profesión a cada grupo.

-O → -A	-OR → -ORA	MASCULINO Y FEMENINO
enfermero, enfermera	profesor, profesora	dentista
empleado, empleada	pintor, pintora	policía
camarero, camarera	director, directora	representante
panadero, panadera	*traductor, traductora*	*pianista*

ACT 7b - campus difusión

› Gramaclips › Los artículos I

5, 6, 20

El género en las profesiones

Muchos nombres de profesiones tienen una forma masculina y otra femenina (**peluquero, peluquera**). Los nombres terminados en **-ista**, **-ía**, **-e** sirven para los dos géneros, como **economista**, **policía** o **cantante**, pero algunas profesiones que en masculino terminan en **-e** tienen una forma femenina en **-a**, como **presidente**, **presidenta**.

30 treinta

8 Piensa en una profesión y en el lugar donde se realiza. El resto de la clase intenta adivinarla con preguntas sobre el lugar de trabajo. Solo puedes responder **sí** o **no**.

- ¿Trabajas en un hospital?
- No.
- ¿En un taller?
- Sí.
- ¿Eres mecánico?

9 a. Pregunta a tres personas de la clase por su profesión y anota las respuestas.

b. Presenta los resultados.

- David es informático. Trabaja en una empresa internacional.

¿TIENES CORREO ELECTRÓNICO?

10 a. 🔊 18 – Escucha y completa los datos de Sofía.

Nombre:	Sofía Romero
Correo electrónico:	sofia-romero@yahoo.com
Teléfono:	94197933

b. Levántate y pregunta a cinco compañeros/as por su teléfono y su correo electrónico. Anota las respuestas.

- ¿Cuál es tu teléfono?
- Es el 2, 4, 5, 6, 7, 7, 8.
- ¿Tienes correo electrónico?
- Sí, es rose@nosvemoshoy.com.

11 Pregunta a tus compañeros/as si tienen las cosas de la lista. Luego, presenta dos cosas que tenéis en común.

amigos/as españoles/as	una guitarra eléctrica	un libro favorito
un diccionario de español	perfil en una red social	coche o moto
mucho tiempo libre	una profesión preferida	casa propia

- Laura y yo tenemos un libro favorito, pero ella tiene casa propia y yo no.

Lugares de trabajo
> un hospital
> una fábrica
> un supermercado
> un restaurante
> una escuela
> un taller
> un hotel
> un bar
> un estudio
> un despacho
> una tienda

Preguntar por la profesión y responder
> ¿Qué haces? / ¿A qué te dedicas?
> ¿Dónde trabajas?
> Soy programador/a.
> Estudio Medicina.
> Estoy jubilado/a.
> Trabajo en una escuela.

Caracteres especiales
> @ arroba
> . punto
> - guion
> _ guion bajo

En España
> el móvil

En Latinoamérica
> el celular

Datos personales
> ¿Cuál es tu teléfono?
> ¿Cuál es tu número de móvil?
> ¿Tienes correo electrónico?

🖉 8, 9, 22, 23

Tener
tengo
tienes
tiene
tenemos
tenéis
tienen

¿TIENES UN CORREO ELECTRÓNICO?

Intercambiar datos personales: el número de teléfono y la dirección electrónica. El presente de indicativo del verbo **tener**. Práctica del artículo indeterminado.

Antes de empezar

Aclare los signos que se utilizan en el correo electrónico y que se encuentran al margen derecho. Aclare también que en Latinoamérica en vez de **móvil** se dice **celular**. Sitúe la actividad en su contexto: los/as participantes del congreso intercambian su número de teléfono y su correo electrónico. En la actividad **11**, se usan palabras que todavía no están introducidas. Aclare su significado antes de proceder a su realización.

Procedimientos

10. a. Diga a sus alumnos/as que escucharán el diálogo dos veces. En la primera audición empiezan a rellenar los datos que faltan y en la segunda completan el resto. Dígales que, si lo necesitan, se ayuden de la transcripción. Se comprueban los resultados en parejas y luego en clase abierta. Si todavía no lo ha hecho, llame su atención sobre el verbo **tener** y explique su conjugación.

b. Sus alumnos/as se levantan y preguntan a cinco compañeros/as por su número de teléfono y su dirección electrónica y lo escriben en un papel. Como ayuda, pueden llevar el libro abierto. Aunque escuche errores, no los/as interrumpa, siempre y cuando funcione la comunicación. Presente el verbo **tener** a partir del ejemplo: **¿Tienes correo electrónico?** Indique que se trata de un verbo irregular muy importante por su frecuente uso. Adviértales que las irregularidades están en negrita.

11. Sus alumnos/as preguntan primero a quien esté a su derecha si tiene las cosas propuestas, como en el modelo, hasta encontrar una o dos cosas que tengan en común. Después, preguntan a la persona que esté a su izquierda. Deles tiempo a preparar sus diálogos antes de hablar. Cada estudiante presenta las cosas que tiene en común con cada uno/a de sus vecinos/as, siguiendo el modelo. De esta manera, practican el uso del verbo **tener** primero en la segunda y en la tercera persona del singular y después en la primera persona del plural.

treinta y uno **31**

TENGO UN TRABAJO INTERESANTE

Hablar de la profesión y del lugar de residencia. Decir qué idiomas se habla. El presente de indicativo de los verbos regulares en -er e -ir. La negación.

Antes de empezar

En la sesión previa, diga a sus estudiantes que el próximo día trabajarán en clase con ese texto. Dígales que, si quieren, lo preparen en casa con el diccionario. Invítelos/as también a escuchar la locución en la/s variedad/es del español que prefieran.

Procedimientos

12. a. Explique el objetivo de la tarea: rellenar el formulario de abajo. Para ello, sus alumnos/as tienen que buscar en el texto solamente la información correspondiente. Deles unos minutos para la lectura individual y la realización del ejercicio. Haga una puesta en común en clase abierta.

b. Haga que sigan las instrucciones del enunciado. Pregunte a sus alumnos/as qué verbos conocen ya y cuáles son nuevos. Llame la atención sobre la terminación de la primera persona en **-o** (igual para todos los verbos). De esta forma los/as guiará para que descubran por sí mismos/as las nuevas conjugaciones partiendo de lo que ya saben.

c. Pida a sus estudiantes que completen la primera persona de los verbos **aprender** y **vivir**. Después, pueden marcar en el cuadro con dos colores diferentes las terminaciones que son iguales para los dos grupos de verbos y las que son diferentes (1.ª y 2.ª plural).

13. a. Si lo cree conveniente, explique la negación antes de empezar con la actividad. Haga que sus alumnos/as vuelvan al texto sobre Verónica y escriban cuatro frases, dos con información correcta y dos con información falsa, combinando los elementos de ambos recuadros. En este apartado no se trata de utilizar la negación, sino de dar información falsa en una frase afirmativa, como por ejemplo: **Verónica es pianista**.

b. Desarrolle este apartado prestando especial atención al correcto uso de la negación. Remita a sus alumnos/as al margen derecho de la página donde encontrarán la regla de la negación. Insista en que **no** siempre va delante del verbo. Por turnos, un/a estudiante lee en voz alta las cuatro frases que ha escrito. El resto escucha reaccionando a las falsas según el modelo.

Y después

Para seguir practicando, reparta la ficha fotocopiable 4.

---

2 PRIMEROS CONTACTOS

TENGO UN TRABAJO INTERESANTE

12 a. Lee el texto y completa los datos. ¿Conoces a alguien con el mismo trabajo? Si trabajas, ¿tu trabajo y el de Verónica tienen cosas en común?

Me llamo Verónica Borja Martínez. Soy de Valencia, pero ahora vivo en Sevilla. Trabajo en La Casa de la Música, una empresa del sector musical. Es un trabajo interesante porque siempre <u>aprendo</u> cosas nuevas. Principalmente, <u>organizo</u> conciertos: <u>reservo</u> hoteles, <u>busco</u> salas para los conciertos, <u>tengo</u> contacto con músicos… En mi trabajo es importante hablar inglés. También <u>hablo</u> un poco de italiano y de alemán.

Además, soy la representante de la empresa en el congreso sobre la digitalización y mañana <u>viajo</u> a Bilbao. En mi trabajo es muy importante la tecnología. Por supuesto, <u>escribo</u> muchos correos electrónicos, pero también <u>uso</u> muchas aplicaciones diferentes: para programar actividades, para vender entradas…

Nombre:	Lugar de nacimiento:	Actividades en el trabajo:
Verónica	Valencia	escribir cartas y correos electrónicos, hablar por teléfono, organizar conciertos, reservar hoteles, buscar salas para los conciertos, tener contacto con músicos
Apellidos:	Lugar de residencia:	
Borja	Sevilla	
Martínez	Idiomas:	
	inglés, italiano, alemán	

b. Subraya en el texto las actividades que hace Verónica. ¿Cuál es la terminación de los verbos en primera persona?

c. Completa la tabla. Luego, compara los verbos terminados en -er y en -ir. ¿Qué formas tienen las mismas terminaciones? ¿Cuáles son diferentes?

	APRENDER	VIVIR
yo		
tú	aprend**es**	viv**es**
él, ella, usted	aprend**e**	viv**e**
nosotros, nosotras	aprend**emos**	viv**imos**
vosotros, vosotras	aprend**éis**	viv**ís**
ellos, ellas, ustedes	aprend**en**	viv**en**

13 a. Escribe dos frases verdaderas y dos falsas sobre Verónica basándote en el texto de 12 a.

ser	entradas	música	inglés	piano
hablar	francés	alemán	programas de cultura	
organizar	italiano	cámaras de foto	idiomas	
vivir	secretaria	de Valencia	profesora	
aprender	conciertos	guitarra	pianista	congresos
vender	español	en Málaga	en Sevilla	

b. Lee tus frases. Los/as demás corrigen la información falsa.

- Verónica organiza congresos.
- No, organiza conciertos.

ACT 12a - campus difusión
- Texto mapeado
- Texto locutado
- 26, 27

ACT 12b - campus difusión
> Micropelis › Los candidatos

10, 11

La negación

No se coloca siempre delante del verbo.

- Verónica **no** es profesora.
- ¿Hablas francés?
- **No**, **no** hablo francés.

12, 13

¿DÓNDE TRABAJAS?

14 Completa este folleto con la forma correcta de los verbos.

ESPERAMOS TU VISITA EN LA CASA DE LA MÚSICA

¿ _Vives_ (vivir) en Sevilla? ¿ _Eres_ (ser) músico/a y _buscas_ (buscar) una sala de conciertos?
Nosotros _tenemos_ (tener) la solución para tus problemas: _organizamos_ (organizar) tus conciertos y _reservamos_ (reservar) la sala.
Somos así: en La Casa de la Música _trabajamos_ (trabajar) para ti.

casamusica@difusion.es

15 Lee de nuevo el texto de **12 a** y escribe las preguntas correspondientes a estas respuestas. Luego compara con tu compañero/a.

- ¿Cómo te llamas? / ¿Cómo se llama usted?
- Verónica Borja Martínez.
- ¿Dónde vives? / ¿Dónde vive usted?
- En Sevilla.
- ¿Qué haces? / ¿Qué hace usted?
- Trabajo en una empresa del sector musical.
- ¿Dónde trabajas? / ¿Dónde trabaja usted?
- La Casa de la Música.
- ¿Hablas / Habla usted inglés / idiomas?
- Sí, inglés y un poco de italiano y de alemán.

16 ¿Quién es quién? Lee las siguientes frases y completa la tabla. Luego, compara tus respuestas con el resto de la clase.

1. Antonio es de Caracas.
2. Guadalupe trabaja en un hotel internacional.
3. El ingeniero se llama García Ruiz.
4. La recepcionista es de Buenos Aires y se llama Palaoro de apellido.
5. Pilar estudia en la universidad de Granada.
6. La estudiante se llama Gómez Moreno.

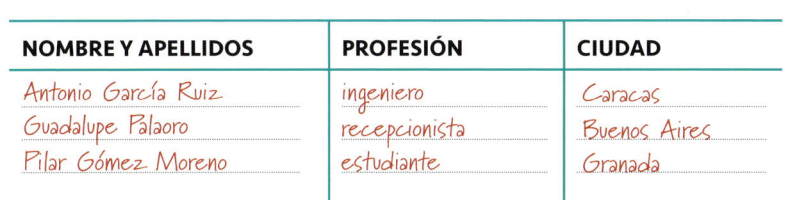

NOMBRE Y APELLIDOS	PROFESIÓN	CIUDAD
Antonio García Ruiz	ingeniero	Caracas
Guadalupe Palaoro	recepcionista	Buenos Aires
Pilar Gómez Moreno	estudiante	Granada

Hablar

hablo	hablamos
hablas	habláis
habla	hablan

Comer

como	comemos
comes	coméis
come	comen

Subir

subo	subimos
subes	subís
sube	suben

Hacer preguntas

- ¿Qué...?
- ¿Dónde...?
- ¿De dónde...?
- ¿Cómo...?
- ¿Cuál...?
- ¿Quién...?

Ortografía

Delante de palabras que empiezan con **i** / **hi**, la **y** se convierte en **e**.

- Inglés e italiano.

📄 14-16, 21-24

¿DÓNDE TRABAJAS?

Completar un folleto con la forma correcta de algunos verbos para fijar formas verbales. Practicar los recursos aprendidos para preguntar por información personal.

Antes de empezar

Antes de comenzar las actividades **14** y **15**, remita a sus estudiantes a los cuadros del margen derecho: conjugación de tres verbos y *Hacer preguntas*, respectivamente. Si lo cree oportuno, llame ahora la atención sobre diferentes tipos de preguntas: con o sin pronombres interrogativos.

Procedimientos

14. Pida a sus alumnos/as que completen el folleto con la forma correcta de los verbos que están entre paréntesis. El ejemplo de la primera frase les da la pista de que el texto se dirige al lector (**tú**). Pueden comprobar en parejas y luego corregir en clase abierta. Cada uno/a lee una frase, el resto dice si es correcta o la corrigen.

15. Individualmente, sus alumnos/as escriben las preguntas correspondientes a las respuestas dadas. Antes, deben decidir si van a usar un tono informal (**tú**) o formal (**usted**). Permítales comprobar los resultados en parejas antes de hacer la puesta en común en clase abierta. Si todavía no lo ha hecho, llame ahora la atención sobre los diferentes tipos de preguntas, con o sin pronombres interrogativos. Si lo cree oportuno y sus alumnos/as tienen una lengua vehicular común, propóngales traducir algunas preguntas sencillas al español.

16. Advierta del carácter lúdico de este ejercicio. Forme parejas y pídales que lean las informaciones que se dan de tres personas. Puede introducir un tono competitivo, si lo cree adecuado: la primera pareja que complete el cuadro correctamente gana.

Y después

Pida a sus alumnos/as que, en parejas, escriban tres frases sobre las personas del ejercicio: dos de ellas deberán ser verdaderas y una deberá incluir información falsa. Cuando estén preparados/as, dígales que lean sus frases al resto de compañeros/as, que deberán reconocer los errores con los libros cerrados. Si lo desea, prolongue la actividad animando a sus alumnos/as a que escriban tres frases sobre sí mismos/as, incluyendo una información falsa que sus compañeros/as deberán reconocer.

MÁS QUE PALABRAS
Repaso del léxico de la unidad. Personalizar lo aprendido escribiendo un texto.

Antes de empezar

Repase con sus estudiantes el léxico relacionado con el trabajo que han aprendido en la unidad y permítales que añadan alguna palabra más. Si todavía no han utilizado la ficha de lectura 1, dígales que la preparen en casa como preparación de la actividad 17.

Procedimientos

17. a. Pida a sus alumnos/as que lean las cinco frases de la tabla y que piensen en personas conocidas cuyos trabajos respondan a estas afirmaciones. Remítalos/as al modelo de lengua y proporcione otros como: **Julio es mecánico. Trabaja en el taller de mi calle**.

b. Pregunte a sus alumnos/as por el infinitivo de los verbos que están en el recuadro y también: **¿Hay algún verbo irregular? ¿Cuál? ¿En qué persona están?** Pídales que escriban un breve texto sobre ellos/as usando, al menos una vez, los verbos del recuadro.

Y después

Para el apartado **b** puede hacer una corrección al uso (bien individual bien en clase abierta) o proponer esta versión más lúdica: haga que escriban los textos en un papel y que, al acabar, se los den a usted; corríjalos y repártalos de tal modo que nadie tenga el suyo propio; indivualmente leen el texto proporcionado y el resto tiene que adivinar quién lo ha escrito.

TAREA FINAL: COMPAÑEROS/AS DE CLASE
Práctica oral de los recursos para obtener información sobre los/as compañeros/as. Presentación escrita de datos biográficos.

Procedimientos

18. a. Explique a sus alumnos/as que van a entrevistar a dos compañeros/as para obtener información personal sobre ellos/as. Escriba en la pizarra las preguntas necesarias para asegurarse de que las usen y no se limiten a decir solo ¿Profesión?, ¿idiomas?, etc. Deles tiempo de preparar sus diálogos antes de empezar a hablar.

b. Con las informaciones de una de las tarjetas, pida a sus alumnos/as que redacten un texto sobre esa persona formando frases completas. A diferencia de 17 b, este texto es en tercera persona.

---

2 PRIMEROS CONTACTOS

MÁS QUE PALABRAS

17 a. ¿Conoces a personas de las que puedes decir estas cosas? Escribe su nombre y cuál es su profesión. Si no conoces a nadie, simplemente escribe el nombre de una profesión. Luego, coméntalo en clase.

	Nombre	Profesión
Trabaja en un taller.	Julio	mecánico
Trabaja en casa.		*dibujante, profesor/a particular, psicólogo/a...*
No usa un ordenador para trabajar.		*taxista, repartidor/a, albañil, cartero/a...*
Vende cosas.		*dependiente/a, carnicero/a, teleoperador/a...*
Habla otro idioma en el trabajo.		*secretario/a, profesor/a de lengua extranjera*

SUGERENCIA

🖉 17-19

- *Yo siempre llevo mi coche al taller de Julio. Es mi mecánico.*

b. Escribe información sobre ti utilizando los siguientes verbos.

| soy | vivo | trabajo | hablo | aprendo |

SUGERENCIA
Hola, soy Álex Díaz Serrano. Vivo en Barcelona, pero soy de Caracas. Ahora trabajo en una escuela, soy profesor de Historia. Hablo varios idiomas: español, inglés y francés. Además, estudio catalán porque en Barcelona también se habla.

TAREA FINAL: COMPAÑEROS/AS DE CLASE

18 a. Habla con dos compañeros/as de la clase y completa las fichas.

Nombre:	Nombre:
Apellidos:	Apellidos:
Profesión:	Profesión:
Lugar de residencia:	Lugar de residencia:
Idiomas:	Idiomas:
Estudia español para:	Estudia español para:
Correo electrónico:	Correo electrónico:
Teléfono:	Teléfono:

b. Resume la información sobre una de las personas de 18a en un breve texto.

SUGERENCIA
Se llama Lars Mulder, es ingeniero y vive en Ámsterdam. Habla inglés. Estudia español para viajar a Argentina y Chile. Su correo electrónico es lars.mulder@lalola.nl y su teléfono es...

VÍDEO ▶

PERSONALIDADES LATINAS
Entender un vídeo sobre las personas latinas más influyentes del mundo en diversas categorías.

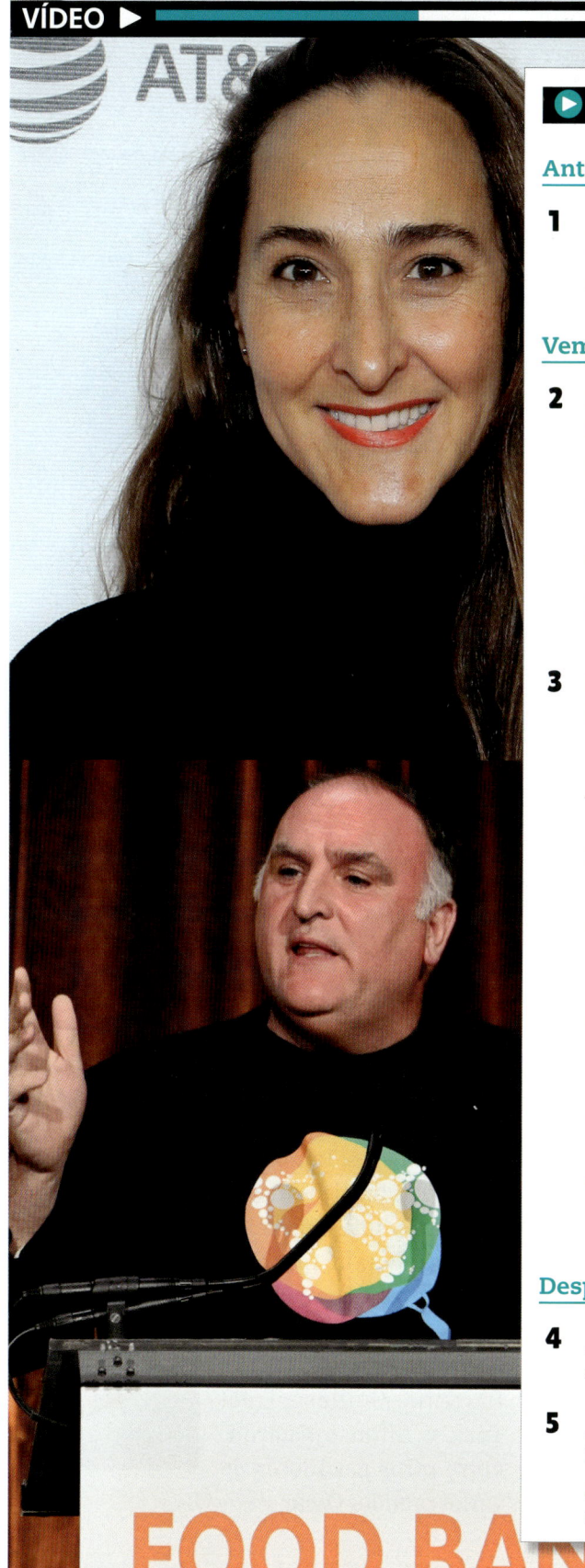

▶ 2 – PERSONALIDADES LATINAS

Antes de ver el vídeo

1 ¿Qué famosos o famosas del mundo latino conoces? ¿En qué disciplinas destacan? Haz una lista y coméntala con el resto de la clase.

Vemos el vídeo

2 Marca en qué orden se mencionan las categorías en las que destacan las personalidades latinas del vídeo.

- [4] futbolistas
- [1] activistas
- [3] chefs
- [2] cantantes
- [5] celebridades de las redes sociales

3 Responde verdadero (V) o falso (F), según la información del vídeo.

	V	F
a. Un/a activista es una persona que trabaja para tener un mundo mejor.	X	
b. Nemonte Nenquimo es una activista feminista indígena.	X	
c. Shakira, J Balvin y Maluma son clásicos de la música latinoamericana.		X
d. Gabriela Cámara y José Andrés combinan labores humanitarias con su trabajo como chefs.	X	
e. Luis Suárez es el latino con más seguidores en Instagram.		X
f. Lele Pons es una venezolana muy famosa.	X	

Después de ver el vídeo

4 ¿Sigues a algún o alguna *youtuber*? ¿De qué temas habla?

5 ¿Quiénes son las personalidades más influyentes de tu país en los últimos años? ¿En qué destacan? Coméntalo con tus compañeros/as.

Antes de empezar

Si lo cree oportuno, en la sesión previa informe a sus alumnos/as de que en la siguiente sesión verán este vídeo. Deles la oportunidad de verlo en casa, si lo desean, a modo de preparación. Si lo cree oportuno, dígales que trabajen en casa con la ficha de lectura 2. Aclare el término **personalidad** en la acepción con la que aquí es utilizada: "persona importante, influyente, famosa". ¿Cómo se dice en su/s lengua/s?

Procedimientos

1. Si todavía no la han utilizado, pueden utilizar la ficha de lectura 2 como introducción de la actividad. Antes de ver el vídeo, pida a sus alumnos/as que hagan una lista con las personas famosas del mundo latino (hispanohablante). Seguidamente, haga que la comparen con la de un/a compañero/a antes de la puesta en común en clase abierta. Vaya apuntando en la pizarra los nombres y agrúpelos en categorías: cantantes, deportistas...

2. Explique a sus alumnos/as que van a ver un vídeo donde se habla de algunas personalidades latinas y que están agrupados en las cinco categorías que aparecen en el ejercicio. Léalas en voz alta y pídales que apunten el orden en el que salen en el vídeo. Si lo desean, dígales que se ayuden de la transcripción (ficha fotocopiable 5) o los subtítulos. Haga la puesta en común junto con el ejercicio **3**.

3. Durante el visionado o justo después de él, pídales que marquen como verdaderas o falsas las afirmaciones de la **a** a la **f**. Haga la puesta en común de **2** y **3** con un segundo visionado. Si lo desea, dígales que revisen la transcripción del vídeo (ficha fotocopiable 5) a modo de corrección de respuestas.

4. Formule las preguntas del enunciado en voz alta. Apunte sus respuestas en la pizarra. Si tiene un grupo de estudiantes nacidos antes de 1980, es probable que no conozcan a ninguno/a. Si este es el caso, puede saltarse este ejercicio.

5. Si tiene un grupo de un mismo país, formule las preguntas del enunciado en voz alta y apunte sus respuestas en la pizarra. En caso contrario, haga grupos de trabajo con estudiantes de diferentes países y una puesta en común en clase abierta.

treinta y cinco **35**

PANAMERICANA: MÉXICO

Comprensión lectora global con información cultural sobre México. Repaso de algunos recursos de la unidad.

Observaciones

Siguiendo con la metáfora del viaje por la ruta panamericana, de aquí en adelante, iremos haciendo parada en un país diferente en cada unidad.

Antes de empezar

En la sesión previa, diga a sus estudiantes que el próximo día trabajarán en clase con ese texto. Dígales que, si quieren, lo preparen en casa con el diccionario. Anímelos/as también a preparar sus respuestas a los ejercicios **1** y **2**, que corregirán en la clase siguiente. Invítelos/as a escuchar la locución en la/s variedad/es del español que prefieran. Escriba en la pizarra la palabra **México** y pregunte a sus alumnos/as qué saben de este país. Apunte lo que digan en la pizarra y dígales que el texto de la actividad les dará más información sobre México y su cultura.

Procedimientos

1. Pida a sus estudiantes que lean el texto de la actividad para sí mismos/as. Al tiempo que lo leen, pídales que subrayen las palabras que no entiendan. Haga una puesta en común en clase abierta para definir las palabras que desconocen. A continuación, pídales que definan con una palabra cada un de los párrafos. ¿De qué tratan? Si lo cree oportuno, pida a sus alumnos/as que en parejas intenten resumir cada párrafo en una frase muy sencilla.

Solución

1: Geografía; 2: Gastronomía; 3: Cultura; 4: Historia.

2. Pídales que marquen como verdaderas o falsas las seis afirmaciones del ejercicio y que corrijan las falsas. Deje que comparen sus respuestas con las de un/a compañero/a, antes de la puesta en común.

Solución

1. F (es uno de los países más poblados del mundo); 2. V; 3. V; 4. F (es música tradicional); 5. V; 6. F (hay más de 30 lugares culturales para visitar)

3. Pídales que nombren a dos personas famosas relacionadas con el mundo de la cultura de su/s país/es. Pregunte en clase abierta: **¿En qué disciplina destacan?**

---

2 PRIMEROS CONTACTOS

PANAMERICANA

MÉXICO

¡Hola! Me llamo Víctor y soy mexicano, de Ciudad de México, la capital. Ahora vivo en Bélgica y trabajo en la Universidad Popular. Soy profesor de español para extranjeros.

México limita al norte con Estados Unidos y al sur con Guatemala y Belice. Es uno de los países más poblados del mundo, con más de 129 millones de personas. En México hablamos español, pero también existen unas 60 lenguas indígenas, por ejemplo, el náhuatl, de donde vienen algunas palabras como **tomate** y **cacao**.

La comida mexicana es excelente: los tacos, el guacamole y las famosas tortillas de maíz (con chile, tomate o queso). En 2010 la gastronomía mexicana fue reconocida como Patrimonio Cultural Inmaterial de la Humanidad.

En México la cultura se escribe con mayúscula. Tenemos grupos de música tradicional como los mariachis, pero también grupos de rock y cantantes muy famosos, como Maná, Molotov, Café Tacvba o Julieta Venegas. También el cine mexicano tiene mucha tradición y una reputación internacional. También en el ámbito internacional destacan directores como Alejandro González Iñárritu, Guillermo del Toro y Alfonso Cuarón, entre otros ganadores de varios premios Óscar.

Chichén Itzá, México

Y, por supuesto, nuestra historia. Los monumentos de la civilización maya son únicos. Chichén Itzá, Palenque y Uxmal son ciudades mayas fascinantes para visitar. México cuenta con más de treinta lugares culturales o naturales que son considerados por la UNESCO como Patrimonio de la Humanidad.

¡Chao y buen viaje a Guatemala, la próxima etapa en la Panamericana!

1 ¿Cuáles son los cuatro grandes temas de los que trata el texto? Elige una palabra clave para cada párrafo.

2 ¿Verdadero (V) o falso (F)? Corrige las frases falsas.

	V	F
1. México es un país con pocos habitantes.	☐	☒
2. Las palabras **tomate** y **cacao** vienen de una lengua indígena.	☒	☐
3. La comida mexicana está reconocida internacionalmente.	☒	☐
4. Los mariachis son grupos de rock.	☐	☒
5. Algunos directores de cine mexicanos son conocidos internacionalmente.	☒	☐
6. En México hay solo tres monumentos mayas: Chichén Itzá, Palenque y Uxmal.	☐	☒

3 Nombra a dos personas famosas relacionadas con el mundo de la cultura de tu país. ¿En qué disciplina destacan?

PANAM - campus difusión   27

Texto mapeado
Texto locutado

treinta y siete **37**

2 PRIMEROS CONTACTOS

COMUNICACIÓN

PRESENTARSE Y RESPONDER A UNA PRESENTACIÓN

- Soy Nuria Ribas.
- Me llamo Luis Martínez.
- Yo soy Ana Segura.
- Encantad**o**. (masc.)
- Encantad**a**. (fem.)
- Mucho gusto. (masc. / fem.)

- ¿Cómo se escribe Abella?
- A, be, e...
- ¿Se escribe con ye?
- No, con ele doble / dos eles.
- ¿Con acento en la a?
- Sin acento.

En español hay cuatro consonantes dobles: **c, r, l, n**. Recuerda el nombre **Carolina**, que contiene las cuatro.

PREGUNTAR POR EL ESTADO Y REACCIONAR

- ¿Cómo estás?
- ¿Cómo está (usted)?
- ¿Qué tal?
- Muy bien, gracias. ¿Y tú?
- Bien, gracias. ¿Y usted?
- Regular.

PREGUNTAR POR EL ORIGEN Y CONTESTAR

• ¿De dónde eres?	• Soy de Bilbao.	• Tú eres de Perú, ¿verdad?	• Sí, de Lima.
• ¿De dónde es usted?		• ¿Es usted de Madrid?	• Sí.
• ¿De dónde son ustedes?	• Somos de Guadalajara.	• ¿Son ustedes de aquí?	• No, somos de Bilbao.

PREGUNTAR POR EL TELÉFONO Y EL CORREO ELECTRÓNICO

- ¿Cuál es tu teléfono?
- ¿Cuál es tu número de móvil?
- Es el 2, 4, 5, 6, 7, 7, 8.

- ¿Tienes correo electrónico?
- ¿Cuál es tu correo electrónico?
- Es rosa@nvh.com.

@ arroba
. punto
- guion
_ guion bajo

PREGUNTAR POR LA PROFESIÓN

- ¿Qué haces? / ¿A qué te dedicas?
- ¿Dónde trabajas?
- ¿De qué trabajas?
- Soy programador/a.
- Trabajo en un banco / una oficina.
- Soy profesor de español.

HACER PREGUNTAS

¿**Qué** idiomas hablas?
¿**Cómo** te llamas?
¿**Dónde** trabajas?
¿**De dónde** eres?
¿**Cuál** es tu teléfono?
¿**Quién** es tu profesora?

HOLA, ME LLAMO JULIETA VENEGAS. SOY MEXICANA, PERO VIVO EN ARGENTINA. SOY COMPOSITORA Y CANTANTE.

GRAMÁTICA

EL ARTÍCULO INDETERMINADO

	MASCULINO	FEMENINO
SINGULAR	**un** diccionario	**una** guitarra
PLURAL	**unos** diccionarios	**unas** guitarras

El plural del artículo indeterminado **unos**, **unas** significa **algunos**, **algunas**.

- *¿Tienes unos días libres este mes? = ¿Tienes algunos días libres este mes?*

EL GÉNERO EN LAS PROFESIONES

MASCULINO Y FEMENINO		INVARIABLE
enfermer**o**, enfermer**a**	profes**or**, profes**ora**	econom**ista**
emplead**o**, emplead**a**	aut**or**, aut**ora**	dent**ista**
ingenier**o**, ingenier**a**	programad**or**, programad**ora**	representant**e**
camarer**o**, camarer**a**	direct**or**, direct**ora**	polic**ía**

Muchos nombres de profesión tienen una forma masculina y una femenina. Las terminaciones **-ista**, **-ía**, **-e** sirven para los dos géneros.

- *Marta es dentista.*
- *Martín es dentista.*

LA NEGACIÓN

- ¿Hablas francés?
- **No**, **no** hablo francés.
- Lorena **no** es mi profesora.
- Mañana **no** tenemos clase.

No se coloca siempre delante del verbo.

LOS VERBOS REGULARES TERMINADOS EN -ER, -IR

	APRENDER	VIVIR
yo	aprend**o**	viv**o**
tú	aprend**es**	viv**es**
él, ella, usted	aprend**e**	viv**e**
nosotros, nosotras	aprend**emos**	viv**imos**
vosotros, vosotras	aprend**éis**	viv**ís**
ellos, ellas, ustedes	aprend**en**	viv**en**

Marc y yo = nosotros
Marc y tú = vosotros
Cuando solo se trata de mujeres se usan los pronombres femeninos (**nosotras**, **vosotras**, **ellas**).
Cuando son grupos mixtos se usa el masculino (**Ana y Marc = ellos**).

VERBOS IRREGULARES

	TENER	SER
yo	**tengo**	**soy**
tú	t**ie**nes	**eres**
él, ella, usted	t**ie**ne	**es**
nosotros, nosotras	tenemos	**somos**
vosotros, vosotras	tenéis	**sois**
ellos, ellas, ustedes	t**ie**nen	**son**

treinta y nueve **39**

En esta unidad, sus estudiantes van a tener la oportunidad de hablar de la familia y de una persona (aspecto físico, carácter, estado civil), de preguntar por los gustos y responder, y de decir la fecha. Para ello, van a aprender los posesivos, el género y el número en los adjetivos, los interrogativos, gusta(n), las relaciones de parentesco, los adjetivos del carácter, los números hasta 100 y los meses del año. Además, van a conocer algunas familias famosas del mundo hispano y algunos datos sobre Guatemala.

3 ME GUSTA MI GENTE

Comunicación
- Hablar de la familia
- Hablar de una persona: el aspecto físico, el carácter, el estado civil
- Preguntar por los gustos y responder
- Decir la fecha
- Preguntar por el cumpleaños y responder

Léxico
- La familia y las relaciones personales
- Características físicas
- Adjetivos de carácter
- Los gustos personales
- Los números hasta 100
- Los meses del año

Gramática
- Los posesivos
- El género y el número en los adjetivos
- Los interrogativos
- **Gusta(n)**

Cultura
- Familias famosas: Cruz y Bardem
- Chocolates Valor
- **Vídeo 3** Esta es mi familia
- **PANAMERICANA** Guatemala

1. Rodrigo, Lorena, Marcelo y Lara
2. Rodrigo y Lara
6. Mis abuelos, Esther y Luis

[4] Papá y su equipo

[5] Laura

[3] Con mis compañeras de trabajo

ME GUSTA MI GENTE
Introducir el vocabulario básico de la familia y de las relaciones sociales.

Antes de empezar

Si lo cree oportuno, en la sesión previa informe a sus alumnos/as de que en la siguiente sesión escucharán el audio de la actividad **1**. Deles la oportunidad de escucharlo en casa, si lo desean, a modo de preparación. Si lo necesitan, dígales que se ayuden de la transcripción. Aunque los álbumes de fotos en papel están en desuso, muestre fotos de ellos o lleve al aula uno propio. Compárelos con los digitales. Pregunte a la clase si tienen alguno de los dos o los dos. Explique, por último, que **álbum** es una de las pocas palabras en español que acaban en **m**.

Procedimientos

1. a. Muestre a sus alumnos/as las fotos y lea los textos que aparecen sobre estas. Explíqueles que van a escuchar un diálogo en el que una mujer, Isabel, muestra su álbum de fotos a una amiga. Ponga la audición y pídales que en un primer paso se fijen solo en el orden en el que se mencionan las fotos. Dígales que, si lo necesitan, se ayuden de la transcripción.

b. Seguidamente, remita a sus alumnos/as a la lista de palabras y aclare el significado de las palabras que sean desconocidas y que no puedan deducir. Ponga la audición una segunda vez y pídales que marquen las relaciones que tienen esas personas con Isabel. Dígales que, si lo desean, se ayuden de la transcripción. Para comparar los resultados, escriba los nombres en la pizarra y pregunte a sus alumnos/as por la relación que tienen con Isabel.

c. Formule las preguntas del enunciado. Deles algo de tiempo para preparar el vocabulario que necesitan para comentar sus fotos. Puede empezar dando usted una frase que les sirva de modelo, por ejemplo: **Tengo una foto de mis hijos en el móvil, ¿y tú?** Después, por turnos, sus estudiantes reaccionan a la pregunta.

---

1 a. 🔊 19 – Escucha esta conversación y anota en qué orden menciona Isabel sus fotos.

b. 🔊 19 – Escucha otra vez y marca las relaciones que tienen estas personas con Isabel.

- ☒ hermano/a
- ☐ hijo/a
- ☒ padre
- ☐ madre
- ☒ abuelo/a
- ☐ tío/a
- ☒ sobrino/a
- ☒ compañero/a de trabajo

c. Y tú, ¿de quién tienes fotos? ¿Y de qué situaciones?

- *Yo tengo muchas fotos de viajes con mis amigos.*

ACT 1b - campus difusión

▶ **Los lex** › La familia A1

✏ 1, 2

FAMILIAS
Recursos para hablar de relaciones familiares. Introducir los posesivos.

Antes de empezar

En la sesión previa, diga a sus alumnos/as que el próximo día trabajarán en clase el texto de la actividad 2. Dígales que, si quieren, lo pueden preparar en casa con el diccionario. Anímelos/as también a preparar sus respuestas para los apartados a y b, que corregirán en la clase siguiente.

Procedimientos

2. a. Dígales que van a leer un texto sobre estas personas y que pueden probar a marcar las palabras relacionadas con el parentesco. Lea el texto en voz alta. Al mismo tiempo, sus alumnos/as leen el texto y marcan las palabras relacionadas con la familia que ya han visto en la página anterior (**hijo/a**, **nieto/a**, **madre**...). Pregunte ahora a la clase cuántos/as artistas hay en las dos familias.

Solución

En la familia de Javier hay ocho artistas (Javier, Pilar, sus hermanos Carlos y Mónica, sus abuelos y su primo Miguel). En la familia de Penélope hay tres artistas (Penélope y sus dos hermanos). En total hay 11 artistas.

b. Individualmente, sus alumnos/as completan el árbol genealógico con ayuda del texto de la actividad 2 a. En parejas, comparan sus resultados. Dibuje en la pizarra el árbol genealógico o, si tiene la posibilidad, proyéctelo y complételo con las respuestas de sus estudiantes. Si lo cree conveniente, utilice este contexto para explicar los posesivos, facilitando así la realización del apartado siguiente.

c. Seguidamente, indíqueles que van a leer unas frases dichas por miembros de la familia Bardem Cruz y que, individualmente, tienen que deducir quién podría decir cada una de las frases. En parejas, comparan sus resultados. En clase abierta, lea cada una de las cinco frases y pida cada vez a un/a estudiante que diga su solución. Para ello, después de leer cada frase pregunte: **¿Quién habla?** Puede ampliar la práctica del léxico de parentesco con la fichas fotocopiables 6 y 7.

3. Explique a sus alumnos/as que van a hacer una pequeña competición en dos grupos: cada grupo escribe algunas preguntas sobre el texto de la familia Bardem Cruz que el otro grupo tiene que contestar. Divida la clase en dos equipos. Déjeles tiempo para formular, escribir y corregir con su ayuda algunas preguntas, por ejemplo: **¿Quién es Mónica Bardem? ¿Qué hacen los hermanos de Javier?** Por turnos, cada equipo hace una pregunta y el otro la contesta. Procure que participe el mayor número posible de alumnos/as.

---

3 ME GUSTA MI GENTE

FAMILIAS

2 a. ¿Conoces a estas personas? Lee el texto. ¿Cuántos artistas hay en las dos familias?

Familias de artistas

Penélope Cruz y Javier Bardem son una pareja de cine. Son, probablemente, la actriz y el actor españoles más conocidos internacionalmente, pero no son los únicos artistas de sus familias.

La hermana de Penélope es bailarina y actriz, y su hermano es compositor de música. Javier es hijo y nieto de artistas: su madre, Pilar Bardem, es actriz, como su abuelo y su abuela. También sus hermanos Carlos y Mónica son actores. Su primo Miguel es director de cine.

Penélope y Javier tienen dos hijos, Leo y Luna. ¿Futuros artistas?

b. Completa el árbol genealógico con la ayuda del texto.

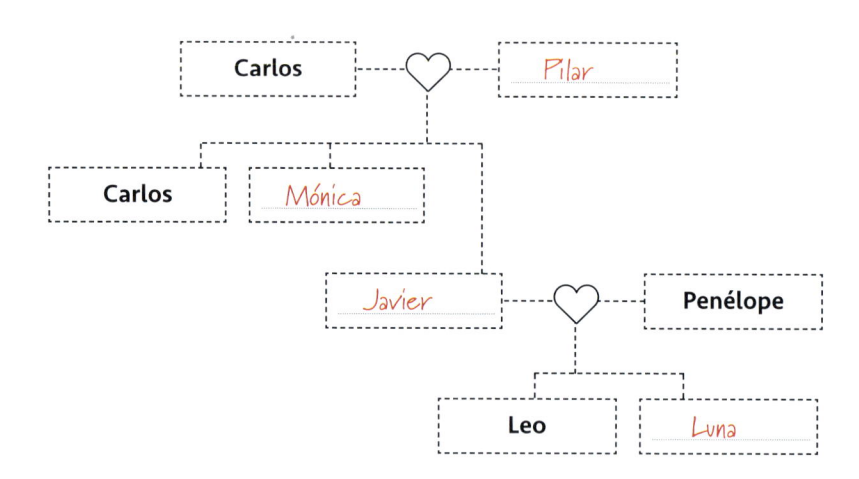

- Carlos ---♥--- Pilar
- Carlos Mónica
- Javier ---♥--- Penélope
- Leo Luna

c. Lee las frases. ¿Qué persona o personas de la familia Bardem Cruz puede decirlas? Escribe los nombres.

1. Mi hijo se llama como mi marido. **Pilar.**
2. Nuestra madre tiene un nombre de ocho letras. **Leo y Luna.**
3. Nuestro sobrino es director de cine. **Carlos y Pilar.**
4. Mis dos hermanos son actores. **Mónica o Carlos o Javier.**
5. Nuestros nietos tienen un nombre con ele. **Carlos y Pilar.**

3 Prepara cinco preguntas sobre la familia de Javier Bardem y Penélope Cruz con tu compañero/a. Luego, con otra pareja de la clase vais haciendo por turnos las preguntas y respondiéndolas.

- ¿Cómo se llama el nieto de Pilar?
- Se llama Leo.

ACT 2a - campus difusión

- Texto mapeado
- Texto locutado

Relaciones familiares

- el abuelo, la abuela
- el padre, la madre
- el hijo, la hija
- el nieto, la nieta
- el hermano, la hermana
- el tío, la tía
- el sobrino, la sobrina
- el primo, la prima
- el padre + la madre = los padres
- el hijo + la hija = los hijos

En España
- el marido, la mujer

En Latinoamérica
- el esposo, la esposa

3, 14

42 cuarenta y dos

4 a. Completa las formas de los posesivos que faltan. Luego, compara tus respuestas con las de un/a compañero/a.

LOS POSESIVOS

SINGULAR	PLURAL
mi tío, mi tía	mis tíos, _mis_ tías
tu tío, tu tía	_tus_ tíos, tus tías
su tío, su tía	sus tíos, _sus_ tías
nuestro tío, _nuestra_ tía	_nuestros_ tíos, nuestras tías
vuestro tío, vuestra tía	vuestros tíos, _vuestras_ tías
su tío, su tía	_sus_ tíos, sus tías

b. Traduce estas frases a tu lengua.

1. Mis tíos se llaman Julián y Rosa.

2. ¿Tus hermanas viven en México?

3. ¿Quién es tu primo?

4. Juan y Marta son hermanos. Su padre se llama Alberto.

c. Haz preguntas a tu compañero/a sobre su familia con ayuda de estos elementos.

¿Cómo se llama(n)
¿Dónde vive(n)
¿De dónde es / son   tu / tus
¿Qué hace(n)

- ¿Cómo se llaman tus padres?

¿QUIÉN ES THOMAS?

5 a. Escribe tu nombre en el centro de una hoja y alrededor, los nombres de cuatro o cinco personas importantes para ti.

b. Tu compañero/a te hace preguntas sobre estas personas. Responde y da, al menos, tres datos sobre cada uno/a.

- ¿Quién es Thomas?
- Es mi mejor amigo. Es ingeniero y vive en Fráncfort. Tiene dos hijos. Su mujer es de Buenos Aires.

6 Ahora, averigua las fechas de cumpleaños de las personas importantes de tu compañero/a. Anota los nombres en el mes correspondiente.

- ¿Cuándo es el cumpleaños de Thomas?
- Mmmm... Creo que es el 18 de junio.

📋 4, 11

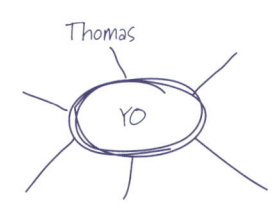

Los meses del año
› enero
› febrero
› marzo
› abril
› mayo
› junio
› julio
› agosto
› septiembre
› octubre
› noviembre
› diciembre

📋 12, 13

cuarenta y tres **43**

---

4. a. Si todavía no lo ha hecho, explique las formas de todos los posesivos. Posteriormente, dígales que completen la tabla, asegurándose de que no hay dudas. Haga hincapié en que algunos posesivos no varían de género y otros, sí. Antes de la puesta en común en clase abierta, permítales comparar su cuadro con el de otro/a compañero/a. Resalte la polisemia de la forma **su** que puede referirse a **él**, a **ella**, a **usted**, a **ellos**, a **ellas** y a **ustedes**.

b. A continuación, dígales que tienen que traducir esas cinco frases a su lengua materna. Si la clase tiene una lengua vehicular, la puesta en común puede ser en clase abierta. Independientemente de la lengua, haga que se fijen en las similitudes y diferencias entre los posesivos en español y en su/s lengua/s materna/s.

c. Por último, invítelos/as a practicar **mi/s** y **tu/s** preguntándose, en parejas, por la familia del / de la compañero/a. Puede ser un buen momento para explicar la diferencia gráfica de **tú** (pronombre personal) y **tu** (adjetivo posesivo).

¿QUIÉN ES THOMAS?
Práctica de los recursos para hablar sobre la familia y las personas cercanas.

Procedimientos

5. a. Pida a sus alumnos/as que escriban su nombre en el centro de un papel vacío. Anímelos/las a escribir los nombres de diferentes familiares o personas cercanas. Deles tiempo para preparar la breve descripción de esas personas que necesitarán en **b**.

b. Forme parejas y pida a sus estudiantes que pregunten por las diferentes personas que ha elegido su compañero/a, por ejemplo: **¿Quién es...?** La respuesta debe incluir: parentesco y otros tres datos más (profesión, procedencia, lugar de residencia...). De esa manera, reactivan todo lo que han visto hasta ahora.

6. Remita a sus alumnos/as al apartado *Los meses del año* del margen derecho. Léalos en voz alta y aclare las dudas. Explique también los números hasta 31, necesarios para expresar fechas. A continuación, haga que averigüen la fecha de cumpleaños de las personas que su compañero/a eligió en **5 a**. Haga que se fijen en el modelo de lengua, antes de empezar con la actividad. Si lo cree conveniente, proponga la siguiente práctica lúdica. Divida a la clase en parejas y explíqueles que deberán preguntar y anotar la fecha de cumpleaños de cada una de las personas que están en clase. Ganará la pareja que antes recopile todas las fechas y las ordene por orden cronológico.

UNA EMPRESA FAMILIAR
Los números de 11 a 100. Preguntar por la edad. El interrogativo **cuántos/as**.

Antes de empezar

Si lo ve oportuno, en la sesión previa, diga a sus estudiantes que el próximo día trabajarán en clase el texto de la actividad 7. Dígales que, si quieren, lo preparen en casa con el diccionario. Anímelos/as también a preparar las respuestas de **a** y **b**, que corregirán en la clase siguiente. Invítelos/as a escuchar la locución en la/s variedad/es del español que prefieran.

Procedimientos

7. a. Dirija su atención hacia las cuatro frases que hay antes del texto y pregunte: **¿Qué creéis que son estas frases?** Cuando lleguen a la conclusión de que son posibles títulos del texto, explíqueles que, después de su lectura, tienen que tachar el único título inapropiado. Aclare las dudas que puedan tener y haga la puesta en común en clase abierta. Si lo cree adecuado, puede preguntar además por qué ese título no es adecuado.

b. A continuación, pídales que lean de nuevo el texto y que subrayen todas las palabras relacionadas con la familia. Permítales comparar sus palabras con las de un/a compañero/a antes de la puesta en común.

8. a. En cadena, sus estudiantes leen los números de la tabla en voz alta. Anímelos/as a decir los números que no aparecen impresos y que pueden deducir a partir de los ejemplos. Vaya anotando las aportaciones correctas en la pizarra. Haga que se fijen en dos cosas: los números del 11 al 29 se escriben en una sola palabra; use la nota en el margen derecho y comente la particularidad de los números que acaban en 1.

b. Pida a sus alumnos/as que cada uno/a de ellos/as elija dos cifras entre el 1 y el 9. A continuación, el / la primero/a dice sus cifras. El / La compañero/a de al lado deberá decir qué número forman esas dos cifras juntas (siete, cuatro = setenta y cuatro), y así sucesivamente.

9. Explique que van a escuchar una entrevista con el director de Chocolates Valor, en la que presenta algunos datos sobre su empresa. Haga que, antes de poner la audición, sus alumnos/as lean las frases y pregunten por el vocabulario desconocido. Ponga la audición una vez y pídales que escriban las cifras correspondientes a las preguntas. Deles la oportunidad de ayudarse de la transcripción si lo desean. Después de escuchar por segunda vez, haga una puesta en común. Finalmente, remítalos/as al margen derecho y explíqueles que **cuántos** concuerda en género con el sustantivo al que acompaña. Siga en el margen derecho e incida en el uso del verbo **tener** para hablar de la edad.

---

3 ME GUSTA MI GENTE

UNA EMPRESA FAMILIAR

7 a. ¿Te gusta el chocolate? Lee el texto sobre una empresa chocolatera y decide cuál de estos títulos no es adecuado.

- Pasión por el chocolate
- ~~Nueva fábrica de chocolate en Alicante~~
- Vivir para el chocolate
- Valor: una empresa familiar con tradición

Cinco generaciones de chocolateros
Pedro López Lloret, <u>hijo</u> y <u>nieto</u> de chocolateros, es el director de Chocolates Valor, una fábrica de chocolate en la provincia de Alicante. "Somos una empresa familiar, mis <u>hermanos</u> y mi <u>sobrino</u> trabajan en ella, como antes mi <u>padre</u> y mi <u>abuelo</u>. Vivimos para el chocolate. Tenemos chocolate para todos los gustos: negro, blanco, con leche… pero nuestro producto estrella es el chocolate con 70 % de cacao y con almendras. Tenemos chocolaterías en Madrid, Barcelona, Valencia y otras ciudades de España, y exportamos nuestros productos a más de 60 países. El chocolate es nuestra pasión".

b. Marca en el texto las palabras relacionadas con la familia.

8 a. Lee los números del 11 al 100 en cadena con tus compañeros/as.

11 once	21 veintiuno	40 cuarenta
12 doce	22 veintidós	50 cincuenta
13 trece	23 veintitrés	60 sesenta
14 catorce	24 veinticuatro	70 setenta
15 quince	25 veinticinco	80 ochenta
16 dieciséis	…	90 noventa
17 diecisiete	30 treinta	100 cien
18 dieciocho	31 treinta y uno	
19 diecinueve	32 treinta y dos	
20 veinte	…	

b. Di dos números entre 1 y 9. Tu compañero/a dice el número que se forma con las dos cifras, y así sucesivamente.

- *Siete, cuatro.*
- *Setenta y cuatro. Ocho, cinco.*

9 🔊 20 – Unas cifras sobre la empresa Valor. Escucha y completa.

1. ¿Cuántos años tiene Pedro López? — 55.
2. ¿Cuántos miembros de la familia trabajan en la empresa? — 7.
3. ¿Cuántas chocolaterías tiene Valor? — 34.
4. ¿Cuántos empleados trabajan en las chocolaterías? — 300.
5. ¿A cuántos países exporta Valor sus productos? — A 60.
6. ¿Cuántos productos diferentes tiene Valor? — 100.

ACT 7a - campus difusión
- Texto mapeado
- Texto locutado

Un, uno, una

Uno se convierte en **un** delante de sustantivos masculinos.
- Treinta y **un** empleados.

Delante de sustantivos femeninos se usa **una**.
- Treinta y **una** fábricas.

Cantidades

Cuántos, **cuántas** se utilizan para preguntar por la cantidad.
- ¿**Cuántos** productos fabrican aquí?
- ¿**Cuántas** chocolaterías tiene Valor?

Para preguntar la edad se usa el verbo **tener**.
- ¿Cuántos años **tienes**?

📝 5, 6, 17-20

cuarenta y cuatro

UNA MUJER INTERESANTE

10 **a.** Lee los textos en los que Isabel describe a sus hermanos. ¿Tienes algo en común con ellos?

> Mi hermana Laura es muy guapa. Es morena, como yo, y delgada. Su pasión es la fotografía. Es una mujer alegre, como yo, interesante y muy abierta, pero a veces es un poco impaciente. Está separada y no tiene hijos.

> Mi hermano Marcelo es bastante atractivo. Tiene los ojos azules. Es alto y un poco gordito, como yo. De carácter es optimista, pero un poco tímido. Está casado y vive con su mujer, Lorena, y sus hijos, Rodrigo y Lara. Tiene un *hobby* original: el buceo.

- Yo también soy un poco impaciente…

b. Completa la tabla y añade un adjetivo más de cada tipo. Luego, comparte tus respuestas con el resto de la clase y completa tu lista.

	MASCULINO		FEMENINO	
SINGULAR	un hombre	atractivo interesante original	una mujer	atractiva interesante original
PLURAL	hermanos	atractivos interesantes originales	personas	atractivas interesantes originales

c. ¿Cómo es Isabel? Lee otra vez las descripciones de **10 a** y escribe lo que sabes sobre su aspecto físico y su carácter.

Isabel es… morena y alegre (como su hermana), y alta y gordita (como su hermano).

11 Describe el físico y el carácter de tres personas de tu familia.

Mi padre es mayor y un poco bajito. Es abierto y optimista.
Mi hermano Josh es muy guapo, simpático, como yo, y…

ACT 10 a - campus difusión

- Texto mapeado
- Texto locutado

El género en los adjetivos

Los adjetivos que terminan en **-o** forman el femenino en **-a**. Los adjetivos que acaban en **-e**, **-ista** o consonante, son iguales en masculino y femenino.

- Él es alto. / Ella es alta.
- Él es impaciente. / Ella es impaciente.

Adjetivos para describir

› joven ≠ mayor
› alto/a ≠ bajito/a*
› moreno/a ≠ rubio/a
› delgado/a ≠ gordito/a*
› guapo/a ≠ feo/a
› abierto/a ≠ tímido/a
› simpático/a ≠ antipático/a
› optimista ≠ pesimista

* Generalmente se usan los diminutivos **bajito** y **gordito** en vez de **bajo** y **gordo** para suavizar.

ACT 11 - campus difusión

› **Micropelis** › En búsqueda y captura

7, 8, 15, 16, 21, 22

cuarenta y cinco **45**

UNA MUJER INTERESANTE
Recursos para describir el aspecto físico y el carácter de las personas. Sistematizar la concordancia del adjetivo con el sustantivo.

Antes de empezar

Recuerde a sus alumnos/as que en la primera página de esta unidad escucharon a Isabel hablando de algunas personas que aparecían en sus fotos. Dígales que, ahora, Isabel va a describir a sus hermanos. Si lo cree oportuno, dígales que trabajen en casa la ficha de lectura 3.

Procedimientos

10. a. Pida a sus alumnos/as que lean individualmente los dos textos y que subrayen las palabras referidas al carácter y al aspecto físico. Escriba una tabla en la pizarra y anímelos/as a completarla hasta llegar a una como la que figura en la ficha fotocopiable 8. Si quiere, puede incluir también la familia y el *hobby*. Al resumir los resultados, fije su atención en las terminaciones. Si lo cree oportuno, proponga ahora completar **b** y **c**, antes de comentar las cualidades que tienen en común. Introduzca la fase de comentarios preguntando en clase abierta: **¿Quién tiene algo en común con alguno de ellos/as?** Remítalos/as al modelo de lengua y deles tiempo de preparar sus respuestas antes de exponerlas.

b. Pida a sus estudiantes que, basándose en los textos anteriores (o en la ficha fotocopiable 8), completen la tabla con las terminaciones masculinas y femeninas. Remítalos al margen derecho para completar la regla. Para los/as estudiantes poco acostumbrados/as a las lenguas románicas conviene aclarar el ejemplo del margen derecho y explicar que, en español, el adjetivo predicativo también concuerda con el sustantivo: **Ella es alta**.

c. Sus alumnos/as vuelven a leer los textos de **10 a** y anotan toda la información que encuentren sobre el físico y el carácter de Isabel. La solución se comenta en clase abierta. Si lo cree oportuno, proponga ahora trabajar con la ficha de lectura 3.

11. Pida a sus alumnos/as que escriban un pequeño texto sobre algunos familiares o amigos/as en el que usen un mínimo de 10 adjetivos. La lista del margen derecho les ayudará. Haga hincapié en la concordancia y en la posición del adjetivo. Si necesitan más tiempo para escribir el texto, dígales que lo terminen en casa, para corregirlo en la siguiente clase. Cuando los textos estén listos y corregidos, anímelos/as a compartir sus descripciones con varios/as compañeros/as.

DE CINE

Darse cuenta del valor significativo de la concordancia, fijarla y repasar vocabulario.

Antes de empezar

Si lo cree oportuno, en la sesión previa informe a sus alumnos/as de que en la siguiente sesión escucharán el audio de la actividad 12. Deles la oportunidad de escucharlo en casa, si lo desean, a modo de preparación. Si lo necesitan, dígales que se ayuden de la transcripción. Diga un adjetivo que caracterice a un hombre o a una mujer. Pida a un/a estudiante que nombre una persona (puede ser una persona famosa o del curso) con esa característica. Ese/a mismo/a estudiante continúa y dice el siguiente adjetivo. Continúe, sin repetir adjetivos, hasta que todos/as hayan participado.

Procedimientos

12. a. Explique a sus alumnos/as que van a escuchar seis comentarios sobre la familia Bardem Cruz y que tienen que marcar en la tabla si estos comentarios se refieren a Javier, a Penélope o a los dos. Recuérdeles que la terminación de los adjetivos les dará la pista, ya que no se mencionan los nombres. Ponga la audición una vez. Si lo ve necesario, dígales que se pueden ayudar de la transcripción. Permítales comparar sus respuestas con las de un/a compañero/a. Haga la puesta en común, si lo cree necesario, después de una segunda audición.

b. Individualmente, sus alumnos/as completan las frases con el adjetivo que falta. Recuérdeles la importancia de la concordancia. Si en el apartado anterior ha realizado dos audiciones, quizá no sea necesario hacer una tercera.

13. Forme parejas. Cada estudiante elige una de las personas que aparecen en el dibujo, sin mencionarla. Su pareja tiene que identificarla haciendo preguntas sobre su sexo y aspecto físico, como en el modelo. Insista en que tienen que adivinar de quién se trata, evitando nombrar los números demasiado pronto. Una vez encontrada la solución, pídales que cambien los papeles.

---

3 ME GUSTA MI GENTE

DE CINE

12 a. 21 – Escucha los comentarios sobre Penélope Cruz y Javier Bardem, y marca a quién se refieren.

	PENÉLOPE	JAVIER	LOS DOS
1.		X	
2.	X		
3.	X		
4.			X
5.		X	
6.		X	

b. 21 – Escucha de nuevo y completa con los adjetivos.

1. ¡Es fantástico, un actor _extraordinario_, el número uno!
2. Dicen que es un poco reservada, pero es muy _buena_ en su profesión.
3. Sí, es muy buena, _fantástica_. Yo soy fan de sus películas.
4. Son _simpáticos_, sí, y muy _comunicativos_, ¿no?
5. La verdad es que no sé por qué es tan _famoso_. Y además es un poco _feo_, ¿no?
6. ¿El marido de Penélope? Sí, es _alto_ y _atractivo_. ¡Y muy _interesante_!

13 Quieres regalar una entrada de cine a una persona de la imagen. Tu compañero/a te hace preguntas sobre su aspecto físico para adivinar de quién se trata y viceversa.

- ¿Es un hombre?
- No.
- ¿Es una mujer alta?
- Sí.

ME GUSTA EL CINE

14 Lee los comentarios de estas personas que van al cine y completa la tabla y la regla.

> ME GUSTA EL CINE, PERO NO ME GUSTAN LAS PELÍCULAS DE TERROR.
>
> ME GUSTAN LAS PELÍCULAS ROMÁNTICAS.
>
> ME GUSTA VER PELÍCULAS POR INTERNET.

HABLAR DE GUSTOS

| (No) Me gust**a** | el cine. |
| | ver la tele. |

| (No) Me gust**an** | los actores españoles. |
| | las películas de terror. |

15 a. Lee los temas de las etiquetas y añade cinco cosas más para conocer mejor los gustos de tus compañeros/as.

el café	el vino	el chocolate	las fiestas de cumpleaños	el rock
el teatro	la ópera	el color amarillo	tu jefe/a	el cine	viajar en avión
las personas pesimistas	el fútbol	conducir	las películas románticas

b. Ahora, pregunta a tu compañero/a por sus gustos y anota sus respuestas en la tabla.

- ¿Te gusta el café?
- No, no me gusta mucho.

ME GUSTA	ME GUSTA MUCHO	NO ME GUSTA MUCHO	NO ME GUSTA NADA
		el café	

c. Presenta los resultados al resto de la clase. ¿Tenéis gustos parecidos?

- A Linda le gustan mucho las fiestas de cumpleaños.

Gustar

	me	
	te	
(No)	le	gusta
	nos	gusta**n**
	os	
	les	

Hablar de gustos

Gusta se usa delante de nombres en singular y verbos en infinitivo.

Gustan se utiliza delante de nombres en plural.

El verbo **gustar** + nombre se usa siempre con el artículo determinado.

- Me gusta **la** música.
- Me gustan **los** perros.

📘 9, 10

Preguntar por los gustos

› ¿Te gusta(n)...?
› Sí, (mucho).
› Bastante.
› (No,) No mucho.
› No, nada.

📘 24, 25

ME GUSTA EL CINE

Hablar sobre gustos y preferencias. Presentar los recursos ¿Te gusta/n? ¿Le gusta/n? Me gusta/n...

Procedimientos

14. Pida a sus alumnos/as que lean las tres frases y que completen la tabla que viene a continuación (**gusta**, **gustan**) y la regla del margen derecho. Recuérdeles que, en español, los sustantivos van precedidos del artículo determinado **el**, **la**, **los** o **las**.

15. a. Pida a sus alumnos/as que lean las palabras y expresiones propuestas y explique el vocabulario desconocido. Anímelos/as a añadir cinco temas más.

b. Remítalos/as al margen derecho de la página, donde encontrarán los recursos necesarios para preguntar y contestar. Conviene insistir en que sigan el modelo del libro con pregunta y respuesta. En parejas, preguntan a su compañero/a si le gustan las cosas propuestas y, según sus respuestas, las escriben en la columna correspondiente de la tabla.

c. Antes de pedirles que presenten los gustos de sus compañeros/as, deles un modelo utilizando **a** + nombre + (**no**) **le gusta**... Explíqueles que, en español, es necesario emplear esa estructura con verbos como **gustar**, **interesar**, etc. Si lo necesitan, remítalos/as a la tabla correspondiente de la página 53. Después, deles tiempo para escribir y corregir frases con la información que han recabado sobre los gustos de su compañero/a, antes de exponerla al resto de la clase. En cadena, cada estudiante presenta algunas informaciones que ha obtenido de su compañero/a. Insista en que mencionen varios aspectos, uno para cada una de las columnas propuestas. Pídales que utilicen las frases negativas como en los ejemplos de la tabla, sin explicarles de momento la doble negación, por ejemplo: **A Linda le gustan mucho las fiestas de cumpleaños, le gusta bastante el vino y no le gusta nada el café**. Por último, haga que contesten a la pregunta: **¿Tenéis algo en común?**

Y después

Para seguir practicando, puede usar la ficha fotocopiable 9. Si lo cree conveniente y sus alumnos/as tienen una lengua vehicular común, propóngales traducir al español algunas frases sencillas utilizando las estructuras aprendidas. Además, puede proponer trabajar con la ficha de lectura 4, ya sea en clase o en casa.

MÁS QUE PALABRAS
Repaso del vocabulario mediante combinaciones de palabras.

Antes de empezar

Advierta a sus alumnos/as del carácter lúdico de esta actividad. Si considera inconveniente el carácter competitivo de la misma, simplemente haga que comparen la lista y obvie el sistema de puntuación.

Procedimientos

16. a. Explique a sus alumnos/as que van a hacer una competición en parejas en la que tienen que escribir en cinco minutos todas las combinaciones posibles de palabras de las tres columnas. Para ello, deben de utilizar el artículo indeterminado **un/a** y tener en cuenta la concordancia del adjetivo con el artículo y el sustantivo. Lea el ejemplo del libro: **Un concierto de jazz excelente**.

b. Pasados los cinco minutos, haga que lean su lista a su pareja, quien corrige los posibles errores. Sus alumnos/as anotan un punto por cada combinación correcta y dos puntos por cada combinación correcta que además no tenga su compañero/a. Gana la competición el/la estudiante que más puntos haya obtenido.

TAREA FINAL: ASÍ SOY YO
Escribir una descripción sobre uno/a mismo/a y reconocer a sus compañeros/as por su descripción.

Procedimientos

17. a. Pida a sus alumnos/as que escriban en una hoja un pequeño texto sobre sí mismos/as, teniendo en cuenta su aspecto físico, su carácter, su familia y sus gustos. Pueden buscar la información que necesiten hojeando la unidad y añadir más información personal para tener un verdadero retrato. Para esta tarea, deles el tiempo necesario. Si lo cree oportuno, dígales que escriban el texto en casa, que lo podrán corregir en la siguiente sesión. Haga hincapié en que no escriban su nombre en la hoja, como en el modelo.

b. Recoja las hojas, mézclalas y repártalas entre sus alumnos/as para que lean el texto que reciben. Pregunte si reconocen a la persona descrita en la hoja que les ha tocado y anímelos/as a comprobar quién es, preguntando a sus compañeros/as. Antes de empezar a preguntar, pídales que preparen y corrijan con su ayuda sus preguntas.

---

3 ME GUSTA MI GENTE

MÁS QUE PALABRAS

16 a. Anota en cinco minutos todas las combinaciones posibles de las palabras de estas tres columnas, sin olvidar el artículo y la concordancia del adjetivo.

película	actriz	concierto
compositor/a	miembros	
fábrica	director/a	historia
compañeros/as	trabajo	personas
hospital	palabras	dentista
fiesta	empresa	

romántico/a	familiar
de trabajo	de jazz
de chocolate	de la familia
de música	de teatro
de cine	de fútbol

optimista	interesante
guapo/a	moreno/a	joven
antipático/a	importante
famoso/a	excelente
difícil	internacional

Un concierto de jazz excelente,

b. Después, compara tu lista con un/a compañero/a. Por cada combinación posible y correcta recibe un punto y por cada combinación que solo tienes tú, dos puntos.

TAREA FINAL: ASÍ SOY YO

17 a. Lee el ejemplo y escribe en una hoja información personal sobre ti. Escribe toda la información que puedas.

| Mi aspecto físico | Mi carácter | Mi familia | Me gusta mucho… | No me gusta… |

Soy alta, no soy delgada ni gorda y soy morena. No soy pesimista, pero soy un poco tímida. Tengo una hija de 12 años. Se llama…

b. Tu profesor/a recoge las hojas, las mezcla y las reparte. ¿Reconoces a la persona de la hoja que has recibido?

ESTA ES MI FAMILIA

Entender un vídeo en el que una chica enseña fotos de su familia a un amigo.

▶ 3 – ESTA ES MI FAMILIA

Antes de ver el vídeo

1 Marca las frases que coinciden con tu realidad.

- a. Solo tengo fotos en el ordenador o en el móvil.
- b. En casa tengo álbumes de fotos.
- c. Tengo fotos de muchas personas de mi familia.
- d. Si alguien viene a mi casa, le enseño mis álbumes de fotos.

Vemos el vídeo

2 Haz una lista de las relaciones familiares que se mencionan en el vídeo.

3 Responde verdadero (V) o falso (F) con la información que da el vídeo.

	V	F
a. Alfredo es el hermano de Julia.		X
b. Marta es la hija de Julia.	X	
c. Lucas es el hermano de Marta.	X	
d. A Marta no le gusta bailar.		X
e. A Javi le gusta mucho el baloncesto.		X
f. Josefina es la abuela de la protagonista.	X	

4 ¿Cómo crees que se siente el chico cuando ve la foto del padre de su novia?

preocupado | contento | nervioso

Después de ver el vídeo

5 Crea una presentación en vídeo de tu familia con fotos y comentarios sobre cada persona. Puede ser tu familia de verdad o una inventada.

Antes de empezar

Si lo cree oportuno, en la sesión previa informe a sus alumnos/as de que en la siguiente sesión verán este vídeo. Deles la oportunidad de verlo en casa si lo desean, a modo de preparación, y de pensar sus respuestas a los ejercicios **2** y **3**. Aclare el término **encantar** en la acepción con la que aquí es utilizada en una ocasión: **gustar mucho**. ¿Cómo se dice en su/s lengua/s?

Procedimientos

1. Antes de ver el vídeo, pida a sus estudiantes que marquen las frases (de la **a** a la **d**) que coincidan con su realidad. Note que la frase **a** es incompatible con la **b** y la **d**, y que muchos/as estudiantes (dependiendo de la edad) van a marcar esa opción. Puede añadir un frase **e** que lo aúna todo: **Tengo fotos en el ordenador, en el móvil y en papel (en un álbum o en una caja)**.

2. Explique a sus estudiantes que van a ver un vídeo donde una chica enseña unas fotos de su familia a un amigo y habla de las personas que salen en ellas. Dígales que, en este primer visionado, tienen que fijarse y apuntar todas las palabras de relaciones familiares que se mencionan. Después, haga una puesta en común en clase abierta.

Solución

Tío, tía, prima, hija, hermano, papás (padres), abuela, papá (padre).

3. Lea las frases en voz alta (de la **a** a la **f**) y comente que algunas son falsas, según la información que da el vídeo, y otras, verdaderas. Si quiere facilitar la actividad puede decir que tres son falsas y tres son verdaderas. Durante el segundo visionado o justo después de él, pídales que marquen como verdaderas o falsas esas afirmaciones. Haga una puesta en común en clase abierta, después del visionado. Después, puede hacer el ejercicio de la ficha fotocopiable 10.

4. Formule la pregunta del enunciado en voz alta y dé como válidas las dos respuestas subrayadas.

5. Forme grupos de tres y pídales que graben un vídeo con sus móviles. Un/a estudiante enseña las fotos de su familia (reales o bajadas de internet) a otro/a estudiante, mientras el / la tercero/a graba la escena en un único plano secuencia. Después, los miembros del grupo se turnan hasta que cada estudiante tenga su vídeo mostrando a su familia y haciendo comentarios sobre cada persona. Pueden enviarle los vídeos por correo y comentarlos en la siguiente sesión.

PANAMERICANA: GUATEMALA

Comprensión lectora global con información cultural sobre Guatemala. Repaso de algunos recursos de la unidad.

Antes de empezar

En la sesión previa, diga a sus alumnos/as que el próximo día trabajarán en clase con ese texto. Dígales que, si quieren, lo preparen en casa con el diccionario. Anímelos/as también a preparar sus respuestas a los ejercicios **1** y **2**, que corregirán en la clase siguiente. Invítelos/as a escuchar la locución en la/s variedad/es del español que prefieran. Escriba en la pizarra la palabra **Guatemala** y pregunte a sus alumnos/as qué saben de este país. Apunte lo que digan en la pizarra y dígales que el texto de la actividad les dará más información sobre Guatemala y su cultura.

Procedimientos

1. Pida a sus estudiantes que lean el texto de la actividad para sí mismos/as. Al tiempo que lo lee, pídales que subrayen las palabras que no entiendan. Haga una puesta en común en clase abierta para definir las palabras que desconocen. A continuación, pídales que relacionen cada ítem del 1 al 5 con cada uno de los párrafos.

Solución
1. Países vecinos, párrafo 5.
2. Modernidad e historia, párrafo 3.
3. Naturaleza y tradición, párrafo 2.
4. Riqueza lingüística, párrafo 1.
5. Legado y tradición, párrafo 4.

2. Pídales que busquen en el texto la información que se pide en este ejercicio. Deje que comparen sus respuestas con las de un/a compañero/a, antes de la puesta en común.

Solución
1. El náhuatl.
2. Las ruinas mayas de Tikal.
3. El mercado de Chichicastenango.

3. Si tiene un grupo de un mismo país, formule la pregunta del enunciado en voz alta y apunte sus respuestas en la pizarra. En caso contrario, haga grupos de trabajo con estudiantes de diferentes países y una puesta en común en clase abierta.

3 ME GUSTA MI GENTE

PANAMERICANA
GUATEMALA

¡Hola! Me llamo Eduardo y soy de Guatemala, pero ahora vivo en Brasil. Mis padres viven en Antigua y tienen una escuela de idiomas. Tengo tres hermanos y una hermana.

Guatemala es el país más poblado de Centroamérica. Es un país multicultural y plurilingüe. El idioma oficial es el español, pero existen más de veinte idiomas mayas y otros considerados en peligro de extinción. Guatemala significa en náhuatl "lugar de muchos árboles".

Guatemala está considerado como el quinto país con mayor biodiversidad del mundo. Tiene una naturaleza fascinante: la selva tropical más grande de Centroamérica y más de 30 volcanes. También hay lugares históricos, como las famosas ruinas mayas de Tikal.

Ciudad de Guatemala, la capital del país, es una de las ciudades más grandes y cosmopolitas de Centroamérica. La ciudad de Antigua está reconocida como Patrimonio de la Humanidad por la UNESCO desde 1979.

Más del 50 % de los habitantes de Guatemala son de origen indígena. Muchos conservan sus rituales religiosos y sus tradiciones. Una atracción para muchos turistas es el mercado de Chichicastenango, un antiguo mercado maya donde los indígenas venden o intercambian diferentes productos.

Parque Nacional Tikal, Guatemala

Guatemala limita al norte con México, al este con Belice y al sur con Honduras y El Salvador. El Salvador es el país más pequeño de Centroamérica, muy famoso por sus volcanes. Honduras tiene playas maravillosas en el Caribe (un paraíso para el buceo) y también reservas naturales y restos arqueológicos mayas, como las ruinas de Copán.

1 Relaciona cada epígrafe con el párrafo correspondiente.

1. Países vecinos
2. Modernidad e historia
3. Naturaleza y tradición
4. Riqueza lingüística
5. Legado y tradición

2 Busca en el texto los siguientes datos.

1. El nombre de una lengua originaria de Guatemala.
2. Un lugar de Guatemala con restos arqueológicos.
3. Un lugar turístico para comprar productos locales.

3 ¿Tu país limita con otros? Escríbelo. Si no, escribe los nombre de los países más cercanos.

PANAM - campus difusión   26

Texto mapeado
Texto locutado

3 ME GUSTA MI GENTE

COMUNICACIÓN

VOCABULARIO DE LA FAMILIA

MASCULINO	FEMENINO
el abuelo	la abuela
el padre	la madre
el hijo	la hija
el nieto	la nieta
el tío	la tía
el sobrino	la sobrina
el hermano	la hermana
el primo	la prima

En España normalmente se dice **el marido**, **la mujer**.
En Latinoamérica también se utiliza **el esposo**, **la esposa**.
El padre + **la madre** = **los padres**

¿TIENES HERMANOS?
SÍ, UNA HERMANA. ¿Y TÚ?

HABLAR DE UNA PERSONA

EL ASPECTO FÍSICO	EL CARÁCTER	EL ESTADO CIVIL
Es alt**o/a** ≠ bajit**o/a**	**Es** simpátic**o/a** ≠ antipátic**o/a**	Marcelo **está** soltero.
Es moren**o/a** ≠ rubi**o/a**	**Es** abiert**o/a** ≠ tímid**o/a**	Laura **está** casada.
Es / Está delgad**o/a** ≠ gordit**o/a**	**Es** optim**ista** ≠ pesim**ista**	Lorenzo **está** separado.
Es guap**o/a** ≠ fe**o/a**	**Es** alegr**e** ≠ trist**e**	Gabriela **está** divorciada.
Es joven ≠ mayor	**Es** interesant**e** ≠ simpl**e**	Juan **es / está** viudo.

Los diminutivos **bajito** y **gordito** se utilizan en lugar de **bajo** y **gordo** para suavizar o no ofender a la persona.

HABLAR DE LOS GUSTOS

- ¿Te gusta viajar?
  - Sí, mucho.
- ¿Te gustan las fiestas?
  - Sí, bastante.
- ¿A Virginia le gusta el teatro?
  - No, no mucho.
- ¿Os gusta la paella?
  - No, nada.

LOS NÚMEROS HASTA 100

11 once	**21** veintiuno	**31** treinta y uno	**50** cincuenta
12 doce	**22** veintidós	**32** treinta y dos	**60** sesenta
13 trece	**23** veintitrés	**33** treinta y tres	**70** setenta
14 catorce	**24** veinticuatro	**34** treinta y cuatro	**80** ochenta
15 quince	**25** veinticinco	**35** treinta y cinco	**90** noventa
16 dieciséis	**26** veintiséis	**36** treinta y seis	**100** cien
17 diecisiete	**27** veintisiete	**37** treinta y siete	
18 dieciocho	**28** veintiocho	**38** treinta y ocho	
19 diecinueve	**29** veintinueve	**39** treinta y nueve	
20 veinte	**30** treinta	**40** cuarenta	

LOS MESES

enero	julio
febrero	agosto
marzo	septiembre
abril	octubre
mayo	noviembre
junio	diciembre

LA FECHA

La fecha se dice con el artículo delante del número.
- **El** uno de abril.

En Latinoamérica el día **uno** se expresa con números ordinales.
- El **primero** de abril.

LA EDAD Y EL CUMPLEAÑOS

- ¿Cuándo es tu cumpleaños?
  - Es el dos de mayo.
- ¿Cuántos años tienes?
  - Tengo 35 años.

52 cincuenta y dos

GRAMÁTICA

LOS POSESIVOS

SINGULAR	PLURAL
mi hijo, **mi** hija	**mis** hijos, **mis** hijas
tu hijo, **tu** hija	**tus** hijos, **tus** hijas
su hijo, **su** hija	**sus** hijos, **sus** hijas
nuestro hijo, **nuestra** hija	**nuestros** hijos, **nuestras** hijas
vuestro hijo, **vuestra** hija	**vuestros** hijos, **vuestras** hijas
su hijo, **su** hija	**sus** hijos, **sus** hijas

- Teresa es **su** tía.
 (Teresa es la tía de Germán).
- Teresa es **su** tía.
 (Teresa es la tía de Germán y de Nacho).
- Teresa y Manuel son **sus** tíos.
 (Teresa y Manuel son los tíos de Germán).
- Teresa y Manuel son **sus** tíos.
 (Teresa y Manuel son los tíos de Germán y de Nacho).

EL ADJETIVO

	MASCULINO	FEMENINO
SINGULAR	un chico alt**o** un libro interesant**e** un trabajo original	una chica alt**a** una persona interesant**e** una idea original
PLURAL	unos chicos alt**os** unos libros interesant**es** unos trabajos original**es**	unas chicas alt**as** unas personas interesant**es** unas ideas original**es**

Los adjetivos que terminan en -**o** forman el femenino en -**a**. Los adjetivos que acaban en -**e**, -**ista** o consonante son iguales en masculino y femenino.

- Él es bajit**o**. / Ella es bajit**a**.
- Él es inteligent**e**. / Ella es inteligent**e**.

LOS INTERROGATIVOS

Preguntar por una persona	**Quién**	¿**Quién** es tu jefa?
Preguntar por varias personas	**Quiénes**	¿**Quiénes** son tus padres?
Preguntar por la cantidad en masculino	**Cuántos**	¿**Cuántos** libros necesitas?
Preguntar por la cantidad en femenino	**Cuántas**	¿**Cuántas** preguntas son?
Preguntar por los motivos	**Por qué**	¿**Por qué** estudias español?

La respuesta a ¿**Por qué**...? es **Porque**...

- ¿**Por qué** estudias español?
- **Porque** tengo muchos amigos en Madrid.

Para preguntar la edad se usa el verbo **tener**.

- ¿Cuántos años **tienes**?

GUSTAR

(A mí) (A ti) (A él / ella / usted) (A nosotros/as) (A vosotros/as) (A ellos / ellas / ustedes)	(no)	me te le nos os les	gusta gust**an**	**el** cine ver películas **las** películas	NOMBRE SINGULAR INFINITIVO NOMBRE PLURAL

El verbo **gustar** + nombre se usa siempre con el artículo determinado.

- Me gusta **el** rock.
- Me gustan **los** gatos.

HABLAMOS DE CULTURA: RELACIONES PERSONALES

Reflexionar sobre algunos aspectos culturales y compararlos con la cultura propia.

Antes de empezar

Si lo cree más adecuado, desarrolle la actividad por este orden: **b** (presentación de vocabulario), **c** (comprensión auditiva y toma de conciencia de estrategias de comprensión), **a** (reflexión sobre los propios hábitos en las relaciones interpersonales) y **d** (desarrollo de la competencia intercultural e intercambio de las conclusiones con el resto del grupo).

Procedimientos

1. a. Pida a sus estudiantes que respondan de manera personal a las seis preguntas de este pequeño cuestionario sobre las relaciones personales. Incida en que no hay respuestas correctas ni incorrectas. Antes de la puesta en común en clase abierta, permítales comparar sus respuestas con dos compañeros/as, sobre todo si tiene un grupo plurinacional.

b. Muestre las fotos a sus alumnos/as y dígales que son tres situaciones en las que unas personas se saludan. Pídales que las relacionen con las tres opciones propuestas y comenten la solución en clase abierta.

c. Explique a sus alumnos/as que van a escuchar una entrevista espontánea en la que cuatro hispanohablantes hablan sobre los saludos en sus países y que tienen que seleccionar la opción correcta. Lea en voz alta las cinco frases con las opciones y aclare, aunque no debería haber, las posibles dudas de vocabulario. Insista en que, antes de toda audición, tienen que saber el tema del que va a tratar, prever el léxico que aparecerá y, en su caso, leer las opciones. No se trata de entender todos los detalles de la entrevista, sino de reconocer las informaciones que se proponen en la actividad. Ponga la audición una primera vez y deje que comparen brevemente con su compañero/a. Vuelva a poner la audición y ofrezca a aquellas personas que lo deseen que se ayuden de la transcripción mientras la escuchan. Posteriormente, pida a algunos/as estudiantes que digan su solución. Después, deje tiempo para comentar aspectos que les han llamado la atención.

d. Forme pequeños grupos y pídales que comenten cómo se saluda la gente en su país y si hay diferencias entre saludos a hombres y a mujeres, y entre personas jóvenes y mayores. Anime a algunos/as estudiantes a explicarlo en clase abierta. Si tiene alumnos/as de diferentes países, intente moderar la conversación de manera que intervengan personas de diferentes nacionalidades.

---

4 MIRADOR
Unidad de repaso

HABLAMOS DE CULTURA: RELACIONES PERSONALES

1 a. Marca en el cuestionario tu respuesta personal.

1. Hablo de tú
- ☐ a mi profesor/a.
- ☐ a mis compañeros/as de trabajo / clase.
- ☐ a mi jefe o jefa.

2. Hablo de usted
- ☐ a una persona de 18 años.
- ☐ a un/a empleado/a de banco.
- ☐ a un/a camarero/a.

3. Doy un beso para saludar
- ☐ a un amigo o una amiga.
- ☐ a una persona de mi familia.
- ☐ a mis compañeros/as de trabajo.

4. Para saludar doy la mano
- ☐ a mi jefe o jefa.
- ☐ a mis compañeros/as de trabajo / clase.
- ☐ a mis hermanos/as.

5. "Buenas noches"
- ☐ es un saludo.
- ☐ es una despedida.
- ☐ es un saludo y una despedida.

6. Mi familia son
- ☐ mi marido / mujer y mis hijos/as.
- ☐ mis padres, hijos/as, hermanos/as y abuelos/as.
- ☐ mis padres, hijos/as, primos/as, tíos/as...

NO HAY RESPUESTAS CORRECTAS NI INCORRECTAS.

b. ¿Cómo se saludan las personas de las fotos? Relaciona.

2 Se dan un beso.   **3** Se dan la mano.   **1** Se abrazan.

c. 🔊 22 - Escucha una entrevista con hispanohablantes de diferentes países y marca la opción correcta.

1. En Argentina se da la mano ✗ en situaciones formales. ☐ a un amigo/a.
2. En España un hombre da dos besos ☐ a otro hombre. ✗ a una mujer.
3. En Bolivia los hombres ☐ se dan un beso. ✗ se dan la mano.
4. En Chile los hombres ✗ se abrazan. ☐ se dan dos besos.
5. En Chile las mujeres se dan ✗ un beso. ☐ dos besos.

d. Y en tu país, ¿cómo se saluda la gente? Coméntalo con tus compañeros/as.

54 cincuenta y cuatro

NOS CONOCEMOS
Saludar y despedirse. Pedir o intercambiar información de uno/a mismo/a o de otra persona. Hacer un árbol genealógico.

AHORA YA SABEMOS

2 a. ¿Qué expresiones se usan al saludarse, al despedirse o en ambas situaciones?

	Saludo	Despedida
1. Adiós.	☐	☒
2. Hola, ¿cómo estás?	☒	☐
3. Encantado/a.	☒	☐
4. Buenas noches.	☒	☒
5. Hasta pronto.	☐	☒
6. ¡Buen viaje!	☐	☒
7. Hasta luego.	☐	☒
8. Mucho gusto.	☒	☐
9. Nos vemos luego.	☐	☒
10. Hola, ¿qué tal?	☒	☐

b. 🔊 23 – Escucha estas cuatro preguntas y anota el número en la respuesta correspondiente.

- [3] Me llamo Carmen Alonso Díaz.
- [2] No, soy de Madrid.
- [1] Veinticuatro. ¿Y tú?
- [4] Soy secretaria.

c. 🔊 24 – Escucha y haz lo mismo con estas preguntas.

- [6] Para viajar a Bolivia.
- [7] Es el 09 87 65.
- [8] Con uve y con acento.
- [5] Tres. Dos hijos y una hija.

3 Escribe preguntas para estos temas. Luego, pregunta a tu compañero/a.

1. Nombre ¿Cómo te llamas?
2. Apellido ¿Cuál es tu apellido?
3. Edad ¿Cuántos años tienes?
4. Lugar de residencia ¿Dónde vives?
5. Profesión ¿A qué te dedicas? ¿Qué haces?
6. Aspecto físico ¿Cuánto mides? ¿Cuánto pesas?
7. Móvil ¿Cuál es tu número de teléfono?
8. Correo electrónico ¿Cuál es tu correo electrónico?

4 Elige a una persona de la clase y escribe su perfil (edad, aspecto físico, carácter...). Luego, intercambia el texto con tu compañero/a. ¿Es capaz de identificar a la persona y viceversa?

5 Prepara un máximo de 10 preguntas para conocer a la familia de tu compañero/a. Hazle la entrevista, anota la información y crea su árbol genealógico. Luego, preséntaselo y corrige la información errónea.

Observaciones

Procure que las parejas de alumnos/as creadas en las actividades **3**, **4** y **5** no sean siempre las mismas.

Procedimientos

2. a. Escriba en la pizarra **¡Hasta mañana!** y pregunte en voz alta: **¿Qué es: un saludo, una despedida o ambos?** Aclare que solo puede ser una despedida y pida a sus estudiantes que decidan lo mismo con las diez expresiones que hay en este apartado. Si consideran que una expresión es válida para ambas situaciones, tienen que marcarla en ambos apartados. Si quiere facilitar el ejercicio, puede decirles que solo hay una expresión con ambos valores. Deles unos minutos y haga una puesta en común en clase abierta.

b. y c. Pida a sus alumnos/as que cierren el libro un momento. Lea en voz alta las frases de estos dos apartados y pregunte a la clase: **¿Qué creéis que son estas frases?** Aguarde por la contestación correcta: **respuestas**. Explíqueles que van a escuchar primero cuatro preguntas y después otras cuatro, y que ellos/as solo tienen que enlazar la pregunta que oyen con su respuesta y escribir el número de la pregunta antes de la frase. Si lo cree necesario, haga pausas más largas entre los fragmentos de la audición. Antes de la puesta en común de ambos apartados, permítales comparar sus opciones con las de un/a compañero/a. Si lo cree más adecuado, permítales corregir sus respuestas con la transcripción.

3. Pídales que escriban preguntas para estos ocho temas y que después se las hagan a un/a compañero/a. En cuanto al aspecto físico, hay diferentes preguntas al respecto (**¿De qué color son tus ojos?**, **¿cuánto mides?**, etc.), pero puede ofrecerles una opción general como, por ejemplo, **¿Cómo eres físicamente?**

4. Pídales que elijan a una persona de la clase (usted incluido/a) y que escriban un perfil lo más completo posible sobre ella. Después, con un/a compañero/a se intercambian los perfiles y tienen que adivinar quiénes son.

5. Escriba en la pizarra **árbol genealógico** y explíqueles que tienen que hacerle a su compañero/a no más de diez preguntas para dibujar su árbol. Si lo cree necesario, repase con ellos/as el tipo de preguntas que tienen que hacer. Anímelos/as a no mostrar el árbol que van creando de su compañero/a hasta el final. Posteriormente, su compañero/a revisará el árbol y corregirá los posibles errores.

APRENDER A APRENDER
Reflexionar sobre el propio aprendizaje. Fomentar la autonomía de los/as alumnos/as.

Procedimientos

6. Pida a sus estudiantes que respondan individualmente a las dos preguntas de la actividad sobre las palabras de abajo. Si es necesario, explique el concepto **falso amigo** con varios ejemplos. Si tiene un grupo con lengua vehicular, formule las preguntas del enunciado en voz alta y apunte sus respuestas en la pizarra. En caso contrario, haga grupos de trabajo con estudiantes de diferentes L1 y una puesta en común en clase abierta.

7. a. y **b.** En parejas, sus alumnos/as leen las palabras y se preguntan mutuamente: **¿Qué significa...?** Si hay dudas, ayúdelos/as con la traducción o con una explicación. Pídales que miren las palabras de la lista y que las agrupen, individualmente, según sus propios criterios. Hay varias posibilidades, por ejemplo: **naranja**, **paella**, **café** (alimentos); **pianista**, **música**, **concierto** (música); **atractivo**, **exótico**, **simpático** (adjetivos), **colegas**, **congreso**, **café** (palabras que empiezan con la misma letra), etc. Sus alumnos/as muestran a su compañero/a cómo las han agrupado e intentan descubrir los criterios que ha usado para clasificarlas. Insista en que no hay criterios buenos o malos, pero que los que se basan en un contenido semántico como **alimentos** ayudan más a la memorización que los criterios formales (**adjetivos**, **primera letra**). Si lo cree oportuno, anime a sus alumnos/as a comentar en clase abierta sus técnicas para aprender el vocabulario. Si desea practicar más la memorización de vocabulario, utilice la ficha fotocopiable 11.

8. Remita a sus alumnos/as al mapa conceptual de la actividad. Haga que se fijen en el adjetivo **simpáticos/as** y cómo de ahí salen dos líneas con la misma palabra: **colegas**. Pregunte: **¿Por qué aparece esta palabra dos veces?** Respuesta: Porque **colegas** tiene relación con **trabajo** (compañeros/as) y al mismo tiempo con **personas** (amigos/as). Pida que lo completen con **personas** de **7 a** o con otras que conozcan. Anímelos/as a hacer, además, un mapa conceptual diferente.

9. a. y **b.** Pida a sus alumnos/as que lean las tres frases e intenten separar las palabras que las forman. Puede dejarles comparar sus frases con las de su compañero/a antes de escuchar la audición. Ponga la audición y pídales que se fijen en las palabras que se enlazan. Vuelva a poner la audición y anime a sus alumnos/as a decir las frases anteriores imitando la entonación. Por último, haga que comenten con el resto del grupo cómo les resulta más provechoso el trabajo con las audiciones: preparándolas antes de la clase, siguiendo la transcripción, intentando no entender todas las palabras...

4 MIRADOR

APRENDER A APRENDER

6 Muchas palabras se parecen en distintos idiomas. Esto te ayudará a averiguar su significado. ¿Cuáles de las siguientes palabras puedes traducir sin ayuda de un diccionario? ¿Hay algún falso amigo? Coméntalo con tus compañeros/as.

- medicina
- ambiente
- autor/a
- gratis
- televisión
- técnica
- farmacia
- activo/a
- informática
- curso
- yogur
- amor

7 a. ¿Conoces todas estas palabras? Clasifícalas por grupos o categorías. Los criterios los decides tú (tema, personas, primera letra, tipo de palabra, sonido...).

colegas	pianista	chocolate	hotel	vacaciones	atractivo/a	congreso	sobrino/a	universidad
trabajar	exótico/a	concierto	jefe/a	naranja	simpático/a	teatro	*camping*	carácter	música
paella	fútbol	café	fábrica	producto	finca	director/a	rock	museo	tenis	viajar	playa

b. Intercambia tu clasificación de las palabras con un/a compañero/a. ¿Puedes adivinar los criterios que ha usado él / ella? 🖉 4

8 Mira el ejemplo de este mapa conceptual. Complétalo con las palabras de la actividad **7a** u otras que conozcas. Si lo prefieres, puedes empezar tu propio mapa conceptual de nuevo y organizarlo a tu manera. Luego, compártelo con el resto de la clase.

SUGERENCIA

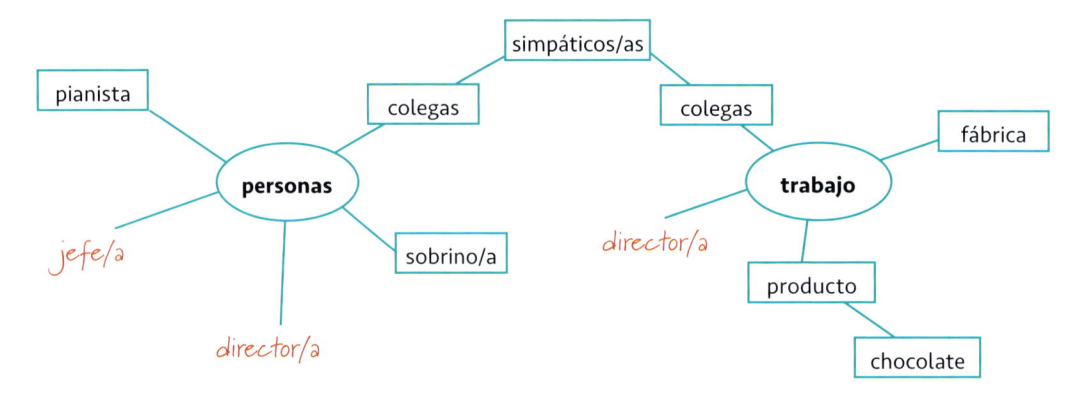

personas: pianista, simpáticos/as, colegas, sobrino/a, jefe/a, director/a

trabajo: colegas, fábrica, director/a, producto, chocolate

9 a. 🔊 25 – Los hablantes nativos unen las palabras al hablar de manera que parece que hablan muy rápido. Separa las palabras y compara a continuación con el audio.

1. HOLA|MELLAMO|ANA|ALONSO|YESTUDIO|INFORMÁTICA|ENSALAMANCA
2. UNO|DEMIS|PAÍSES|FAVORITOS|ES|ESPAÑA|PORQUE|MEGUSTAN|ELVINO|YLAS|TAPAS
3. ME|GUSTAN|LAS|PERSONAS|ESPONTÁNEAS|Y|COMUNICATIVAS

b. Ahora intenta decir las frases con fluidez y fíjate en la entonación.

TERAPIA DE ERRORES

10 Un juego en grupos de tres. Se necesita una moneda y una ficha para cada jugador/a. Cara significa avanzar una casilla; cruz, dos. Se obtiene un punto por error encontrado (1 o 2 por frase) y otro punto por su corrección.

> LOS ERRORES FORMAN PARTE DEL PROCESO DE APRENDIZAJE. INDICAN QUE ESTÁS APRENDIENDO ALGO NUEVO. SI LES DEDICAS TIEMPO, VERÁS DÓNDE ESTÁ EL PROBLEMA Y PODRÁS CORREGIRLOS.

¡Hola!	1. Buenas días. Me llama Ana Díaz.	2. Y tú, ¿cómo se llama?	3. Señor Pérez es un arquitecto.
4. ¿Cuándo tienes cumpleaños? ¡Hoy! Ya soy 25.	5. Paco es una persona simpático y optimisto.	6. Yo vivo a Berlín. Estudio español para viajar en España.	7. Madrid me gusto mucho porque es una ciudad interessante.
8. Mario y yo trabajan en una fábrica de coches.	9. Nosotros jefe es todos los días en la empresa.	10. Vosotros viven en Italia y hablan italiano, ¿no?	¡Adiós!

1. Buenos días. Me llamo Ana Díaz.
2. Y tú, ¿cómo te llamas?
3. El señor Pérez es – arquitecto.
4. ¿Cuándo es tu cumpleaños? – ¡Hoy! Ya tengo 25 años.
5. Paco es una persona simpática y optimista.
6. Yo vivo en Berlín. Estudio español para viajar a España.
7. Mario y yo trabajamos en una fábrica de coches.
8. Nuestro jefe está todos los días en la empresa.
9. Madrid me gusta mucho porque es una ciudad interesante.
10. Vosotros vivís en Italia y habláis italiano, ¿no?

11 a. Escribe un texto de presentación con información personal (nombre, apellidos, edad, lugar de residencia, teléfono, correo electrónico), información sobre tu trabajo o tus estudios, tu descripción física y un breve resumen de tu familia.

b. Intercambia tu texto con tu compañero/a y corrige sus errores. Luego revisa tu texto con sus correcciones y reescríbelo. Comenta las dudas con tu profesor/a. 📄 5

TERAPIA DE ERRORES
Reflexionar sobre errores frecuentes y sus causas.

Antes de empezar

Aclare los conceptos **cara** y **cruz** de una moneda monstrando el anverso y el reverso de una moneda. Advierta del carácter lúdico de esta actividad 10.

Procedimientos

10. Forme grupos de tres y explique el funcionamiento del juego o, si lo prefiere, déjeles que hagan una lectura atenta del enunciado y aclare sus dudas. Cuando todos los grupos hayan acabado de jugar, haga una puesta en común de los errores en las frases.

11. a. Pida a sus alumnos/as que escriban un texto tal y como se pide en el enunciado. Deles unos minutos, mientras pasea por el aula, ayudándoles en caso necesario.

b. A continuación, haga que intercambien sus textos con el de un/a compañero/a y que corrijan sus errores. Luego, pida que revisen su texto con sus correcciones y que lo reescriban. Deje que comenten sus dudas con usted. Si cree que sus estudiantes aún no están del todo preparados para corregir errores, recolecte los textos, corríjalos usted y comente los errores en la siguiente sesión. No obstante, si tiene un grupo interesado por la reflexión gramatical, puede explicarles que es útil clasificar los errores para tomar conciencia de ellos y paliarlos de manera sistemática. Proponga los siguientes criterios de clasificación y pídales que busquen, para cada uno, un ejemplo en las frases del juego (1. género incorrecto, 2. palabra incorrecta, 3. preposición incorrecta, 4. palabra de menos o de más, 5. falso amigo, 6. verbo en la persona o forma incorrecta y 7. ortografía). Los ejemplos se comentan en clase abierta. Pregunte a sus alumnos/as si, entre los errores, hay alguno que suelan cometer. Descubrirán que muchos/as compañeros/as tienen las mismas dificultades y que, en realidad, muchas veces conocen la forma correcta. Recuérdeles que es normal cometer errores al hablar que no se comenten al escribir o si se tiene el tiempo para reflexionar. Coménteles las ventajas de confeccionar su propio "diario de errores".

Y después

La ficha fotocopiable 12. contiene el mismo juego que en 10, pero con veinte frases con errores, en lugar de diez. Puede usarla como sustituto del juego del libro o para seguir practicando y ver si las correcciones ya se han fijado.

En esta unidad, sus estudiantes van a tener la oportunidad de comprar alimentos, de preguntar el precio, de hablar de cantidades y envases, de pedir algo en un bar, de informarse sobre la comida, de preguntar por la hora y decirla, y de referirse a una cosa que ya se ha mencionado. Para ello, van a aprender los pronombres de OD, el se impersonal, los números a partir de 100, los verbos con cambio vocálico (e → ie, o → ue). Además, van a conocer algunos datos sobre las tapas, el menú del día y los bares en España, y sobre Guatemala.

5 COMER CON GUSTO

Comunicación
- Comprar alimentos
- Preguntar el precio
- Hablar de cantidades y envases
- Pedir algo en un bar
- Informarse sobre la comida
- Referirse a una cosa mencionada
- Preguntar por la hora y decirla
- El momento del día y la hora
- Expresar la frecuencia

Léxico
- Los alimentos
- Las cantidades y las medidas
- Los envases

Gramática
- Los pronombres de OD
- El se impersonal
- Los números a partir del 100
- Verbos con cambio vocálico (e → ie, o → ue)
- La hora (Es la una / Son las dos)

Cultura
- Las tapas
- El menú del mediodía
- Los bares en España y los horarios
- **Vídeo 4** Las recetas de Felipe
- **PANAMERICANA** Costa Rica

COMER CON GUSTO
Introducir el tema de la unidad. Presentar el vocabulario de los alimentos.

Antes de empezar

Si lo cree conveniente, en la sesión previa, pida a sus alumnos/as que, como preparación, busquen en casa el significado de las palabras de la actividad **1** con ayuda del diccionario. Anímelos/as también a escribir en casa su lista de la compra individual para esa semana (solo alimentos), buscando las palabras que necesiten. Advierta, sin entrar en detalles, que **agua** usa el artículo masculino **el** y **un**, pero que es un sustantivo femenenino: **Me gusta el agua muy fría**.

Procedimientos

1. Los/as alumnos/as leen la lista de productos de la actividad y relacionan los que pueden identificar con la imagen correspondiente, escribiendo el número al lado del producto. Anímelos/as a ayudarse mutuamente y a preguntar por las palabras de la lista cuando no sepan alguna. Haga una puesta en común en clase abierta.

Y después

Si en casa han escrito su lista de la compra, deles tiempo a compararlas en parejas. Pasee por las mesas aclarando dudas de vocabulario, en caso necesario. Si no la han escrito en casa, propóngales escribirla ahora individualmente. A continuación, pida a sus alumnos/as que hagan una lista de la compra para una persona vegetariana. ¿Qué productos eliminan? ¿Cuáles añaden? Realice una puesta en común en clase abierta. Proponga la siguiente actividad lúdica de memorización: en cadena, y sin tomar notas, un/a estudiante nombra un alimento, el / la siguiente compañero/a lo repite y añade uno más y así sucesivamente. Cuando la cadena incluya diez palabras, inicie una nueva.

1 Mira la imagen y escribe el número correspondiente a cada alimento. Luego, compara tus respuestas con las de tu compañero/a.

17 la carne	9 los huevos	1 el limón	12 la mantequilla	15 el pescado
7 la leche	3 el agua	10 el pollo	21 la manzana	18 la cebolla
3 el aceite	5 los plátanos	11 la pasta	22 las patatas	8 la lechuga
16 el pan	13 el queso	3 el jamón	4 las mandarinas	23 los tomates
6 el vino	20 las gambas	19 el ajo	14 las aceitunas	

EN UN MERCADO

Comprar alimentos y preguntar por el precio. Sistematizar los verbos con cambio de vocal e → ie **(querer y preferir).**

Antes de empezar

Si lo cree oportuno, en la sesión previa, informe a sus alumnos/as de que en la siguiente sesión escucharán el audio de la actividad 2. Deles la oportunidad de escucharlo en casa, si lo desean, a modo de preparación. Si lo necesitan, dígales que se ayuden de la transcripción.

Procedimientos

2. a. Explíqueles que van a escuchar un audio y pídales que cierren el libro. Coménteles que tienen que apuntar los productos que compra el cliente. Ponga la audición y pregunte después por los productos que han apuntado.

b. Pídales que lean el texto y que marquen todos los alimentos que se mencionan. Si lo ve adecuado, puede poner el audio una segunda vez para que les guíe en la lectura. Luego se comparan las palabras. Si algunos/as estudiantes han marcado **salsa** o **ensalada**, acepte la respuesta como válida.

c. Los/as alumnos/as buscan en el diálogo las expresiones que usa el cliente para pedir los productos (**Quería un kilo de tomates. Deme un melón, por favor**) y completan el cuadro. Posteriormente, anímelos a traducir todas las frases del cuadro a su L1 o lengua vehicular, asegurándose de que están claras. Presente **quería** y **deme** como fórmulas. Puede indicarles que **quería** se usa como forma de cortesía del verbo **querer**. Hágales notar que la pregunta **¿Cuánto cuesta?** sirve para preguntar por el precio de un producto concreto; en cambio, **¿Cuánto es?** se usa al pagar el total. Por último, haga que se fijen en las letras que están en negrita en el presente de los verbos **querer** y **preferir** (margen derecho). ¿En qué personas cambia la **e** a **ie**?

3. Pida a sus estudiantes que marquen en cada caso el producto que prefieren. Forme parejas. A continuación, un/a estudiante le hace la primera pregunta a su compañero/a siguiendo el modelo. Después, este/a estudiante sigue con la próxima pregunta y así sucesivamente.

4. Forme parejas y explique a sus estudiantes que van a representar dos diálogos en el mercado. Uno/a será el / la vendedor/a y el / la otro/a el / la cliente/a. El / La cliente/a debe pedir dos productos de la lista de la compra, eligiendo además la cantidad que quiere comprar. El / La vendedor/a decide los precios de los productos y tendrá que calcular el precio total. Antes de representar los diálogos, deles tiempo para escribirlos y corregirlos con su ayuda. Tras la representación del primer diálogo, dígales que cambien los roles.

---

5 COMER CON GUSTO

EN UN MERCADO

2 a. 🔊 26 – Escucha la conversación y anota en tu cuaderno qué productos compra el cliente. *Tomates, manzanas, lechuga y cebollas.*

b. Lee y subraya todos los alimentos.

- Hola, buenos días. Quería un kilo de <u>tomates</u>.
- ¿Tomates para ensalada o para salsa?
- Para salsa, por favor.
- Muy bien. Aquí tiene. ¿Y algo más?
- Sí. ¿Qué <u>fruta</u> tiene?
- Pues tengo <u>manzanas</u> y <u>mandarinas</u> muy buenas.
- Pues... mandarinas no. Prefiero manzanas.
- ¿Cuántas quiere?
- Un kilo y medio.
- Aquí tiene. ¿Algo más?
- ¿Tiene <u>plátanos</u>?
- Lo siento, ya no me quedan.
- Entonces... Deme una <u>lechuga</u> y tres <u>cebollas</u>.
- Perfecto, aquí tiene. ¿Algo más?
- No, gracias. Eso es todo. ¿Cuánto es?
- Son cuatro con ochenta.
- Aquí tiene.
- Muchas gracias y hasta la próxima.

c. Busca en la conversación los verbos para completar la tabla y traduce a tu lengua las frases con **querer** y **preferir**.

CLIENTE/A	VENDEDOR/A
Quería un kilo de tomates.	Aquí tiene.
Tomates para salsa, por favor.	¿Algo más?
Prefiero manzanas.	¿Cuántas *quiere*?
¿Tiene plátanos?	Lo siento, ya no me quedan.
¿Cuánto cuesta? / ¿Cuánto es?	Son cuatro con ochenta.

3 Y tú, ¿qué prefieres? Habla con tu compañero/a. ¿Tenéis los mismos gustos?

- el pan de barra o el pan de molde
- el agua con o sin gas
- el aceite o la mantequilla
- las naranjas o las mandarinas
- el café solo o con leche

• ¿Prefieres el pan de barra o de molde?
• *El pan de barra, para hacer bocadillos.*
• *Yo también, pero para sándwiches prefiero el de molde.*

4 En parejas, preparad una conversación entre un/a cliente/a y un/a vendedor/a (usad los alimentos de la lista) y representadla. Luego, cambiad los papeles y comprad otros alimentos.

ACT 2 - campus difusión

Texto mapeado

> **Los lex** › El súper A1

Verbos irregulares

QUERER	PREFERIR
qu**ie**ro	pref**ie**ro
qu**ie**res	pref**ie**res
qu**ie**re	pref**ie**re
queremos	preferimos
queréis	preferís
qu**ie**ren	pref**ie**ren

Quería es la forma de cortesía de **querer**.

📝 1-3

Lista:
- huevos
- pollo
- limones
- patatas
- cebollas
- manzanas
- aceite
- pescado

CIENTO CINCO

5 Completa con los números que faltan.

100	cien	800	ochocientos
101	ciento uno	900	novecientos
102	ciento dos	1000	mil
200	doscientos	2000	dos mil
300	trescientos	10 000	diez mil
400	cuatrocientos	10 100	diez mil cien
500	quinientos	30 000	treinta mil
600	seiscientos	100 000	cien mil
700	setecientos	1 000 000	un millón

6 a. Lee este artículo del periódico y completa el texto con los números de las etiquetas en cifras.

> quinientos sesenta y seis | quinientos cincuenta y uno | seiscientos cuarenta y tres

EXPORTACIÓN DE FRUTAS Y HORTALIZAS FRESCAS EN ESPAÑA

La exportación española de frutas y hortalizas frescas alcanza este año un valor de 4776 millones de euros.
El pimiento se consolida como la hortaliza más exportada por España, con un volumen de **643** millones de toneladas y un valor de 914 millones de euros.
La lechuga es la segunda hortaliza más exportada, con un total de **566** millones de toneladas y 530 millones de euros; y, en tercer lugar, el tomate, con **551** millones de toneladas y un valor de 718 millones de euros.

Adaptado de www.fepex.es

b. Escribe los siguientes números en letras.

914 000 000 novecientos catorce millones
530 000 quinientos treinta mil
34 950 treinta y cuatro mil novecientos cincuenta
732 setecientos treinta y dos
287 doscientos ochenta y siete
64 sesenta y cuatro

7 Una cadena de números. Di un número entre el 1 y el 100. Otra persona dice el mismo número, pero añadiendo un cero, y propone otro número, y así sucesivamente.

- Treinta y seis.
- Trescientos sesenta. Veinticinco.
- Doscientos cincuenta.
- …

Los números

La **y** solo va entre las decenas y las unidades.
- Ciento treinta y dos.

Las centenas tienen terminación masculina y femenina.
- Doscientos gramos.
- Doscientas botellas.

📝 4-6

Medidas
› 1 tonelada = 1000 kg

ACT 6 a - campus🎓difusión

📄 Texto mapeado
🔊 Texto locutado

📝 24

CIENTO CINCO
Introducir y practicar los números a partir de 100.

Antes de empezar

En la sesión previa, recomiende a sus alumnos/as que preparen en casa las actividades **5** y **6 a**. Anímelos/as a revisar el apartado *Los números a partir del 100* de la página 71, así como buscar las palabras que necesiten en el diccionario.

Procedimientos

5. Invite a sus alumnos/as a completar por analogía los números que faltan en la tabla. Hágales observar en el margen derecho que la **y** solo aparece entre las decenas y las unidades. Llámeles la atención sobre el número **100**, que se lee **cien**. En cambio, cuando va acompañado de unidades o decenas se dice **ciento**. A partir de **200**, la centena tiene una terminación masculina o femenina dependiendo del sustantivo que siga. Si lo cree conveniente, haga un "dictado de alimentos", combinando números a partir de 100 y léxico ya visto (por ejemplo: **210 manzanas**, **456 limones**, etc.). De ese modo, podrá practicar el reconocimiento de las nuevas cifras, sensibilizar a sus alumnos/as sobre la concordancia de las centenas, así como repasar el léxico de la unidad y prepararlos para la actividad **6**.

6. a. Remítalos/as a las tres cifras que hay escritas después del enunciado y pídales que las transformen en números. Haga notar que las centenas están en masculino en los tres casos y que, por tanto, tendrán que referirse a elementos masculinos (**millones**). El orden de colocación es de mayor a menor.

b. A continuación, coménteles que van a realizar la práctica contraria: de números a letras. Permítales trabajar en parejas, si lo cree necesario, antes de la puesta en común en clase abierta.

7. Pida a un/a estudiante que diga un número entre 1 y 100. El / La próximo/a añade un cero y dice el nuevo número que resulta, por ejemplo: **36 > 360; 25 > 250**… A continuación, dice otro número y así sucesivamente. Procure que todos los/as estudiantes participen. Para hacer la actividad más dinámica, puede recurrir a una pelota.

Y después

Divida la clase en parejas. Uno/a piensa en un número del 1 al 1 000 000, el / la otro/a tiene que adivinarlo proponiendo números al azar. La única respuesta válida es **más** o **menos** para que el / la compañero/a se acerque al número. Cuando lo acierte, se intercambian los papeles. ¿Qué pareja consigue acertar primero los dos números? ¿Cuántos intentos han necesitado para acertar?

¿TAPAS O MENÚ?

Recursos para pedir en un bar y preguntar por los ingredientes de un plato. El verbo poder como modelo del cambio de vocal o → ue.

Antes de empezar

En la sesión previa, explique a sus estudiantes que en la siguiente sesión trabajarán con la actividad 8. Como preparación, propóngales trabajar con la ficha de lectura 5 y escuchar el audio de b, ayudándose de la transcripción si lo desean. Si sus alumnos/as no lo han podido preparar en casa, puede iniciar la actividad 8 en clase con la ficha de lectura 5 y, posteriormente, desarrollar los apartados por el siguiente orden: a, c, d y b.

Procedimientos

8. a. Siga las instrucciones y apunte en la pizarra las elecciones de sus estudiantes. Puede interesarse por si alguno de estos platos también es típico de su/s país/es de origen.

b. Ponga la audición (un diálogo entre un camarero y dos clientes) y pídales que marquen las tapas que finalmente piden y consumen. Anímelos/as a intentar reconocer lo que piden sin leer el diálogo. No obstante, dígales que si se sienten más seguros/as pueden leer la transcripción. Haga una puesta en común en clase abierta. Si lo cree necesario, puede realizar una segunda audición para que tomen nota de todos los alimentos que mencionan. Puede decirles que comprueben sus respuestas con la transcripción.

c. Muéstreles la transcripción del diálogo, pídales que lo lean y que subrayen las expresiones que usa el camarero para preguntar y los clientes para pedir.

d. Pídales que lean de nuevo el diálogo y que completen el cuadro de abajo con expresiones para hablar de la comida. Permítales trabajar en parejas, si lo cree necesario, antes de la puesta en común en clase abierta.

9. a. Puede iniciar la actividad 9 con la lectura de la ficha de lectura 6. Remítalos/as al menú y pídales que respondan individualmente a las tres preguntas que se plantean. Haga una puesta en común en clase abierta.

b. Divida la clase en grupos de tres: una persona será el / la camarero/a y las otras dos serán los/as clientes/as. Déjeles tiempo para preparar y corregir sus diálogos antes de llevar a cabo el juego de roles. También para elegir y ponerse de acuerdo sobre lo que van a pedir. Cada persona decide también lo que quiere beber. A continuación, cada grupo hace su pedido al / a la camarero/a. Después, unos/as voluntarios/as pueden representar la escena ante la clase.

---

5 COMER CON GUSTO

¿TAPAS O MENÚ?

8

a. Imagina que puedes pedir estas tapas a domicilio. ¿Qué dos escoges para cenar hoy?

1. calamares a la romana | 2. albóndigas | 3. tortilla | 4. aceitunas verdes
5. sardinas fritas | 6. champiñones al ajillo | 7. gambas a la plancha | 8. jamón

• Yo, tortilla y sardinas.

b. 🔊 27 - Escucha el diálogo y marca las tapas que piden.

c. Lee el diálogo y subraya las expresiones que utiliza el camarero para preguntar y los clientes para pedir.

- Aquí tienen tapas muy ricas. A ver... Hoy tienen gambas, patatas bravas...
- ¿Patatas bravas? ¿Qué es eso?
- Son patatas con una salsa que lleva mayonesa, kétchup y picante.
- Yo no puedo comer mayonesa... Pero las gambas me gustan mucho.
- Pues podemos pedir gambas, jamón y... ¿probamos las albóndigas?
- ¿Albóndigas? ¿Qué llevan? ¿Son picantes?
- No, no pican. Llevan carne y ajo.
- ▸ Buenas tardes. ¿Qué van a tomar?
- ▪ Una ración de gambas, una de albóndigas y una de jamón.
- ▸ Enseguida. Y para beber, ¿qué les pongo?
- ▪ Para mí, un vino tinto.
- • Yo un agua mineral, por favor.
- ...
- ▸ Aquí tienen.
- ▪ Muchas gracias.
- ...
- • ¿Te gustan las albóndigas?
- ▪ Hmm, ¡están muy ricas!
- ...
- • ¿Pagamos?
- ▪ Sí, pero hoy pago yo.

d. Lee de nuevo el texto y completa con expresiones para hablar sobre la comida. Luego, completa las formas del verbo poder.

PREGUNTAR Y PEDIR	HABLAR SOBRE LA COMIDA
¿Qué van a tomar? / ¿Qué les pongo?	¿Patatas bravas? ¿_Qué es eso_?
¿Y para beber?	Yo _no puedo comer_ mayonesa.
Una (ración) de...	¿Qué _llevan_?
Para mí, un vino tinto.	¿Son picantes / dulces / salados/as?
(Yo) un agua mineral, por favor.	_Llevan_ carne y ajo.

ACT 8c - campus difusión

Texto mapeado

Poder

puedo
puedes
puede
podemos
podéis
pueden

📘 7, 23

9 a. Fíjate en el menú del día y responde a las preguntas. Luego, compara tus respuestas con las del resto de la clase.

1. ¿Qué platos llevan pescado?
2. ¿Cuáles llevan carne?
3. ¿Hay alguna opción vegetariana?

b. En grupos de tres. Una persona es el / la camarero/a y las otras son clientes. Prepara y representa el diálogo en el bar con tus compañeros/as.

MENÚ

Sepia a la plancha — 1
Calamares en su tinta — 1
Boquerones en vinagre — 1
Pimientos de Padrón — 3
Ensaladilla rusa — 1
Pollo al ajillo — 2
Pulpo a la gallega — 1
Croquetas de jamón — 2

¿CALIENTE O FRÍA?

10 a. ¿A qué productos se refieren las siguientes frases? Relaciona.

- [3] ¿Las quiere negras o verdes?
- [4] ¿Los quiere a la plancha o a la romana?
- [2] ¿La quiere caliente o fría?
- [1] No lo quiero con leche, lo quiero con limón.
- [5] ¿Las quiere fritas o a la plancha?

b. Lee de nuevo las frases de 10a y completa la tabla con los pronombres adecuados.

PRONOMBRES DE OBJETO DIRECTO

Quiero	un té.	¿ Lo quiere con limón?
	una tortilla.	¿ La quiere caliente o fría?
	aceitunas.	¿ Las quiere verdes o negras?
	calamares.	¿ Los quiere a la romana?

c. ¿De qué objetos se habla en estas frases? Relaciona y completa con los pronombres adecuados.

| 1. Los espaguetis | 2. La cuchara | 3. Las patatas | 4. El cuchillo |
| 5. El vaso | 6. La copa | 7. Las servilletas | 8. El tenedor |

- [6] La necesitamos para beber vino.
- [2] La uso para comer sopa.
- [3] Las prefiero fritas.
- [4] Lo uso para cortar la carne.
- [1] Los preparo con salsa de tomate.
- [5] Lo usamos para beber agua.

d. Escribe una frase con el pronombre adecuado para cada objeto de las etiquetas que no se han mencionado. Luego, compártelas con tus compañeros/as.

Pronombres de OD

Se usa **lo**, **la**, **los**, **las** para referirse a un objeto ya mencionado.

En la negación estos pronombres están entre **no** y el verbo.

- No lo quiero con leche, lo quiero con limón.

📘 8, 9, 21, 22, 26

¿CALIENTE O FRÍA?
Introducir los pronombres de objeto directo.

Antes de empezar

Si lo cree conveniente, explique los pronombres de objeto directo en la pizarra antes de iniciar la actividad 10. Para ello, puede escribir frases sencillas y reformularlas debajo sustituyendo el objeto (**Yo tomo el café con leche** – **Yo lo tomo con leche**). Remítalos/as al resumen de la página 71 para completar la explicación.

Procedimientos

10. a. Remítalos/as a las fotografías 1-5 que hay en esta actividad. Para realizarla, conviene repasar el nombre de los alimentos fotografiados (con su género y número): el té, la tortilla, las aceitunas, los calamares y las sardinas. A continuación, pregunte: **¿A qué productos se refieren las siguientes frases?** Permítales trabajar en parejas, si lo cree necesario, antes de la puesta en común en clase abierta.

b. Pregunte a sus alumnos/as qué les ha ayudado en la actividad anterior a relacionar las fotos con las frases. Seguramente, le dirán que el contexto y algunos mencionarán también los pronombres. Pregunte qué sustituye **lo, la, los, las** en cada una de las frases. Remítalos/as al margen derecho y comente que la función de los pronombres es sustituir un objeto que ya ha sido mencionado para no repetirlo. Pídales que completen la tabla de los pronombres de objeto directo y aclare que solo el masculino singular (**lo**) es diferente del artículo determinado (**el**).

c. Pida a sus alumnos/as que se fijen en las ocho palabras escritas y numeradas. Aclare, si es necesario, las dudas de vocabulario. Después, sus alumnos/as leen las frases, deciden a qué palabra se refiere la definición y escriben el número correspondiente en las casillas. A continuación, completan las frases con los pronombres adecuados. Por turnos, algunos/as estudiantes leen las frases en voz alta para comprobar la solución.

d. Finalmente, pida que escriban una frase con el pronombre adecuado para cada objeto de las etiquetas que no se han mencionado (**las servilletas** y **el tenedor**). Luego, haga que las lean en voz alta.

Sugerencia
7. Las uso para limpiarme después de comer.
8. Lo uso para llevar el alimento del plato a la boca.

Y después

Pueden seguir practicando los pronombres con la ficha fotocopiable 13.

LA LISTA DE LA COMPRA

Ampliar el vocabulario de los alimentos. Hablar de cantidades y pesos. Introducir algunas expresiones de frecuencia.

Procedimientos

11. Explique a sus alumnos/as que, individualmente y fijándose en el dibujo, tienen que marcar en la lista aquellos productos que ya han comprado. Pida a un/a estudiante que diga qué productos faltan. Aclare el significado de las palabras desconocidas, como puede ser **frasco**, **lata**...

Sugerencia

Faltan los tomates, el jamón y las manzanas.

12. Remítalos/as a los productos, cantidades y envases que están bajo el enunciado y asegúrese de que no hay dudas de vocabulario. Deles cinco minutos para hacer todas las combinaciones posibles. ¿Quién ha conseguido más combinaciones correctas?

13. a. y **b.** Lea en voz alta las expresiones de frecuencia que hay después del enunciado. Pídales que las ordenen de más a menos y que al lado ponga un alimento, por ejemplo: **nunca** + **café** = **Yo nunca tomo café**. Después, haga que comparen sus respuestas con las de un/a compañero/a. Pasee por el aula para escuchar los diálogos e intervenir si lo cree necesario.

---

5 COMER CON GUSTO

LA LISTA DE LA COMPRA

11 Mira la imagen y marca en la lista los productos que ya tienes. Luego, comenta con un/a compañero/a qué falta.

- ⊠ una botella de vino
- ⊠ una lata de atún
- ⊠ un paquete de café
- ⊠ un bote de mermelada
- ☐ medio kilo de tomates
- ☐ 100 gramos de jamón
- ⊠ una bolsa de patatas fritas
- ⊠ 3 limones
- ⊠ 2 barras de pan
- ☐ 2 tabletas de chocolate
- ⊠ 2 kg de manzanas

• *Faltan los tomates.*

ACT 11 - campus difusión

> **Micropelis** › La lista de la compra

---

12 Relaciona estos productos con las cantidades y los envases. Haz todas las combinaciones posibles. Luego, compara con tus compañeros/as.

| leche | mantequilla | patatas | tomates | queso |
| carne | pan | café | agua mineral | |

SUGERENCIA

CANTIDADES	ENVASES
1 kg = un kilo de *patatas, tomates*	un paquete de *café, pan (tostado), queso*
½ kg = medio kilo de *carne, queso*	una botella de *leche, agua mineral*
1 ½ kg = un kilo y medio de *patatas*	una lata de *leche (en polvo), café*
100 g = cien gramos de *mantequilla*	un bote de *tomates (pelados), café*
1 l = un litro de *leche, agua mineral*	una bolsa de *patatas, tomates*
½ l = medio litro de *agua mineral*	un poco de *queso, mantequilla, carne, leche*

📝 10, 17-20, 27

---

13 a. Organiza estas expresiones de frecuencia de más a menos. Luego escribe qué alimentos te gustan en función de cuántas veces los consumes.

| casi nunca | todos los días | muchas veces | nunca |
| una vez por semana | pocas veces | | |

1. *todos los días*
2. *muchas veces*
3. *una vez por semana*
4. *pocas veces*
5. *casi nunca*
6. *nunca*

b. Compara tus respuestas con un/a compañero/a.

• *Me gusta la pasta y la como muchas veces, pero nunca como pescado, soy vegetariano.*

📝 11

LOS BARES DE ESPAÑA

14 a. Lee el texto y completa con las palabras de las etiquetas.

| menú del día | tostadas y bollería | tapas o bocadillos |
| hasta las 12 h | a las 7 h | por la noche |

El bar Jamón, Jamón abre **a las 7 h** de la mañana. La rutina suele ser siempre la misma. En el desayuno, normalmente, se sirven muchos cafés, **tostadas y bollería**. A mediodía se come el **menú del día** o algún plato combinado. Por la tarde y por la noche la gente suele pedir **tapas o bocadillos**. No se sirven menús **por la noche**. El bar está abierto **hasta las 12 h** de la noche.

b. ¿Cómo son los bares en tu país? Responde a estas preguntas y, luego, coméntalo con un/a compañero/a.

1. ¿A qué hora abren los bares por la mañana?
2. ¿Qué se desayuna normalmente?
3. ¿Existe el menú del día? ¿Y los platos combinados? ¿Qué se come normalmente a mediodía?
4. ¿A qué hora se cena?
5. ¿Se toman tapas o bocadillos para cenar?
6. ¿A qué hora cierran los bares por la noche?

¿QUÉ HORA ES?

15 a. ¿Qué hora es? Mira tu reloj y dibújala. ¿Cómo se expresa la hora en español? Comparte tu respuesta en clase.

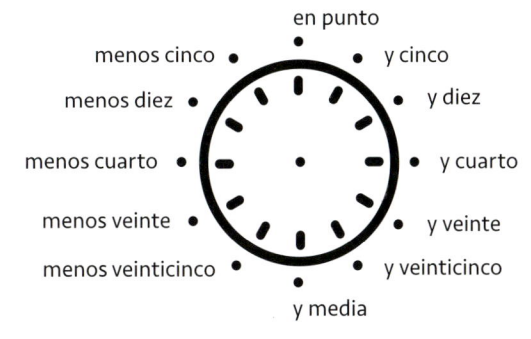

- en punto
- menos cinco / y cinco
- menos diez / y diez
- menos cuarto / y cuarto
- menos veinte / y veinte
- menos veinticinco / y veinticinco
- y media

b. 🔊 28 – Escucha y relaciona las horas con los relojes.

2, 3, 5, 1, 4, 6

c. Pregunta a tres compañeros/as a qué hora desayunan, almuerzan y cenan.

- ¿A qué hora cenas?
- A las ocho y media, ¿y tú?

ACT 14a - campus difusión

- Texto mapeado
- Texto locutado

Se + 3.ª persona

Se + verbo expresa impersonalidad.

- En un bar **se toma** café.
- Sí, y **se comen** tapas.

ACT 14b - campus difusión

› **Gramaclips** › Las horas y las partes del día

📝 32

La hora

› ¿Qué hora **es**?
› **Es la** una y media.
› **Son las** tres y veinte.
› **Son las** seis menos diez.
› ¿**A** qué hora cenas?
› **A las** ocho y media.
› **Entre las** ocho **y las** nueve.
› El bar abre **por** la tarde.
› El bar abre a las ocho **de** la tarde.

ACT 15 - campus difusión

› **Micropelis** › Un día cualquiera

📝 12, 13, 25, 28

LOS BARES DE ESPAÑA
Horarios y costumbres en los bares. El uso de se + 3.ª pers. para generalizar.

Antes de empezar

Comente, antes de la actividad **14**, que en España el bar es para mucha gente un punto de encuentro y de reunión informal. A muchos/as extranjeros/as les llama la atención el horario, pues abren normalmente sobre las 7 h, para el primer café o el desayuno, y suelen estar abiertos hasta muy tarde en la noche.

Procedimientos

14. a. Remítalos/as al texto de la actividad. Dígales que trata sobre los horarios y costumbres de un bar típico español. Señale las palabras en las etiquetas y pídales que completen el texto con ellas. Haga una puesta en común en clase abierta y asegúrese de que comprenden el uso de **se** + 3.ª persona para expresar impersonalidad.

b. Si tiene un grupo plurinacional, proponga realizar este apartado en pequeños grupos de alumnos/as de diversos países. Si, por el contrario, su grupo es mononacional, haga que comenten primero las respuestas a las preguntas con un/a compañero/a y, después, realice una puesta en común en clase abierta. En ambas variantes, deles tiempo para preparar y corregir sus comentarios antes de exponerlos.

¿QUÉ HORA ES?
Preguntar la hora y contestar.

Procedimientos

15. a. Pregunte ¿Qué hora es? y señale su reloj. Pida a sus alumnos/as que dibujen en el reloj de la pág. 65 las agujas para indicar la hora en este momento. Explíqueles que, hasta llegar a **y media**, los minutos y los cuartos se suman a la hora actual, y que después se restan a la hora siguiente. Remítalos/as a la columna de la derecha y hágales notar que en español se usa **es** solo para **la una** y **son** para los otros casos. Insista en el uso del artículo delante de la hora.

b. Para preparar la audición, pregunte a sus alumnos/as qué hora marca cada uno de los relojes. Explíqueles que van a escuchar seis pequeños diálogos y pídales que escriban al lado de cada reloj el número del diálogo correspondiente. Ponga la audición dos veces. Después se comparan los resultados, ayudándose de la transcripción si lo necesitan.

c. Forme grupos de cuatro y haga que se pregunten entre ellos/as a qué horas desayunan, almuerzan y cenan. Para finalizar, un/a representante de cada grupo hace, en clase abierta, un resumen de los resultados.

MÁS QUE PALABRAS
Recordar y fijar vocabulario mediante asociación de palabras.

Antes de empezar

Explique a sus alumnos/as que muchas palabras que a menudo se usan juntas se almacenan en nuestra memoria de manera conjunta.

Procedimientos

16. a. Explique a sus alumnos/as que hay combinaciones de palabras muy frecuentes. Remítalos/as a las cinco preguntas y pídales que las completen con la palabra que falta. Antes de la puesta en común, deje que comparen sus respuestas con las de un/a compañero/a. Pueden practicar más con la ficha fotocopiable 14.

b. A continuación, remítalos/as a las combinaciones de palabras de este apartado. Léalas en voz alta y aclare significados. Explíqueles que tienen que completar cada grupo con una palabra más. Antes de la puesta en común, deje que comparen sus respuestas con las de un/a compañero/a.

c. Proponga el juego que se plantea en este apartado. Elija usted al / a la primer/a estudiante para empezar. Puede ampliar el número de palabras si tiene un grupo grande.

TAREA FINAL: NUESTRO BAR DE TAPAS
Práctica escrita y oral de los recursos aprendidos en la unidad en un contexto personalizado auténtico.

Procedimientos

17. a. Explique a sus alumnos/as que van a abrir un bar de tapas en grupos de cuatro. Remítalos/as a las instrucciones de este apartado y deles tiempo suficiente para crear la carta de su bar. Pasee por la clase y preste la ayuda necesaria.

b. A continuación, dígales que van a practicar de forma oral los recursos aprendidos en la unidad. Remítalos/as a las instrucciones de este apartado. Para supervisar sus producciones, haga que cada camarero/a espere su turno para empezar el diálogo.

---

5 COMER CON GUSTO

MÁS QUE PALABRAS

16 a. Muchas palabras tienen opuestos o palabras con las que se alternan frecuentemente. Completa y compara luego con otra persona.

1. ¿Cómo tomas el café: solo o con _leche_?
2. ¿Prefieres el té con leche o _limón_?
3. ¿Prefieres el agua con o _sin_ gas?
4. ¿Prefieres la tortilla caliente o _fría_?
5. Camarero, por favor, necesito un cuchillo y un _tenedor_.

b. Lee estas combinaciones de palabras y añade una más en cada grupo. Hay varias posibilidades. Compara tus respuestas con el resto de la clase. *SUGERENCIA*

comer	fruta	carne	un menú	un bocadillo	a las 14 h · *en un restaurante*
desayunar	a las 7 de la mañana		en un bar	café y tostadas	*fruta*
tomar	alcohol	un café	un aperitivo	una cerveza	*un vino*
comprar	en el mercado		un kilo de tomates	pan	*en el súper*
cenar	entre las 21 h y las 22 h		en un restaurante		*una tortilla*

c. Describe una de las palabras de la lista sin decir cuál es. Tus compañeros/as tienen que adivinarla. Quien lo adivina primero continúa.

cuchara	agua	cuchillo	tortilla
copa	bocadillo	leche	aceitunas

📁 15, 16, 29, 30

TAREA FINAL: NUESTRO BAR DE TAPAS

17 a. Vais a abrir un bar de tapas en grupos de cuatro. En primer lugar, inventad las tapas con vuestros ingredientes preferidos y dadles un nombre original. Además, tenéis que poner los precios, añadir las bebidas y decidir un nombre para vuestro local.

b. A continuación, un miembro de cada grupo va con la carta de su bar a otro grupo y hace el papel de camarero/a para contestar a las preguntas sobre la carta. El resto son clientes/as: preguntan por la comida de la carta y sus ingredientes, piden tapas y bebidas, comentan sus gustos sobre la comida que han pedido y pagan.

TAPAS Y RACIONES   **PRECIOS**

BEBIDAS

HORARIO

VÍDEO

▶ 4 – LAS RECETAS DE FELIPE

Antes de ver el vídeo

1 ¿Conoces estos alimentos? Coméntalo con tus compañeros/as.

| calabacín | remolacha | sésamo | garbanzos |

Vemos el vídeo

2 Marca qué ingredientes lleva cada receta, según la información del vídeo.

	Hummus de remolacha	Rollitos de calabacín
aceite de oliva	X	
nueces		X
queso de untar		X
lima	X	
hierbabuena	X	
cebollino		X
sal	X	
ajo	X	

3 ¿Qué receta te parece más fácil de preparar?

Después de ver el vídeo

4 ¿Te gustan los platos que prepara Felipe?

5 Y tú, ¿cuándo cocinas? ¿Te gusta cocinar?

LAS RECETAS DE FELIPE
Entender un vídeo en el que se explican cómo hacer dos platos muy sencillos.

Antes de empezar

El vídeo contiene un amplio vocabulario de alimentos de uso poco frecuente, excepto para vegetarianos/as o veganos/as. Por ello, es conveniente realizar la ficha fotocopiable 15 antes de ver el vídeo.

Procedimientos

1. Si no ha realizado la ficha fotocopiable 15 antes de ver el vídeo, pregunte a sus alumnos/as si conocen los alimentos propuestos y aclare su significado.

2. Durante el visionado o justo después de él, pídales que marquen qué ingredientes lleva cada receta. A continuación, entrégueles la ficha fotocopiable 15. Haga la puesta en común de ambas cosas con un segundo visionado.

3. Formule la pregunta del enunciado en voz alta. Apunte sus respuestas en la pizarra. ¿Cuál es la receta más fácil, según la clase?

4. y 5. Plantee las preguntas de los enunciados para fomentar la expresión oral en clase. Si lo cree conveniente, propóngales primero comentar sus respuestas en parejas y, posteriormente, anímelos/as a comentarlas en clase abierta.

PANAMERICANA: COSTA RICA

Comprensión lectora global con información cultural sobre Costa Rica. Repaso de algunos recursos de la unidad.

Antes de empezar

En la sesión previa, explique a sus alumnos/as que el próximo día trabajarán en clase con este texto. Dígales que, si quieren, lo pueden preparar en casa con el diccionario. Anímelos/as también a preparar sus respuestas a los ejercicios **1**, **2** y **3**, que corregirán y comentarán en la clase siguiente. Invítelos/as a escuchar la locución en la/s variedad/es del español que prefieran. Escriba en la pizarra la palabra **Costa Rica** y pregunte a sus alumnos/as qué saben de este país. Apunte lo que digan en la pizarra y dígales que en el texto de la actividad se les dará más información sobre Costa Rica y su cultura.

Procedimientos

1. Pida a sus estudiantes que lean el texto de la actividad para sí mismos/as. Al tiempo que lo leen, pídales que subrayen las palabras que no entiendan. Haga una puesta en común en clase abierta para definir las palabras que desconocen. A continuación, pídales que escriban un título para cada uno de los párrafos. ¿De qué tratan?

2. Pídales que marquen como verdaderas o falsas las seis afirmaciones del ejercicio y que corrijan las falsas. Deje que comparen sus respuestas con las de un/a compañero/a, antes de la puesta en común.

Solución

1. V; 2. F (El español es la única lengua oficial, aunque se hablan otras lenguas autóctonas); 3. V; 4. F (Existen más de 10 000 especies de plantas); 5. F (Los frijoles se pueden comer para desayunar, comer y cenar); 6. F (Costa Rica exporta a todo el mundo café, que es de gran calidad).

3. Si tiene un grupo de un mismo país, siga las instrucciones del enunciado. En caso contrario, haga grupos de trabajo con estudiantes de diferentes países y una puesta en común en clase abierta. Puede pedirles que escriban un pequeño texto con toda esa información. Si lo considera adecuado, recoja los textos, corríjalos y coméntelos en la siguiente sesión.

---

5 COMER CON GUSTO

PANAMERICANA

COSTA RICA

¡Hola! Me llamo Evelyn y soy de Costa Rica. Me gusta mucho cocinar porque en mi país la comida es muy diferente y muy variada.

Costa Rica limita con Nicaragua al norte, Panamá al sureste, el mar Caribe al este y el océano Pacífico al oeste. San José es su capital y su centro político y económico. El idioma oficial es el español, aunque se hablan otras lenguas autóctonas, como el maleku, el bribri o el guaymí.

Como el nombre de Costa Rica indica, es un país rico gracias a su naturaleza, sus playas, su selva y sus volcanes. Es un país pequeño (0,03 % de la superficie terrestre mundial), pero con una gran variedad de paisajes (posee aproximadamente el 6 % de la biodiversidad del planeta). Los parques naturales y reservas biológicas forman el 25 % del país. Además, cuenta con más de 10 000 especies de plantas y, entre ellas, más de 1000 especies de orquídeas.

Costa Rica posee 232 especies de mamíferos, 838 especies de aves, 183 especies de anfibios, 258 especies de reptiles y 130 especies de peces de agua dulce.

Manzanillo, Costa Rica

Un alimento típico de Costa Rica son los frijoles. Se pueden comer en el desayuno, en el almuerzo y por la noche en la cena. El gallo pinto es un desayuno típico. Son frijoles con arroz y se comen con huevos o con carne.

Costa Rica exporta a todo el mundo un producto de una calidad excelente, el café. Se cultiva a más de 1200 metros, lo que supone una garantía de calidad. Otra bebida deliciosa son los jugos tropicales. Se preparan con frutas exóticas y son muy ricos en vitaminas.

1 Escribe un título para cada párrafo. Luego, comparte tus ideas con el resto de la clase.

SUGERENCIA

1. *Presentación de Costa Rica*
2. *El paraíso natural de Costa Rica*
3. *Las especies autóctonas en números*
4. *La gastronomía costarricense*
5. *Las bebidas más típicas*

2 ¿Verdadero (V) o falso (F)? Corrige las frases falsas.

	V	F
1. Costa Rica está al sur de Nicaragua.	X	
2. En Costa Rica hay varias lenguas oficiales además del español.		X
3. Es un país pequeño con una biodiversidad muy grande.	X	
4. En Costa Rica existen más de 10 000 especies de orquídeas.		X
5. Los frijoles son un alimento típico para comer y cenar, pero no para desayunar.		X
6. Costa Rica consume todo el café que produce.		X

3 Tu país en cifras. Busca datos sobre biodiversidad, gastronomía y productos de importación o exportación, y escribe cinco frases. Luego, comparte la información con el resto de la clase.

PANAM - campus difusión   31

Texto mapeado
Texto locutado

sesenta y nueve **69**

5 COMER CON GUSTO

COMUNICACIÓN

COMPRAR ALIMENTOS

Quería un kilo de tomates.
Deme un melón, por favor.
¿Tiene mandarinas?

PREGUNTAR EL PRECIO

¿Cuánto cuesta el melón?
¿Cuánto cuestan las naranjas?
¿Cuánto es (todo)?

HABLAR DE CANTIDADES Y ENVASES

1 kg = un kilo (de)	1 l = un litro (de)	un paquete (de)
½ kg = medio kilo (de)	½ l = medio litro (de)	una botella (de)
1 ½ kg = un kilo y medio (de)	1 ½ l = un litro y medio (de)	una lata (de)

PEDIR ALGO EN UN BAR

CAMARERO/A	CLIENTE/A
• ¿Qué le/s pongo? • ¿Qué toman? / ¿Qué van a tomar?	▪ Yo, una cerveza. ▸ Yo también. ▪ Para mí, un agua mineral. ▸ Un café, por favor.

INFORMARSE SOBRE COMIDA

¿Qué es eso?
¿Qué lleva la tortilla?
¿Lleva ajo / mayonesa?
¿Es picante?
¿Se come caliente / frío?

REFERIRSE A UNA COSA MENCIONADA

• Quiero / Quería	un té	▪ ¿**Lo** quiere con limón?
	una tortilla	▪ ¿**La** quiere caliente o fría?
	calamares	▪ ¿**Los** quiere a la romana?

PREGUNTAR POR LA HORA Y DECIRLA

• ¿Qué hora es?	▪ Es la una y media.
	▪ Son las cinco menos diez.
• ¿A qué hora cenas?	▪ A las siete y media.
	▪ Entre las siete y las ocho.

EL MOMENTO DEL DÍA Y LA HORA

Por la mañana		de la mañana.
Al mediodía	A las siete	de la tarde.
Por la tarde		
Por la noche		de la noche.

EXPRESAR LA FRECUENCIA

Todos los días
Muchas veces
Una / Dos... veces por semana / mes...
Pocas veces
Casi nunca
Nunca

SON LAS CINCO, YA ES UN POCO TARDE. ¿NOS VEMOS MAÑANA POR LA MAÑANA? A LAS NUEVE Y MEDIA, ¿VALE?

GRAMÁTICA

LOS PRONOMBRES DE OBJETO DIRECTO

	MASCULINO	FEMENINO
SINGULAR	lo	la
PLURAL	los	las

Los pronombres de objeto directo **lo**, **la**, **los**, **las** se usan para referirse a un objeto ya mencionado. Concuerdan con este objeto en género y en número.
- ¿**Las manzanas**? Sí, no te preocupes. **Las** compro yo.

En la negación, los pronombres están entre el **no** y el verbo.
- El té no **lo** quiero con limón.

EL SE IMPERSONAL

- En un bar español **se toma** café y también **se toman** tapas con los amigos. ¿Cómo es en tu país?
- En muchos bares a mediodía **se puede** tomar el menú del día.

La construcción **se** + verbo en 3.ª persona singular o plural se usa para expresar impersonalidad.

LOS NÚMEROS A PARTIR DEL 100

100	cien	500	**quini**entos	2000	dos mil
101	cien**to** uno	600	seiscientos	3013	tres mil trece
200	doscientos	700	**sete**cientos	10 100	diez mil cien
300	trescientos	800	ochocientos	30 000	treinta mil
310	trescientos diez	900	**nove**cientos	100 000	cien mil
400	cuatrocientos	1000	mil	1 000 000	un millón

- Doscient**os** gramos.
- Doscient**as** botellas.
- Mil euros.
- Un millón **de** euros.

VERBOS CON FORMAS IRREGULARES

	E → IE		O → UE	
	QUERER	PREFERIR	PODER	PROBAR
yo	qu**ie**ro	pref**ie**ro	p**ue**do	pr**ue**bo
tú	qu**ie**res	pref**ie**res	p**ue**des	pr**ue**bas
él, ella, usted	qu**ie**re	pref**ie**re	p**ue**de	pr**ue**ba
nosotros, nosotras	queremos	preferimos	podemos	probamos
vosotros, vosotras	queréis	preferís	podéis	probáis
ellos, ellas, ustedes	qu**ie**ren	pref**ie**ren	p**ue**den	pr**ue**ban

LA HORA

13.00	**Es la** una.
14.00	**Son las** dos (en punto).
14.15	**Son las** dos y cuarto.
14.25	**Son las** dos y veinticinco.
14.30	**Son las** dos y media.
14.35	**Son las** tres menos veinticinco.
14.45	**Son las** tres menos cuarto.
14.50	**Son las** tres menos diez.

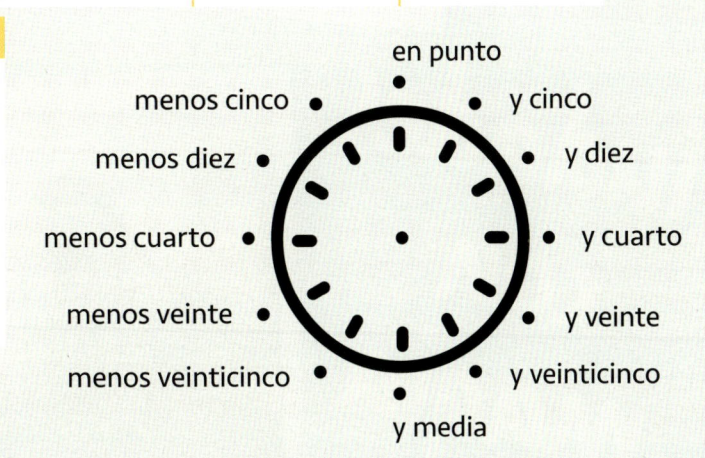

en punto
menos cinco · y cinco
menos diez · y diez
menos cuarto · y cuarto
menos veinte · y veinte
menos veinticinco · y veinticinco
y media

En esta unidad, sus estudiantes van a tener la oportunidad de describir una ciudad (sus partes, monumentos, transportes, tiendas...), de preguntar e informar dónde se encuentra algo, y de indicar el camino. Para ello, van a aprender expresiones de lugar, la diferencia entre **hay** y **está(n)**, **los verbos irregulares** ser, ir, estar y seguir, **y el uso de las preposiciones** a y en. Además, van a conocer dos ciudades de habla hispana: Sevilla y Bogotá, y algunos datos sobre Colombia.

6 POR LA CIUDAD

Comunicación
- Descubrir una ciudad
- Preguntar y decir dónde se encuentra algo
- Pedir información
- Expresar necesidad
- Indicar el camino
- Los números ordinales
- Expresar cómo ir a un lugar

Léxico
- Las partes de la ciudad
- Los monumentos
- Actividades en la ciudad
- Los medios de transporte
- Las tiendas y los establecimientos

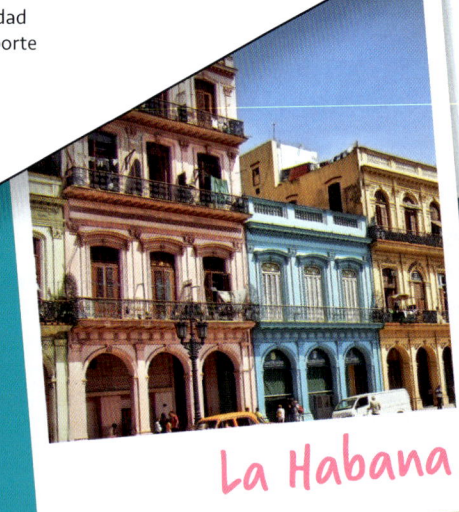

Gramática
- **Hay**
- **Está(n)**
- Expresiones de lugar
- El uso de las preposiciones **a** y **en**
- La contracción del artículo
- Los verbos irregulares **ser, ir, estar, seguir**

Cultura
- Sevilla
- Bogotá
- **Vídeo 5** ¿Dónde hay una farmacia?
- **PANAMERICANA** Colombia

La Habana

Ciudades con magia

Buenos Aires

72 setenta y dos

Bilbao

Granada

¿Qué tal un viaje a una de estas ciudades para vivir experiencias inolvidables?

1 ¿A qué ciudades se refieren estos comentarios?

- [ ] Tiene río.
- [ ] Está en una isla.
- [ ] Está cerca de la montaña.
- [ ] Está en el norte del país.
- [ ] Es una ciudad con puerto.
- [ ] Es la capital mundial del tango.

POR LA CIUDAD
Introducir el tema de la unidad. Vocabulario básico para hablar de ciudades.

Antes de empezar

En la sesión previa, diga a sus estudiantes que el próximo día hablarán en clase de las cuatro ciudades que se presentan en la actividad. Si lo cree conveniente, entrégueles la ficha de lectura 7 y dígales que, a modo de preparación, la lean en casa ayudándose del diccionario. Con el libro cerrado, escriba los nombres de las cuatro ciudades que aparecen en el mapa y pregunte a sus estudiantes si saben a qué país pertenecen. A continuación, en clase abierta, pídales que digan cualquier dato que conozcan sobre estas ciudades. Apunte la información correcta en la pizarra debajo de cada nombre.

Procedimientos

1. Pídales que abran el libro por las páginas 72-73 y muestre las fotos de esas cuatro ciudades. Si lo cree adecuado, pregunte si saben qué es lo que se ve en las fotos (1. casco histórico; 2. barrio La Boca; 3: Museo Guggenheim; 4: la Alhambra). A continuación, haga que se fijen en la ubicación de cada ciudad en el mapamundi. Remítalos/as a la actividad **1**. Pueden hacerla individualmente o en parejas. Explíqueles que cada comentario se puede referir a una o más ciudades.

Solución

Con río: 2 y 3. En una isla: 1. Cerca de la montaña: 4. Al norte del país: 2 y 3. Con puerto: 1, 2 y 3. Capital del tango: 2.

Si sus alumnos/as apenas conocen estas ciudades, puede repartir la ficha de lectura 7 y trabajarla, antes de realizar la actividad. Deles unos minutos, antes de hacer una puesta en común en clase abierta.

Y después

Formule la pregunta: **¿Qué tal un viaje a una de estas ciudades para vivir experiencias inolvidables?**, pídales que elijan una ciudad y que digan las razones de esa elección. Haga que se expresen oralmente o por escrito, según su criterio.

UN DÍA EN SEVILLA

Presentar recursos para pedir información sobre una ciudad y orientarse. El uso de hay y está/n. Introducir preposiciones y adverbios de lugar.

Antes de empezar

En la sesión previa, diga a sus estudiantes que el próximo día trabajarán en clase con el texto de Sevilla. Dígales que, si quieren, lo pueden preparar en casa con el diccionario. Anímelos/as también a preparar sus respuestas para los apartados **2 a** y **2 b**, que corregirán en la clase siguiente. Invítelos/as a escuchar la locución en la/s variedad/es del español que prefieran.

Procedimientos

2. a. Dígales a sus alumnos/as que van a leer un folleto sobre la ciudad de Sevilla para informarse sobre dónde pueden hacer unas actividades. Lea la lista de actividades en voz alta y muéstreles el folleto. A continuación, haga que lean el texto y pídales que marquen en él dónde se pueden hacer las actividades propuestas. Para la revisión, pida a unos/as estudiantes que lean sus sugerencias.

Solución

1. barrio de Santa Cruz; 2. Teatro Lope de Vega; 3. calle Sierpes; 4. Museo de Bellas Artes; 5. jardines del Alcázar; 6. desde la Giralda.

b. Pida a sus alumnos/as que lean de nuevo el texto (ahora fijándose en los detalles) y que busquen palabras pertenecientes a las cuatro categorías propuestas. Pasados unos minutos, en cadena, cada alumno/a va diciendo una palabra sin repetir ninguna de las que ya han mencionado sus compañeros/as. Escriba los resultados en la pizarra.

c. Divida la clase en grupos de tres personas. Explique a sus estudiantes que van a hacer un viaje a Sevilla y que en el grupo tienen que elegir tres cosas que les gustaría hacer. Pueden elegir entre todas las sugerencias que hay en el folleto. Déjeles tiempo para expresar sus preferencias, negociar y escribir sus planes. Remítalos/as a la nota del margen y anímelos/as a utilizar los organizadores del discurso como en el ejemplo. Pídales que presenten sus ideas al resto de la clase.

3. a. Pida a sus alumnos/as que vuelvan a leer el texto de **2 a** y que se fijen en las frases en las que aparece **hay** o **está/n**. Después, remítalos/as al margen derecho y explíqueles cuándo se usa uno y cuándo otro. Coménteles también que el verbo **estar** solo tiene irregular la forma **yo**. A continuación, pídales que completen las frases y el encabezamiento de cada columna. Haga una puesta en común en clase abierta.

---

6 POR LA CIUDAD

UN DÍA EN SEVILLA

2 a. Lee el texto. ¿Dónde se pueden hacer estas cosas en Sevilla?

1. Comer comida típica.
2. Escuchar música.
3. Comprar productos tradicionales.
4. Ver cuadros famosos.
5. Descansar.
6. Ver toda la ciudad.

Sevilla en 24 horas. Todo es posible

POR LA MAÑANA Pasear por el centro histórico y desayunar en uno de sus cafés típicos. Visitar la Plaza de España y la catedral, la más grande de España. Aquí está la tumba de Cristóbal Colón. Después, subir a la famosa Giralda (la torre de una antigua mezquita); ¡hay una vista fantástica sobre la ciudad! O visitar el Alcázar, un palacio de origen árabe con jardines preciosos para descansar.

AL MEDIODÍA Comer en el barrio de Santa Cruz, el antiguo barrio judío, cerca de la catedral. En sus calles hay muchos bares y restaurantes que ofrecen comida tradicional.

POR LA TARDE Ir de compras a la zona peatonal. En la famosa calle Sierpes hay tiendas que venden productos de cerámica o recuerdos regionales. Hay también dos confiterías famosas por sus exquisitos dulces que invitan a hacer una pausa. O visitar el Museo de Bellas Artes, donde hay cuadros de pintores famosos, como Goya o Rubens.

POR LA NOCHE Ir al Teatro Lope de Vega para ver un concierto de guitarra flamenca. También se puede pasear por Triana, un barrio tradicional que está al lado del río Guadalquivir. Ahí hay muchos restaurantes con terrazas que dan al río.

b. Lee el texto otra vez y completa la lista de palabras relacionadas con la ciudad según las categorías. Después, compara con tus compañeros/as.

GASTRONOMÍA	PARTES DE LA CIUDAD	MONUMENTOS	ACTIVIDADES
el café, el dulce, el restaurante, la comida, el bar, la confitería.	el centro histórico, la plaza, el jardín, el barrio, la calle, la zona peatonal, el río.	la catedral, la Giralda, la mezquita, el Alcázar, el palacio.	pasear, desayunar, visitar monumentos, comer, descansar, ir de compras, ir al teatro.

c. Vas a hacer una visita a Sevilla con otras dos personas de la clase. Ponte de acuerdo con tus compañeros/as en tres cosas que queréis hacer en Sevilla y presentad vuestros planes a la clase.

- *Primero visitamos la catedral, después...*

ACT 2 a - campus difusión

- Texto mapeado
- Texto locutado

› **Los lex** › La ciudad A1

El orden

› primero
› después
› luego
› al final

74 setenta y cuatro

3 a. Lee de nuevo el texto de **2 a** y completa la tabla con **hay**, **está** o **están**.

HAY	ESTÁ/N
En Santa Cruz _hay_ muchos bares.	Triana _está_ al lado del río.
Hay dos confiterías en la calle Sierpes.	La tumba de Colón _está_ en la catedral.
Hay una vista fantástica.	¿Dónde _están_ los cuadros de Goya?

b. Lee el texto. ¿Qué ciudad es?

Barcelona

Es una ciudad grande, pero no es la capital del país. Es famosa por su equipo de fútbol. Está en el noreste de España, en el Mediterráneo. Hay un templo muy famoso y también hay un barrio antiguo con muchos bares y muchos monumentos interesantes. También hay gente de muchos países diferentes.

c. Ahora tú. Piensa en una ciudad y escribe un breve texto como el de **3 b**. Por turnos, cada persona lee su descripción y el resto intenta adivinar qué ciudad es.

Es una ciudad...

Hay, está(n)

Cuando nos referimos a la existencia de una cosa o persona usamos **hay** con el artículo indeterminado, números, **mucho** o **poco**.

Cuando nos referimos al lugar de una cosa o persona determinada, usamos **está(n)** con el artículo determinado o nombres propios.

Estar

estoy	estamos
estás	estáis
está	están

ACT 3 b – campus difusión

- Texto mapeado
- Texto locutado

¿SABE SI...?

4 🔊 29 – Lee y completa estas preguntas con la información de las etiquetas. Luego escucha los diálogos y comprueba.

para el concierto de flamenco	un restaurante típico
en la catedral	para Triana	de la ciudad
comprar sellos	abre los lunes	las tiendas por la tarde

1. ¿Me puede recomendar _un restaurante típico_?
2. ¿Tiene un plano _de la ciudad_?
3. ¿Cuánto cuesta una entrada _para el concierto de flamenco_?
4. ¿Hay visitas guiadas _en la catedral_?
5. ¿De dónde sale el autobús _para Triana_?
6. ¿Dónde se pueden _comprar sellos_?
7. ¿Sabe si el Museo de Bellas Artes _abre los lunes_?
8. ¿A qué hora abren _las tiendas por la tarde_?

EN EL CENTRO COMERCIAL
Presentar el vocabulario relacionado con tiendas y establecimientos.

Antes de empezar

En la sesión previa, entregue a sus alumnos/as la ficha de lectura 8 y dígales que la trabajen en casa ayudándose del diccionario. Le recomendamos que desarrolle las actividades en clase en el siguiente orden: primero, los apartados 5 a y 6 a, introduciendo el léxico nuevo y aclarando las fórmulas de expresar ubicación; después, dé paso a 5 b y 5 c (anímelos/as a construir las frases con las expresiones presentadas, coherentes con lo que han escuchado); por último, dé paso a 6 b.

Procedimientos

5. a. Explique a sus alumnos/as que la imagen muestra un centro comercial. Pídales que localicen en él los lugares que aparecen en la lista de arriba. Para aclarar el significado de las posibles palabras desconocidas, anímelos/as a preguntar: ¿Qué significa...? Realice una puesta en común en clase abierta.

b. y **c.** Explique a sus alumnos/as que van a escuchar cinco diálogos en el centro comercial y que los van a escuchar dos veces. Pídales que en la primera audición marquen con una cruz en el dibujo los lugares que se mencionan. Pida a un/a voluntario/a que presente la solución (marcada con una X al lado de cada establecimiento de las lista de 5 a). A continuación, remítalos/as a las expresiones que están en el apartado **c**. Ponga la audición de nuevo y pídales que marquen las expresiones que escuchan. La solución se comprueba en clase abierta. Llame su atención sobre el uso de la preposición **de** cuando el adverbio de lugar va seguido de un sustantivo. También es importante mencionar la contracción de las preposiciones **a** y **de** con el artículo masculino del singular, como se ve en los ejemplos del margen: **del**, **al**.

6. a. Pida a sus alumnos/as que lean las frases de la actividad y que comparen esta información con el dibujo de 5 a. Tienen que decidir cuáles de las frases son verdaderas o falsas. Haga una puesta en común en clase abierta. Si lo cree adecuado, puede pedirles que corrijan las informaciones erróneas.

b. Divida la clase en parejas y pídales que elijan tres de los cinco establecimientos de la lista y que los coloquen en alguna de las tiendas vacías que quedan en el dibujo de 5 a. Su compañero/a tiene que hacer varias preguntas: para saber qué establecimiento es y para saber dónde se encuentra en el dibujo. Luego, al revés. Anímelos/as a seguir el modelo.

Y después

Puede continuar con la práctica de estos recursos con la ficha fotocopiable 16.

---

6 POR LA CIUDAD

EN EL CENTRO COMERCIAL

5 a. Mira e identifica estos lugares en el centro comercial.

- 9 una farmacia X
- 8 el punto de información
- 1 un supermercado X
- 10 un restaurante X
- 7 los servicios X
- 11 un cine X
- 3 una tienda de ropa X
- 6 una panadería X
- 4 una zapatería X
- 5 una tienda de regalos X
- 2 una oficina de Correos
- 12 un cajero automático X

b. 🔊 30 - Escucha y marca en el centro comercial los lugares que se mencionan.

c. 🔊 30 - Escucha otra vez y marca las expresiones de lugar que se mencionan.

- X a la derecha (de)
- ☐ a la izquierda (de)
- ☐ cerca (de)
- ☐ lejos (de)
- X al lado (de)
- X delante (de)
- X en
- ☐ detrás (de)
- X enfrente (de)
- X entre... y...

6 a. ¿Verdadero o falso? Compara las frases con la imagen de 5 a.

	V	F
1. La farmacia está a la derecha de Correos.	☐	X
2. Los servicios están enfrente del cine.	X	☐
3. La tienda de regalos está al lado del supermercado.	☐	X
4. La tienda de ropa está entre la panadería y la zapatería.	☐	X
5. Delante del centro comercial hay una parada de taxis.	☐	X

b. Coloca tres locales en los espacios vacíos del centro comercial. Tu compañero/a tiene que averiguar qué hay y dónde está.

una cafetería   una frutería
un banco   una confitería
una perfumería

- ¿Hay una cafetería?
- Sí.
- ¿Está a la izquierda del restaurante?

Expresiones de lugar

> de + el = **del**
- cerca **del** banco
> a + el = **al**
- **al** lado de la tienda

ACT 5 c - campus difusión

> **Gramaclips** › Localización

La oficina de Correos

Correos es una empresa pública española dedicada al envío de cartas y paquetes.

📖 5, 6

UN VIAJE A BOGOTÁ

7 Relaciona los nombres de los medios de transporte con las imágenes. Luego añade dos y comparte la información con el resto de la clase.

1. un autobús
2. un avión
3. un tren
4. una bici / una bicicleta
SUGERENCIAS
5. un coche, un barco
6. una moto, una avioneta

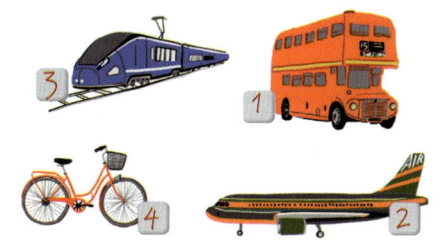

8 a. 🔊 31 – Alberto prepara su viaje a Bogotá y habla por teléfono con una amiga que vive en la ciudad. Escucha y marca la respuesta correcta.

1. ¿Cuándo va?
   ◯ mañana
   ☒ la próxima semana

2. ¿Adónde va?
   ◯ a casa de una amiga
   ☒ a un hotel

3. ¿Cómo va?
   ◯ en avión
   ☒ en coche

4. ¿Adónde quiere ir el viernes?
   ☒ a un concierto
   ◯ a la ópera

5. ¿Adónde quiere ir el sábado?
   ◯ al Museo Botero
   ☒ al Museo del Oro

b. Mira las preguntas y las respuestas de **8 a** y completa la tabla.

IR	DESTINO		MEDIO DE TRANSPORTE	
voy			tren	taxi
vas				
voy	a Bogotá	en	metro	bicicleta
vamos	al museo		autobús	barco
vais	a la ópera		coche	avión
van		a	pie	

c. En cadena. ¿Con qué frecuencia utilizas los medios de transporte de la tabla de la actividad **8 b**? ¿Cuál es el más usado de la clase?

• Yo voy en metro todos los días.
• Yo nunca voy en barco.

d. Comenta con dos compañeros/as qué transporte utilizas para ir a estos lugares.

| al aeropuerto | de vacaciones | a visitar a mi familia | a la discoteca |
| de excursión | al trabajo | al centro | de compras | al gimnasio |

• Yo, cuando voy al aeropuerto, siempre voy en metro.
• Yo también.
◦ Yo casi siempre voy en taxi.

Medios de transporte
ir **en**
› avión
› autobús
› tren
› bici

ir **a**
› pie

Lugar y destino
¿Dónde? → lugar
• Vivo **en** España.

¿Adónde? → destino
• Voy **a** Colombia

La frecuencia
› todos los días
› una vez por semana
› dos veces al mes / al año
› (casi) siempre / nunca

📱 7

setenta y siete **77**

UN VIAJE A BOGOTÁ
Sistematización del verbo ir.

Antes de empezar

Escriba **Bogotá** en la pizarra y pregunte a sus estudiantes en voz alta **¿Qué sabéis de esta ciudad?** Si no la conocen, pídales que busquen en internet tres informaciones sencillas sobre ella. Durante la puesta en común, escriba en la pizarra las informaciones más generales.

Procedimientos

7. Pídales que relacionen los nombres de los medios de transporte con los dibujos propuestos. A continuación, explíqueles que tienen que añadir dos medios de transporte más a la lista. Permítales usar el diccionario, si lo cree necesario. Haga una puesta en común y apunte en la pizarra los medios de transporte nuevos que surjan. Puede darle un toque lúdico y pedir a dos voluntarios/as que dibujen los dos transportes que más se hayan repetido. Por último, remítalos/as al margen derecho y muéstreles que con los medios de transporte se usa la preposición **en**, excepto el más ecológico y sano de todos: **ir** a **pie**.

8. a. Explique a sus alumnos/as que van a escuchar un diálogo en el que una persona, antes de viajar a Bogotá, llama a una amiga que vive allí. Pídales que lean las preguntas y opciones de respuesta. Los/as estudiantes escuchan la audición y marcan la opción correcta. En parejas, comparan sus soluciones. Si hay dudas, pueden escuchar la audición otra vez. Si lo necesitan, dígales que se ayuden de la transcripción. Haga la puesta en común en clase abierta.

b. A continuación, pídales que completen la tabla amarilla con las preguntas y respuestas de **8 a**. Después de la puesta en común, remítalos/as al margen derecho y explíqueles la diferencia entre **dónde** (indica lugar, preposición **en**) y **adónde** (indica destino, preposición **a**).

c. Antes de empezar, señale las expresiones de frecuencia del margen derecho y aclare su significado. Pida a sus estudiantes que hagan una lista en la que ordenen los medios de transporte dependiendo de la mayor o menor frecuencia con la que los usan. A continuación, comentan con qué frecuencia usan dos de los medios de transporte, siguiendo el modelo. Después de esta puesta en común se puede deducir qué medio de transporte es el preferido de la clase y cuál se usa menos.

d. Muestre a sus alumnos/as la lista de lugares. En grupos de tres, intercambian información sobre los medios de transporte que utilizan para ir a los lugares o eventos propuestos, como en el modelo. Para practicar la primera persona del plural, puede pedir a algunos/as voluntarios/as que presenten en clase abierta las similitudes que han encontrado, por ejemplo: **Maarten y yo vamos a la estación en metro**.

SIGUE TODO RECTO
Preguntar y decir cómo llegar a un lugar a pie o con medios de transporte. Presentar el verbo *seguir* (e → i). Fijar algunos organizadores del discurso.

Observaciones

El TransMilenio es el sistema metropolitano de transporte masivo que funciona en la ciudad de Bogotá con autobuses articulados. Cuenta con 12 líneas troncales y hay otras que están en proceso de construcción.

Antes de empezar

En la sesión previa, diga a sus alumnos/as que el próximo día trabajarán en clase con la audición de 9 a. Propóngales escucharla previamente en casa, ayudándose de la transcripción. Anímelos/as también a preparar sus respuestas a 9 a, que corregirán en la clase siguiente.

Procedimientos

9. a. Comente a sus alumnos/as que van a escuchar un diálogo en el que una recepcionista explica a Alberto cómo llegar al centro histórico, también conocido como La Candelaria. Pídales que lean las frases antes de escuchar la audición y aclare el vocabulario desconocido. Después, ponga el audio. Sus estudiantes escuchan y escriben en la casilla un número del 1 al 5 según el orden que escuchan las frases. Propóngales ayudarse de la transcripción, si lo creen necesario.

b. Antes de empezar, conviene prestar atención a los diferentes recursos que se presentan en el margen derecho bajo el título *Describir el camino*. Comente que la obligación se suele expresar con el verbo **tener que** + infinitivo. Recuérdeles que ya conocen el verbo **tener** de la unidad 2. Mientras sus estudiantes describen el camino en transporte público desde el aeropuerto a sus casas, pasee por la clase y corrija los posibles errores.

10. Remita a sus alumnos/as al plano, pídales que lean las informaciones sobre el barrio de La Candelaria y que localicen los lugares mencionados en el plano. Individualmente, escriben sobre los dos lugares que más les interesa conocer y por qué. En clase abierta, pida voluntarios/as para leer sus textos. ¿Quién coincide con ellos/as?

---

6 POR LA CIUDAD

SIGUE TODO RECTO

9 a. 🔊 32 – Alberto quiere ir a La Candelaria, el centro histórico de Bogotá. Lee las frases, escucha el diálogo y ordena las frases.

- [2] Tomar la línea E en dirección a Bicentenario.
- [1] Ir a la parada Avenida Chile.
- [5] Bajar en Avenida Jiménez, son dos paradas.
- [4] Cambiar a la línea F.
- [3] Bajar en Ricaurte.

b. Un/a amigo/a de Colombia te visita. Escribe las instrucciones para llegar desde el aeropuerto a tu casa en transporte público.

Primero tomas el autobús del aeropuerto en...

---

10 Lee esta información sobre La Candelaria. ¿Qué dos lugares prefieres conocer? ¿Por qué? Escribe tus motivos. Luego, comparte tus respuestas con el resto de la clase.

1. La Plaza de Bolívar es el corazón de la ciudad y el lugar ideal para empezar la visita al centro histórico.
2. El Capitolio es la sede del Congreso Nacional y tiene obras de artistas colombianos.
3. La catedral es la más grande del país y está construida en el lugar de la primera iglesia católica.
4. El Teatro Colón ofrece un programa variado de teatro, música y danza.
5. El Centro Cultural García Márquez es un espacio cultural con una biblioteca, una galería de arte y una cafetería con el mejor café colombiano.
6. El Museo Botero es un museo pequeño con pinturas y esculturas de Fernando Botero, el famoso pintor colombiano. La entrada es gratuita.

Para mí, los dos lugares más interesantes son...

ACT 9 a - campus difusión

> **Micropelis** › El caso Barcelona

Tener que + infinitivo
- Tengo que tomar el metro.

Describir el camino
> Primero...
> Después...
> Al final...
> Tomas el autobús / la línea X en dirección a...
> Bajas en la siguiente / próxima estación / parada.
> Tienes que cambiar a la línea...

ACT 10 - campus difusión

- Texto mapeado
- Texto locutado

8-12

11

a. 🔊 33 – Escucha y elige la opción correcta.

- ¿Para ir al Museo del Oro, por favor?
- Lo siento, **no sé** / ni idea. No soy de aquí.
...
- Perdón, para ir al Museo del Oro, ¿está **lejos** / cerca?
- No, está lejos / **cerca**. Tiene que cruzar la Plaza de Bolívar y tomar la Carrera 7.ª.
- La Carrera 7.ª...
- Sí, exacto, y allí usted sigue todo recto hasta la Avenida Jiménez de Quesada. Es una avenida grande sin coches. Allí gira **a la izquierda** / a la derecha. Luego tiene que tomar la primera / **segunda** / tercera calle a la izquierda.
- Entonces tomo la Avenida Jiménez y después... la primera a la derecha...
- No, a la izquierda. **Al final** / Al principio de la calle está el museo.
- Muchas gracias.
- De nada.

ACT 11a - campus difusión

📖 Texto mapeado

Los números ordinales

› primero/a — 1.º / 1.ª
› segundo/a — 2.º / 2.ª
› tercero/a — 3.º / 3.ª
› cuarto/a — 4.º / 4.ª
› quinto/a — 5.º / 5.ª
› sexto/a — 6.º / 6.ª
› séptimo/a — 7.º / 7.ª
› octavo/a — 8.º / 8.ª
› noveno/a — 9.º / 9.ª
› décimo/a — 10.º / 10.ª

b. Completa las expresiones con los verbos adecuados.

1. _Seguir_ todo recto.
2. _Girar_ a la izquierda. 
3. _Cruzar_ la plaza.
4. _Tomar_ la segunda a la derecha.

Seguir

sigo	seguimos
sigues	seguís
sigue	siguen

c. Lee las indicaciones de la actividad 11a y marca en el plano de 10 el camino desde el Capitolio hasta el Museo del Oro.
Solución en el plano de 10.

d. Ahora, busca en el plano de la actividad 10 el puntero de localización ("Usted está aquí"). Describe a tu compañero/a el camino para llegar a uno de estos lugares. Tu compañero/a averigua de qué lugar se trata, y viceversa.

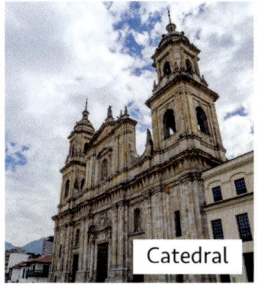

Catedral  | Museo Botero 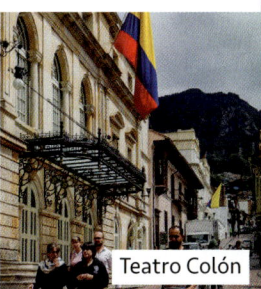 | Teatro Colón 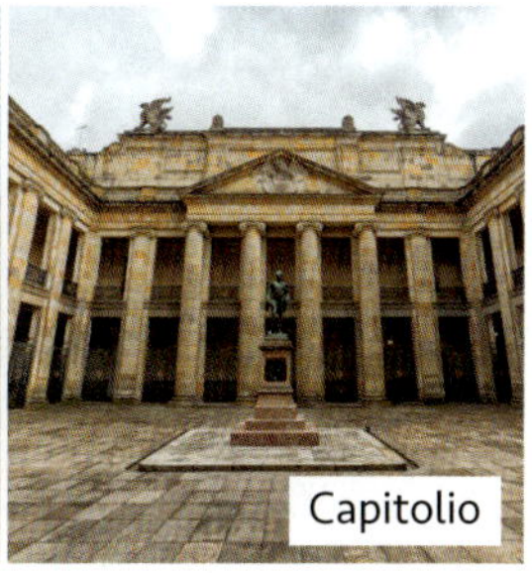 | Capitolio

DESCRIBIR UN CAMINO

Toma(s)	la tercera calle a la derecha
Sigue(s)	todo recto hasta el semáforo
Cruza(s)	la calle / la plaza / el puente
Gira(s)	a la izquierda / a la Avenida Chile

- Tomas la calle 13 y sigues todo recto.
- Vale.
- Luego...

📎 13-16, 23

---

11. Explique a sus alumnos/as que van a escuchar dos diálogos en los que unos turistas reciben la explicación del camino a pie para llegar al Capitolio desde la Plaza de Bolívar. Haga referencia a la nota del margen en la que se indican los números ordinales (que indican orden). Haga hincapié en la concordancia en género de estos con el sustantivo al que acompañan. Ponga la audición y pídales que escuchen y lean el texto. En una segunda audición, pídales que marquen la opción que escuchan. Después, se comenta la solución en clase abierta.

b. A continuación, remítalos/as a los cuatro símbolos y pídales que vuelvan a leer el texto para deducir su significado. Si lo cree adecuado, explique que en Hispanoamérica no se usa el verbo **coger** (muy frecuente en España) y, en su lugar, se emplea el verbo **tomar** o **agarrar**.

c. Pida a sus alumnos/as que vuelvan a leer los diálogos y que marquen en el plano de 10 el camino al Museo del Oro siguiendo las indicaciones del diálogo. En parejas, comparan sus resultados. Durante la actividad, pasee entre las mesas y compruebe que todos han marcado el camino correcto.

d. Presente a sus alumnos/as la tabla con los recursos para describir un camino. Muéstreles además el paradigma del verbo **seguir** en el margen y coménteles que pertenece al grupo de los verbos que cambian la **e** por la **i**. Comente además que, para mantener la pronunciación del infinitivo, en la primera persona desaparece la **u** (**sigo**). Si lo cree conveniente, plantee el desarrollo de este apartado dividiendo primero a la clase en parejas y, después, asignando a cada alumno/a un lugar sin que su compañero/a lo escuche. Deles tiempo para preparar sus descripciones del camino. Cuando hayan acabado y corregido sus textos, dígales que se lo lean a su compañero/a para que intente adivinar de qué lugar se trata.

Y después

Puede llevar a clase un plano del TransMilenio y pedir a sus alumnos/as que marquen la ruta que hace Alberto en **9 a**. Tiene un plano en la ficha fotocopiable 17.

Si lo cree conveniente, diga a sus alumnos/as que cierren los libros y propóngales escuchar la locución del texto de **10**. Dígales que, en una primera audición, tomen notas de los lugares que se nombran. Propóngales, en una segunda audición, tomar notas de más detalles de cada lugar.

Para realizar **11 c y d**, puede repartir el plano ampliado de **10** que encontrarán en la ficha fotocopiable 18.

MÁS QUE PALABRAS
Repaso del vocabulario mediante combinaciones de palabras.

Procedimientos

12. Pida a sus alumnos/as que lean los verbos y la lista de palabras. Aclare posibles dudas de vocabulario. Dígales que escriban individualmente todas las combinaciones posibles con cada uno de los verbos. Explíqueles que se puede facilitar el aprendizaje del vocabulario observando su funcionamiento. Para ello, haga que se fijen en las preposiciones que los acompañan a menudo y que aprendan las expresiones completas. Por ejemplo **ir** + **de** indica un evento: **ir de compras, ir de vacaciones**…; **ir** + **en** indica medio de transporte: **ir en tren, ir en coche**…; **ir** + **a** indica dirección: **ir al cine, ir a casa**… Para la puesta en común, pida a un/a estudiante que comience diciendo el primer verbo. En cadena, cada persona dice una combinación posible con ese verbo sin repetir los que ya han sido mencionados, lo que les obliga a escuchar atentamente. Cuando se hayan agotado las posibilidades, la siguiente persona continúa con otro verbo y así sucesivamente hasta completar todos los verbos.

TAREA FINAL: UN PASEO POR NUESTRA CIUDAD
Práctica de los recursos para describir una ciudad o un barrio.

Procedimientos

13. a. Divida a la clase en grupos y explíqueles que van a elaborar un folleto sobre su ciudad o sobre un barrio de la misma en español. Puede plantear que cada grupo haga una guía propia, o bien que cada grupo se encargue de un apartado. Acuerde el número de lugares que deberán incluir en cada apartado. Pídales que escriban para cada monumento, restaurante y tienda una breve descripción y una breve indicación del camino desde la escuela. Anímelos/as a utilizar los recursos que han aprendido en toda la unidad.

b. Una vez corregidas las guías, ofrezca a sus alumnos/as la posibilidad de presentarlas al resto de la clase. Cada grupo hace su presentación. Pídales que durante las presentaciones estén atentos/as y anoten posibles preguntas para obtener más información sobre la ciudad o el barrio que han presentado los demás. Pida a todos los grupos que formulen al menos una pregunta a los/as compañeros/as del grupo que ha presentado.

---

6 POR LA CIUDAD

MÁS QUE PALABRAS

12 Haz una lista de las combinaciones posibles. ¡Cuidado con las preposiciones!

ir **tomar**
subir **seguir**
bajar **girar**
cruzar

de compras	al teatro	en bicicleta	a pie
al metro	en avión	a la derecha	la primera calle
en la próxima parada		del autobús	de vacaciones
un puente	un café	el autobús	la línea 8
a la izquierda	una copa	todo recto	un tren directo
a un concierto	a una torre	la plaza	la calle

bajar del autobús,
Ir de compras, al teatro, en bicicleta, a pie, al metro, en avión, a la derecha, a la izquierda, todo recto, a un concierto, a una torre. Subir al metro, en la próxima parada, a una torre. Bajar en la próxima parada, del autobús, todo recto, la calle. Cruzar la primera calle, un puente, la plaza, la calle. Tomar la primera calle, un café, el autobús, la línea 8, una copa, un tren directo. Seguir todo recto. Girar a la derecha, a la izquierda.

✏ 18, 19, 21, 22

TAREA FINAL: UN PASEO INVENTADO POR NUESTRA CIUDAD

13 a. En grupos, situad en un plano cerca de la escuela cinco lugares interesantes: monumentos, restaurantes, tiendas, etc. (si no los hay, os los podéis inventar). Luego, preparáis una pequeña guía para nuevos/as estudiantes con información y cómo llegar desde la escuela.

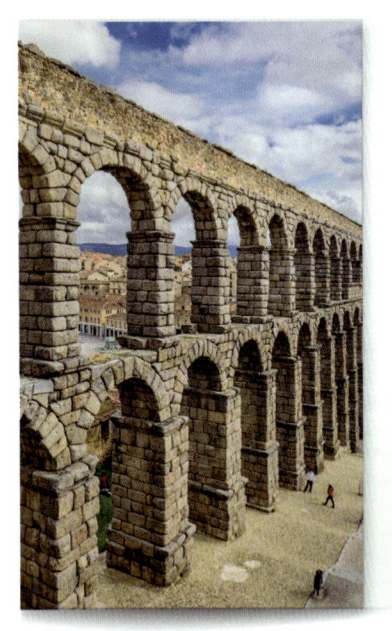

CIUDAD

MONUMENTOS PARA VISITAR

RESTAURANTES

TIENDAS

b. Presentad vuestra guía al grupo.

▶ 5 – ¿DÓNDE HAY UNA FARMACIA?

Antes de ver el vídeo

1 Piensa en el lugar donde vives y completa las frases posibles.
   a. Para ir a… tienes que atravesar…
   b. Si vas a…, pasas por debajo de un puente.
   c. … está justo aquí al lado.
   d. Para llegar a…, tienes que subir una cuesta.
   e. Para…, tienes que bajar unas escaleras.

Vemos el vídeo

2 Ve el cortometraje sin sonido. Haz hipótesis sobre el argumento y compártelas con tus compañeros/as.

3 Ahora, ve el vídeo con sonido, comprueba tus hipótesis y escribe un resumen de la historia.

4 Completa la frase y compártela con tus compañeros/as. ¿Coincidís?

   La intención de este corto es… *criticar el uso excesivo de aplicaciones móviles que hace perder el contacto con la gente.*

Después de ver el vídeo

5 Comenta con tus compañeros/as.
   a. Cuando no sabes llegar a un lugar, ¿le preguntas a alguien o usas tu móvil?
   b. ¿Qué cosas buenas y malas tiene usar una aplicación de mapas? ¿Y preguntarle a alguien?
   c. ¿Tienes buen sentido de la orientación?

¿DÓNDE HAY UNA FARMACIA?

Entender un vídeo en el que una chica usa una *app* para llegar a una farmacia.

Antes de empezar

Pregunte a sus alumnos/as, si utilizan con frecuencia aplicaciones como Google Maps, HERE WeGo… ¿Cuándo? ¿En qué contextos? ¿Les funcionan siempre? También puede empezar por el ejercicio **5**, en lugar del **1**. A continuación, explíqueles que van a ver un cortometraje en el que la protagonista va a usar una de estas aplicaciones.

Procedimientos

1. Antes de ver el vídeo, pida a sus estudiantes que piensen en el lugar donde viven actualmente y que intenten completar el mayor número de frases. De esta manera, activarán los recursos aprendidos en la unidad justo antes de ver cómo son usados en un contexto concreto.

2. Explique a sus estudiantes que van a ver un vídeo donde una chica camina por toda la ciudad. Dígales que van a ver el vídeo dos veces y que, en este primer visionado sin sonido, tienen que fijarse en las acciones más destacadas de la protagonista. ¿De qué creen que trata la historia? Haga una puesta en común en clase abierta.

3. Durante el segundo visionado, pídales que tomen notas y, una vez acabado, haga que escriban un resumen de la historia. Realice una puesta en común en clase abierta. Después, puede hacer el ejercicio de la ficha fotocopiable 19.

4. Haga que completen la frase **La intención del corto es…** y que la comparen con la de un/a compañero/a. ¿Todos/as coinciden?

5. Forme grupos de tres o cuatro personas y pídales que contesten y comenten las preguntas que se proponen. Pasee por el aula y escuche sus producciones. No interrumpa, si no lo cree estrictamente necesario.

PANAMERICANA: COLOMBIA

Comprensión lectora global con información cultural sobre Colombia. Repaso de algunos recursos de la unidad.

Antes de empezar

En la sesión previa, diga a sus alumnos/as que el próximo día trabajarán en clase con ese texto. Dígales que, si quieren, pueden prepararlo en casa con el diccionario. Anímelos/as también a preparar sus respuestas al ejercicio 1, que corregirán y comentarán en la clase siguiente. Invítelos/as a escuchar la locución en la/s variedad/es del español que prefieran. Escriba en la pizarra la palabra **Colombia** y pregunte a sus alumnos/as qué saben de este país. Apunte lo que digan en la pizarra y dígales que el texto de la actividad les dará más información sobre Colombia y su cultura.

Procedimientos

1. Pida a sus estudiantes que lean el texto de la actividad para sí mismos/as. Al tiempo que lo lee, pídales que subrayen las palabras que no entiendan. Haga una puesta en común en clase abierta para definir las palabras que desconocen. A continuación, pídales que contesten a las preguntas que se plantean.

Solución
1. Sí. La frase "tenemos [...] las costas del Pacífico o del Caribe".
2. Barranquilla es conocida por el carnaval.
3. La cumbia es un ritmo latino muy popular.
4. Las calles van de norte a sur y las carreras van de este a oeste.
5. Shakira, que es una cantante muy famosa; Gabriel García Márquez, que fue escritor y ganó el Premio Nobel de Literatura; y Fernando Botero, pintor y escultor muy famoso.

2. Si tiene un grupo de un mismo país, formule las preguntas del enunciado en voz alta y apunte sus respuestas en la pizarra. En caso contrario, haga grupos de trabajo con estudiantes de diferentes países y una puesta en común en clase abierta.

---

6 POR LA CIUDAD

PANAMERICANA

COLOMBIA

Me llamo Belinda y soy colombiana. Hablar de Colombia es hablar de música, de baile, de selva, de mar... Se dice que los colombianos tienen tres pasiones: el fútbol, el baile y ¡las telenovelas!

Es difícil presentar mi país en pocas palabras: tenemos grandes metrópolis, como Bogotá y Medellín, pero también una naturaleza muy variada con los Andes, la selva amazónica y las costas del Pacífico o del Caribe. Allí hay ciudades hermosas, como Cartagena y Barranquilla, una ciudad famosa por el carnaval y el origen de uno de los ritmos latinos más populares: la cumbia. ¿Sabes quién es también de Barranquilla? La cantante Shakira.

El 70 % de la población de Colombia vive en las ciudades. Como en muchas ciudades de Latinoamérica, las calles no tienen nombre, sino números. Se llaman "calles" cuando van de norte a sur y "carreras" cuando van de este a oeste. Solo las avenidas tienen nombre. Las ciudades colombianas son muy dinámicas. La gente va en coche o en autobús.

Antioquia, Colombia

Estamos muy orgullosos de Gabriel García Márquez, nuestro Premio Nobel de Literatura, y de Fernando Botero, quizá el pintor y escultor más famoso de Latinoamérica. Sus figuras son gordas y bellas.

1 Responde a estas preguntas sobre el texto.

1. ¿Colombia tiene mar? ¿Qué información del texto lo aclara?
2. ¿Qué ciudad es conocida por una fiesta popular? ¿De qué fiesta se trata?
3. ¿Qué es la cumbia?
4. ¿Cuál es la diferencia entre calle y carrera?
5. ¿Qué tres personajes famosos de Colombia aparecen en el texto? ¿En qué disciplina destaca cada uno?

2 ¿Cuáles son las tres ciudades más famosas de tu país? ¿Por qué es importante cada una?

PANAM - campus difusión   20

Texto mapeado
Texto locutado

ochenta y tres **83**

6 POR LA CIUDAD

COMUNICACIÓN

DESCRIBIR UNA CIUDAD
Sevilla es una ciudad con mucho ambiente.
En el barrio de Santa Cruz hay muchos bares.
Hay un barrio antiguo con muchos monumentos.

PREGUNTAR Y DECIR DÓNDE SE ENCUENTRA ALGO
¿Dónde hay un restaurante por aquí?
El barrio de Triana está al lado del río.
La catedral está al principio / al final de la calle.

PEDIR INFORMACIÓN
¿Dónde se pueden comprar las entradas?
¿Tiene un plano de la ciudad?
¿Me puede recomendar un hotel barato?
¿Sabe si el Alcázar abre los lunes?
¿A qué hora cierra el museo?
¿Cuánto cuesta una entrada para el museo?
¿Hay visitas guiadas en la catedral?
¿De dónde sale el autobús para Triana?

EXPRESAR NECESIDAD
Tengo que comprar sellos.
Tienes que tomar el autobús.
Tiene que cruzar la plaza.

INDICAR EL CAMINO

Primero	toma(s) el autobús número 8.
Después	sigue(s) todo recto hasta la catedral.
Luego	cruza(s) el parque.
Al final	gira(s) a la izquierda.

LOS NÚMEROS ORDINALES

primero/a	quinto/a	noveno/a
segundo/a	sexto/a	décimo/a
tercero/a	séptimo/a	
cuarto/a	octavo/a	

TIPOS DE TRANSPORTE

	en avión.
	en tren.
	en coche.
Vamos / Me gusta ir	en autobús.
	en metro.
	en bicicleta.
	a pie.

GRAMÁTICA

HAY

- ¿Dónde **hay** un restaurante típico?
- **Hay** dos confiterías en la calle Sierpes.
- En el barrio de Santa Cruz **hay** muchos bares.

Para hablar de la existencia de una cosa o persona usamos **hay** con el artículo indeterminado, números, **mucho** o **poco**.

ESTÁ(N)

- ¿Dónde **está** la oficina de turismo?
- El barrio de Triana **está** al lado del río.
- ¿Dónde **están** los cuadros de Goya?

Para hablar del lugar de una cosa o persona determinada usamos **estar** con el artículo determinado.

EXPRESIONES DE LUGAR

a la derecha (de)	cerca (de)	en
a la izquierda (de)	lejos (de)	entre... y...
delante (de)	al lado (de)	aquí
detrás (de)	enfrente (de)	ahí

- El bar está cerca.
- Está cerca **de la** estación.
- Está cerca **del** hotel.

EL USO DE LAS PREPOSICIONES A Y EN

DESTINO → ¿ADÓNDE?	LUGAR → ¿DÓNDE?
• Vamos **a** España. • Voy **al** teatro a las ocho.	• Alberto está **en** Bogotá. • Va **en** autobús.

LA CONTRACCIÓN DEL ARTÍCULO

A + EL = AL	DE + EL = DEL
• Vamos **a la** Giralda. • ¿Para ir **al** Alcázar?	• Está al lado **de la** catedral. • Está cerca **del** parque.

	SER	IR	ESTAR	SEGUIR
yo	**soy**	**voy**	**estoy**	s**i**go
tú	**eres**	**vas**	**estás**	s**i**gues
él, ella, usted	**es**	**va**	**está**	s**i**gue
nosotros/as	**somos**	**vamos**	estamos	seguimos
vosotros/as	**sois**	**vais**	estáis	seguís
ellos, ellas, ustedes	**son**	**van**	**están**	s**i**guen

Con el verbo **ser** normalmente identificamos, expresamos profesión y origen, y describimos el carácter.

- Esta ciudad **es** Bogotá.
- Fernando Botero **es** colombiano.
- Juan y Marta **son** muy simpáticos.

Para expresar localización, usamos el verbo **estar**.

- ¿Dónde **está** el Museo Botero?

Otros verbos como **seguir**, con irregularidad vocálica en la raíz (e → i): **pedir**, **servir**.

> SOY CAROLINA Y SOY COLOMBIANA. VIVO EN MEDELLÍN, PERO SOY DE BOGOTÁ. SOY DISEÑADORA WEB, PERO SIGO TRABAJANDO COMO PROFESORA DE ESPAÑOL EN VERANO, CUANDO ESTOY EN CASA DE MIS PADRES.

En esta unidad, sus estudiantes van a tener la oportunidad de pedir información sobre alojamientos y reservar una habitación de hotel, expresar acuerdo y desacuerdo, y reclamar, disculparse y aceptar disculpas. Para ello, van a aprender expresiones de frecuencia, marcadores temporales, los verbos irregulares con –g– en la primera persona, el pretérito perfecto y los participios irregulares. Además, van a conocer la isla española de Mallorca y dos países de habla hispana: Cuba y Ecuador.

7 EL PLACER DE VIAJAR

Comunicación
- Reservar una habitación de hotel
- Pedir información
- Expresar acuerdo y desacuerdo: **A mí también**, **A mí tampoco**, **(Pues) A mí sí**, **(Pues) A mí no**
- Expresiones de frecuencia
- Marcadores temporales
- Dirigirse a alguien para reclamar, disculparse, aceptar disculpas

Léxico
- Tipos de alojamiento y servicios
- El ocio y el turismo
- Reclamaciones

Gramática
- Los pronombres de objeto indirecto
- **Mucho/a/os/as**, **muy**, **mucho**
- Los verbos irregulares con -g- en la primera persona
- El pretérito perfecto
- Los participios irregulares

Cultura
- Mallorca
- Cuba
- **Vídeo 6** Este lugar es un sueño
- **PANAMERICANA** Ecuador

3 RAZONES PARA VISITAR MALLORCA

SU NATURALEZA
En el norte de Mallorca hay rutas de montaña perfectas para hacer senderismo. La costa este de la isla es ideal para descansar en la playa y tomar el sol, nadar o hacer deporte.

SU CULTURA

Museos, monumentos y la famosa catedral en el centro histórico: Palma ofrece todo para el turista urbano. ¿Qué tal un concierto de piano en Valldemosa o visitar galerías de arte en Pollensa?

SU GASTRONOMÍA

Comer *tumbet*, un plato de verdura exquisito, y probar una ensaimada, el dulce típico mallorquín… ¡es un placer!

1 Lee esta información sobre Mallorca. ¿Qué cosas se pueden hacer allí? Utiliza los verbos de las etiquetas.

| visitar | hacer | tomar | ir a | comer |

- En Mallorca se pueden hacer excursiones a la montaña.

ACT 1 - campus ⚡ difusión

- Texto mapeado
- Texto locutado

EL PLACER DE VIAJAR
Introducir el tema de la unidad. Vocabulario básico para hablar de ciudades turísticas.

Antes de empezar

En la sesión previa, diga a sus alumnos/as que el próximo día trabajarán en clase con las páginas 86 y 87. Propóngales prepararlas en casa con el diccionario. Anímelos/as también a preparar sus respuestas a la actividad **1**, que corregirán en la clase siguiente. Invítelos/as a escuchar la locución en la/s variedad/es del español que prefieran. Con el libro cerrado, escriba en la pizarra **Mallorca** y pregunte a sus estudiantes si saben a qué país pertenece esta isla (España). A continuación, en clase abierta, pídales que digan cualquier dato que conozcan sobre ella. Apunte la información correcta en la pizarra a modo de lluvia de ideas.

Procedimientos

1. Pídales que lean los textos que hay en esta doble página introductoria sobre Mallorca. Aclare las posibles dudas de vocabulario. A continuación, pídales que usen los verbos de las etiquetas para explicar qué cosas se pueden hacer en Mallorca. Remítalos/as al modelo de lengua. Deles unos minutos, antes de hacer una puesta en común en clase abierta.

¿TE GUSTA ESTA HABITACIÓN?

Introducir vocabulario relacionado con el alojamiento. Presentar y practicar recursos para reservar una habitación.

Antes de empezar

En la sesión previa, diga a sus alumnos/as que el próximo día harán en clase la actividad 2. Dígales que, si quieren, la preparen en casa con el diccionario. Anímelos/as también a preparar sus respuestas al apartado 2 a, que corregirán en la clase siguiente. Invítelos/as a escuchar la locución en la/s variedad/es del español que prefieran. Si lo cree conveniente, proponga la lectura en casa de la ficha de lectura 9.

Procedimientos

2. a. Pida a sus alumnos/as que lean los anuncios de los dos alojamientos. Anímelos/as a que pregunten el significado de las palabras desconocidas bien a su compañero/a o bien a usted mismo/a. A continuación, pídales que intenten relacionar los servicios que ofrecen con los pictogramas.

b. En parejas, comenten el alojamiento que prefieren y por qué. ¿Cuántas parejas coinciden y se pueden ir de viaje juntos/as? Si lo cree oportuno, pueden trabajar o comentar ahora la ficha de lectura 9.

c. Divida la clase en grupos de tres o cuatro personas. Plantee la pregunta del enunciado como tema de discusión. Remítalos/as al léxico del margen derecho. Pídales que lleguen a un consenso y que, después, describan al resto de la clase su alojamiento ideal. ¿Qué grupo es el más exigente?

3. Pida a sus alumnos/as que lean la siguiente conversación telefónica en la que un/a cliente/a hace la reserva de una habitación de hotel. Individualmente o en parejas, haga que lo completen con las palabras de las etiquetas. Realice una puesta en común en clase abierta.

---

7 EL PLACER DE VIAJAR

¿TE GUSTA ESTA HABITACIÓN?

2 a. En parejas. Lee los anuncios y habla con tu compañero/a. ¿Qué significan los símbolos?

Hotel Islas Honderos
Santa Ponsa

aire acondic. · wifi · gimnasio · piscina
baño · TV · restaurante · playa · aparcamiento

Situación
Cerca de la playa, con vistas al mar.

Alojamiento
Habitaciones con baño, calefacción, aire acondicionado, TV, wifi y minibar.

Servicios
Desayuno bufé, restaurante con terraza, gimnasio, sauna, piscina, discoteca, aparcamiento.

Finca Costa Tramontana
Tramontana

alquiler bicis · jardín · pista tenis

Situación
En la Sierra de Tramontana, a pocos metros de la costa.

Alojamiento
4 dormitorios con baño, salón con sofá cama y TV, decoración de estilo tradicional. Terraza.

Servicios
Restaurante con cocina regional, 1000 m² de jardín, piscina, aparcamiento, pista de tenis y alquiler de bicicletas.

- El primero significa baño.

b. ¿Qué alojamiento prefieres? ¿Por qué?

- Yo prefiero la finca Costa Tramontana porque se pueden alquilar bicicletas.

c. ¿Cómo tiene que ser un alojamiento para ti durante tus vacaciones?

- Para mí un hotel tiene que tener el desayuno incluido.

---

3 Lee este diálogo y complétalo con las palabras de las etiquetas.

| reserva | piscina | trabajo | acondicionado | vistas | aparcamiento |
| habitación | desayuno | precio | internet | baño completo |

- Buenos días. Hotel Paraíso.
- Buenos días. Quería reservar una _habitación_ para los días 14 y 15.
- ¿Doble o individual?
- Individual y con _baño completo_, por favor. ¿El hotel tiene gimnasio y piscina?
- Lo siento, no tenemos gimnasio, pero hay _piscina_ y sauna.
- ¿Y la conexión a _internet_ es buena? Viajo por _trabajo_.
- Sí, hay wifi en todas las habitaciones.
- ¿El _precio_ de la habitación incluye el desayuno?
- Sí, por supuesto. El _desayuno_ está incluido. Es bufé libre.
- ¿Las habitaciones tienen aire _acondicionado_, verdad?
- Sí. Y _vistas_ al mar.
- Muy bien. ¿Cuánto cuesta la habitación?
- Son 75 euros la noche. ¿Hacemos la _reserva_?
- Sí, perfecto. Llegaré el día 14 sobre las nueve de la noche.
- Perfecto. Si viene en coche, tenemos _aparcamiento_ gratis para clientes.
- Estupendo. Muchas gracias.

ACT 2a · campus difusión

- Texto mapeado
- Texto locutado

1, 2

Tipos de alojamiento

una habitación
› doble
› individual
› exterior
› interior
› tranquila
› ruidosa
› con ducha
› con baño completo
› con balcón
› con vistas al mar
› con televisión
› con wifi
› para 3 noches
› para 1 semana

un hotel
una casa rural
› con aparcamiento
› con piscina

¿QUÉ ME RECOMIENDAS?

4 a. 🔊 34 – Escucha el diálogo. Lorena pide recomendaciones a un amigo de Mallorca. ¿Qué lugar le recomienda?

b. 🔊 34 – Escucha otra vez y marca verdadero (V) o falso (F), según las preferencias de sus padres.

	V	F
1. A su padre **le** gusta la montaña.		X
2. A su madre **le** encanta la playa.		X
3. No **les** molesta el ruido.		X
4. A su madre **le** gusta hacer deporte.	X	
5. A su padre **le** interesa la naturaleza.		X
6. A ambos **les** interesa un hotel barato.	X	

ACT 4 a - campus difusión

› **Gramaclips** › Gustar

---

5 Mira la tabla y complétala con los pronombres.

PRONOMBRES TÓNICOS		PRONOMBRES ÁTONOS	
(A mí)		me	
(A ti)		te	
(A él / ella / usted)	(no)	le	gusta Mallorca.
(A nosotros/as)		nos	encantan los museos.
(A vosotros/as)		os	interesa hacer deporte.
(A ellos / ellas / ustedes)		les	molesta el ruido.

Pronombres tónicos

Además de **me**, **te**, **le**..., añadimos **a** + pronombre tónico cuando queremos resaltar la persona de la que hablamos:

- ¿Qué les gusta a tus padres?
- **A él** le encanta la playa y **a ella** leer.

---

6 Escribe cuatro o cinco preguntas para conocer los gustos de tu compañero/a cuando viaja y toma notas.

¿Te gusta caminar?

7 Escribe el perfil de tu compañero/a como viajero/a. Puedes añadir una foto.

A Martha le gusta mucho...

📄 3, 4, 17

¿QUÉ ME RECOMIENDAS?
Hablar de gustos y preferencias en las vacaciones. Presentar los pronombres de objeto indirecto.

Observaciones

Sóller es una pequeña ciudad situada en el noroeste de Mallorca a 27 km de la capital, Palma. Hay una antigua línea de tren eléctrico que une las dos localidades y que se ha conservado con el mismo trayecto y maquinaria desde principios del siglo xx. Existe un tranvía desde la estación central a la playa.

Antes de empezar

Si lo cree conveniente, inicie la secuencia con la actividad **1** del Cuaderno de ejercicios para introducir así los verbos **gustar** y **encantar**. Posteriormente, puede realizar las actividades del libro de clase por este orden: **5**, **4**, **6** y **7**.

Procedimientos

4. a. Explique a sus alumnos/as que van a escuchar una conversación telefónica entre Lorena y un amigo suyo de Mallorca. **¿Qué lugar de Mallorca recomienda el amigo a los padres de Lorena? ¿Por qué?**

Solución

Sóller, porque tiene montaña y mar.

b. En la segunda audición, sus alumnos/as marcan verdadero o falso en la lista de las preferencias del padre y de la madre.
Si lo cree necesario, dígales que corrijan sus respuestas ayudándose de la transcripción. Hágales notar que **le** sirve tanto para el masculino como para el femenino y que el plural es **les**.

5. Pida a sus alumnos/as que completen el cuadro amarillo con los pronombres átonos que faltan. Hágales ver que el verbo **gustar** funciona como otros muchos verbos: **molestar**, **interesar**, **encantar**... Después de la puesta en común en clase abierta, remítalos/as al apartado del margen derechos y aclare dudas.

6. y **7.** En parejas, sus alumnos/as preguntan a su compañero/a para conocer sus gustos cuando viaja y toman notas para poder escribir el texto que se pide en **7**. Una vez corregido el texto, cada pareja presenta el perfil de su compañero/a y deciden si son buenos/as compañeros/as de viaje.

GUSTOS Y PREFERENCIAS

Presentar recursos para expresar acuerdo o desacuerdo. Verbos con -g- en la primera persona.

Antes de empezar

En la clase previa, diga a sus alumnos/as que en la siguiente clase trabajarán con el texto de 10 a. Anímelos/as a prepararlo en casa con ayuda del diccionario y a escuchar el texto locutado en la variedad que prefieran.

Procedimientos

8. Señale las dos viñetas y sus respectivos diálogos. Pida a sus alumnos/as que intenten traducirlos a su/s lengua/s. ¿Entienden bien el significado de **también** y **tampoco**? Aclare posibles dudas al respecto. Para asegurarse de que lo han entendido, diríjase a unos/as estudiantes con ejemplos como **Me gusta la montaña, ¿y a ti?** y anímelos/as a contestar.

9. Sus alumnos/as hablan con sus compañeros/as y comparten sus gustos cuando están de viaje. Puede proponer que busquen a la persona más afín para viajar. Si lo cree conveniente, puede plantear este apartado primero por escrito y en parejas. De este modo, cada alumno/a escribirá cinco o seis frases sobre sus gustos de viaje empleando las expresiones propuestas. A continuación, intercambiarán sus frases y anotarán sus respuestas empleando los recursos vistos (**a mí también**, **a mí tampoco**, etc.). Cuando se sientan seguros/as, dígales que cambien ahora de compañeros/as y comenten sus preferencias de viaje de manera oral, reaccionando adecuadamente.

10. a. Pida a sus alumnos/as que lean el texto propuesto sobre las vacaciones de Thomas. Van a hacer dos lecturas, la primera para responder verdadero o falso a las afirmaciones que aparecen después del texto. Anímelos/as a utilizar el diccionario si lo necesitan y permita que comparen sus respuestas con las de su compañero/a antes de la puesta en común.

b. A continuación, pídales que marquen los verbos del texto, que los copien en la lista del apartado y que deduzcan el infinitivo de cada uno. Haga una puesta en común y remítalos/as al apartado del margen derecho *Verbos con -g- en la primera persona*.

Y después

Para seguir practicando con este tipo de verbos irregulares, puede repartir la ficha fotocopiable 20.

---

7 EL PLACER DE VIAJAR

GUSTOS Y PREFERENCIAS

8 ¿Entiendes el significado de **también** y **tampoco** en estas situaciones? Traduce estos diálogos a tu lengua.

— ME ENCANTA TOMAR EL SOL.
— A MÍ TAMBIÉN.
— PUES A MÍ NO...

— NO ME GUSTAN LAS VACACIONES EN LAS CIUDADES.
— A MÍ TAMPOCO.
— PUES, A MÍ SÍ.

9 Ahora habla con otras personas de la clase y comparte tus gustos cuando estás de viaje o de vacaciones.

| me encanta | (no) me gusta | me molesta |

- Me encanta la comida picante.
- Pues a mí no.

10 a. Lee este texto sobre las vacaciones de Thomas y responde.

> Me llamo Thomas y tengo 58 años. Cada año vengo a Mallorca de vacaciones porque me gusta mucho el clima y la comida. Tengo muchos amigos que también vienen cada verano. Mi rutina es simple: voy a la playa, hago excursiones por la naturaleza, salgo a pescar y nunca digo que no a una buena cena... Cada año paso aquí cuatro o cinco semanas. Normalmente, prefiero los meses de junio y julio, pero si puedo, estoy aquí hasta septiembre.

	V	F
1. Thomas veranea en Mallorca cada año.	X	
2. Conoce a mucha gente que vive en la isla.		X
3. A Thomas no le gusta la comida de Mallorca.	X	
4. Siempre viaja a la isla en verano.	X	
5. A Thomas no le gusta la rutina, prefiere improvisar.		X

b. Haz una lista con los verbos del texto y escribe su infinitivo.

me llamo	→ llamarse	hago	→ hacer
tengo	→ tener	salgo	→ salir
vengo	→ venir	digo	→ decir
me gusta	→ gustar	prefiero	→ preferir
vienen	→ venir	puedo	→ poder
es	→ ser	estoy	→ estar
voy	→ ir		

📄 5, 6, 19, 24

ACT 10 a - campus difusión

📄 Texto mapeado
🔊 Texto locutado

Verbos con -g- en la primera persona

- hacer: **hago**, haces, ...
- poner: **pongo**, pones, ...
- venir: **vengo**, vienes, ...
- decir: **digo**, dices, ...
- salir: **salgo**, sales, ...
- traer: **traigo**, traes, ...

📄 9, 10

EXPERIENCIAS DE VIAJES

11 a. Lee este correo electrónico y marca las actividades que hace Lucía en sus vacaciones.

Mensaje nuevo

Queridos Javi y Montse:

¡La isla es una maravilla! <u>En estas vacaciones</u> he vivido experiencias inolvidables. <u>Hasta ahora</u> he visitado el centro histórico de La Habana, he paseado por el malecón e incluso he bailado salsa. Pero también he visto el famoso Ballet Nacional de Cuba y he ido a un concierto al aire libre.

<u>Esta mañana</u> he hecho una excursión a una fábrica de tabaco. Hemos ido en autobús, que aquí se llama "guagua". <u>Todavía no</u> he tenido tiempo para tomar el sol en la playa o nadar en el Caribe, y solo tengo dos días más. ¡Es que el tiempo pasa volando! No quiero volver a España. Y vosotros, ¿<u>ya</u> habéis comprado los billetes para Mallorca?

Un abrazo,
Lucía

- ☒ visitar La Habana
- ☐ tomar el sol
- ☒ pasear por el malecón
- ☒ ir a un concierto
- ☐ nadar
- ☒ bailar salsa
- ☐ pasear por la playa
- ☐ beber ron
- ☒ visitar una fábrica de tabaco

b. Marca en el correo todos los verbos en pretérito perfecto y completa la tabla.

EL PRETÉRITO PERFECTO		FORMAS IRREGULARES	
he		decir	dicho
has	visit**ado**	hacer	hecho
ha	com**ido**	poner	puesto
hemos	viv**ido**	ver	visto
habéis		escribir	escrito
han		volver	vuelto

-ar → -ado
-er → -ido
-ir → -ido

c. Ahora, subraya en el correo las expresiones de tiempo que acompañan a los verbos en pretérito perfecto y escribe una frase con cada una.

En estas vacaciones he conocido a mucha gente nueva.

El pretérito perfecto

El pretérito perfecto se usa para acciones pasadas
- dentro de un período de tiempo no terminado, con expresiones como **hoy**, **esta semana**, **este año**...
- cuando hacemos referencia a experiencias con expresiones como **ya**, **alguna vez**, **todavía (no)**.

---

12 a. Completa estas frases con las formas del pretérito perfecto.

| comer | dormir | estar | hablar | hacer | pasar | visitar |

1. ¿Has **dormido** alguna vez en un hotel de 5 estrellas? ¿Dónde?
2. ¿Has **comido** alguna vez platos típicos de México? ¿Cuáles?
3. ¿Has **hablado** alguna vez español en un viaje? ¿Con quién?
4. ¿Has **estado** en España o en Latinoamérica? ¿Dónde?
5. ¿Has **visitado** alguna vez un museo de historia? ¿Dónde?
6. ¿Has **hecho** un viaje organizado? ¿Adónde?
7. ¿Has **pasado** alguna vez las vacaciones en tu país? ¿Dónde?

b. Haz las preguntas del cuestionario a dos compañeros/as. Luego presenta en clase dos datos interesantes.

EXPERIENCIAS DE VIAJE

Hablar de experiencias de viajes. El pretérito perfecto de los verbos regulares y algunos participios irregulares. Diferenciar entre **muy** y **mucho**.

Antes de empezar

En la sesión previa, anticipe a sus estudiantes que en la siguiente clase aprenderán un tiempo del pasado: el pretérito perfecto. Dígales que, si lo desean, se preparen en casa haciendo los apartados 11 a y 11 b, con ayuda del diccionario y del resumen de gramática de la página 99. Si lo cree oportuno, propóngales también hacer en casa la ficha de lectura 10. Note que EXPERIENCIAS DE VIAJE abarca las actividades de esta página y de la siguiente.

Procedimientos

11. a. Explique a sus estudiantes que van a leer un correo electrónico que Lucía ha enviado a unos amigos desde Cuba, en el que cuenta sus experiencias en la isla. Lea primero las expresiones de abajo y explíqueles que tienen que buscar en el correo si Lucía ha hecho esas actividades o no. Deles unos minutos antes de la puesta en común.

b. En el correo de Lucía aparece el pretérito perfecto. Anímelos/as a marcar en el texto todas las formas nuevas. Escriba en la pizarra los ejemplos que vayan mencionando y pregunte por el infinitivo. Pídales que completen la tabla amarilla con las formas que encuentran en el correo y deduzcan su formación (presente del verbo **haber** + participio). Remítalos/as a la explicación que hay en el margen sobre el uso del perfecto y los marcadores temporales que suelen aparecer con él.

c. Para practicar las expresiones de tiempo que suelen acompañar al pretérito perfecto, pida a sus alumnos/as que las busquen en el texto y que escriban una frase con cada una de ellas. Deje que comparen sus frases con las de un/a compañero/a y las corrijan antes de la puesta en común en clase abierta.

12. a. Pida a sus alumnos/as que completen las frases con el participio del verbo adecuado. Para comprobar los resultados, siete estudiantes leen por turnos una frase.

b. Divida la clase en grupos de tres e invítelos/as a que se hagan entre ellos/as las preguntas de 12 a. Cada alumno/a elige dos preguntas y el resto responde. No pueden repetir ninguna. Después, un/a estudiante de cada grupo cuenta a la clase dos experiencias que han tenido sus compañeros/as. Puede seguir practicando el pretérito perfecto con la ficha fotocopiable 21.

EXPERIENCIAS DE VIAJE

Procedimientos

13. Para empezar, escriba en la pizarra dos frases en perfecto sobre usted, una verdadera y otra falsa, y anime a sus alumnos/as a descubrir cuál es la falsa. Procure que sean interesantes para despertar la curiosidad de sus estudiantes. A continuación, propóngales a que escriban cinco frases sobre lo que han hecho en sus vacaciones: cuatro verdaderas y una falsa. Una vez corregidas, en pequeños grupos, cada miembro lee sus frases y el resto decide qué información les parece falsa.

14. Si lo cree conveniente, puede proponer trabajar o comentar las actividades de la ficha de lectura 10 como introducción de 14. Sus alumnos/as tienen que imaginarse que van a hacer un viaje y que han preparado esta lista con lo que tienen que hacer. De momento, solo han podido hacer algunas cosas. Pídales que marquen en la lista tres cosas que ya han hecho como preparación del viaje. En parejas, cada persona tiene cinco intentos para descubrir lo que ya ha hecho su compañero/a. Aclare las expresiones **ya** y **todavía no** y anime a la clase a preguntar y contestar siguiendo el modelo.

15. a. Explique a sus alumnos/as que van a escuchar a una chica que habla de sus vacaciones y pídales que tomen nota sobre el destino, medio de transporte y cómo ha sido el viaje. Anímelos/as a intentar responder a las preguntas sin mirar la transcripción. Si, no obstante, se lo piden, permítales usarla.

Solución

Ha ido a Yucatán. Ha ido primero en avión y ahí en autobús. Le ha gustado mucho.

b. Pídales que marquen las informaciones correctas según la misma audición. Puede ponerla una segunda vez o bien antes para facilitar el ejercicio o bien después para comprobar la solución. Note que estas frases son ejemplos de uso de **muy** y **mucho**. Si sus alumnos/as no están familiarizados con la terminología lingüística (adverbios, adjetivos, etc.), haga hincapié en los ejemplos para asegurarse de que entienden cuándo se usan estas palabras. Si lo cree conveniente, propóngales traducir algunas frases de su L1 o lengua vehicular al español.

16. a. Pida a la clase que se fijen en las frases de **15 b** y que las traduzcan a su lengua. Pregúnteles cómo han traducido **muy** y **mucho** en cada caso. Llame su atención sobre la regla que hay en el margen derecho y pídales que la completen, así como la tabla amarilla.

b. Explique a sus alumnos/as que en este texto una persona habla de sus problemas con el alojamiento y pídales que lo completen con **muy** o **mucho/a/os/as**. La solución se comprueba en clase abierta.

---

7 EL PLACER DE VIAJAR

EXPERIENCIAS DE VIAJES

13 Cada persona piensa en sus últimas vacaciones y escribe cinco frases: cuatro verdaderas y una falsa. Luego, lee las frases. ¿Quién adivina la frase falsa?

14 En los viajes, ¿organizas o improvisas? Mañana te vas de viaje a Ecuador con otra persona de la clase. Comenta con él o ella los preparativos del viaje. Utiliza las expresiones de la lista y añade información nueva.

> ACT 14 - campus difusión
>
> › **Los lex** › De viaje A1

- comprar los billetes
- alquilar un coche
- cambiar dinero
- reservar el hotel
- bajarse / comprarse una guía de Ecuador
- contactar con el consulado
- reservar mesa en un restaurante
- hacer el equipaje
- vacunarse
- hacer el itinerario del viaje
- cambiar dinero
- ...

• ¿Has comprado los billetes?
• Sí, ya los he comprado.

15 a. 🔊 35 - Grizel habla de sus vacaciones. Escucha y toma notas.

1. ¿A dónde ha ido?
2. ¿En qué medio de transporte?
3. ¿Qué tal el viaje?

b. 🔊 35 - Escucha otra vez y marca la información correcta.

- ☒ Los autobuses son muy buenos.
- ☒ Yucatán le ha gustado mucho.
- ☐ Ha viajado mucho en coche.
- ☒ Las ciudades mayas le han impresionado mucho.
- ☒ Ha comido platos típicos muy ricos.
- ☐ Ha tenido muchos problemas en el viaje.

16 a. Mira la tabla y complétala. ¿Cómo se dice **muy** y **mucho** en tu lengua?

MUCHO/A/OS/AS	MUY	MUCHO
much**o** turismo	Es una casa **muy** bonita.	Me interesa **mucho**.
much**a** gente	Aquí se vive **muy** bien.	Vamos *mucho* a la playa.
much**os** hoteles	Un viaje *muy* interesante.	Me gusta **mucho** viajar.
much**as** ideas	Comemos platos **muy** ricos.	Viajo **mucho** en tren.

¿Muy o mucho?

Muy se usa delante de adjetivos y adverbios, *mucho* se usa después de verbos.

b. Lee y completa con **muy** o **mucho/a/os/as**.

❝ A nosotros nos gusta *mucho* viajar, pero a veces es *muy* caro, sobre todo si vamos a un hotel. Tenemos *muchos* problemas porque somos una familia *muy* grande y por eso vamos *mucho* a la casa de los abuelos en el campo. Además, para mí es *muy* difícil encontrar un hotel adecuado porque el ruido me molesta *mucho*. En mi trabajo viajo bastante. Este año, por ejemplo, he viajado *mucho* y he estado en *muchos* hoteles *muy* ruidosos. ¡Y yo necesito *mucho* silencio! ❞

📝 11, 23

NO HAY NADA PERFECTO

17 a. 🔊 36-38 – Escucha estas conversaciones y anota al lado de cada una dónde pasan estas situaciones.

b. 🔊 36-38 – Escucha otra vez y lee los diálogos. Luego busca las expresiones adecuadas para completar la tabla de abajo.

1 En un restaurante
- Oiga, por favor.
- Dígame.
- Perdone, pero no he pedido sopa, sino ensalada.
- ¿Ensalada? Disculpe, ahora mismo la traigo.
- No pasa nada.

2 En un hotel
- Buenas noches.
- Buenas noches. ¿En qué le puedo ayudar?
- Mire, es que tengo un pequeño problema. He reservado la habitación con bañera y solo tengo ducha.
- Lo siento. Ha sido un error. Enseguida le damos una con bañera.
- Está bien. Gracias.

3 En un alquiler de coches
- Buenas tardes.
- Buenas tardes. Mire, ya hemos llamado por teléfono. Tenemos un problema con el coche que hemos alquilado esta mañana. Es que el aire acondicionado no funciona.
- Ah, sí, perdone las molestias. Ya tenemos otro coche para usted. Aquí están las llaves.
- Gracias. Muy amable.

ACT 17 - campus difusión

Texto mapeado

¡QUÉ CALOR!

DIRIGIRSE A ALGUIEN PARA RECLAMAR	DISCULPARSE	ACEPTAR DISCULPAS
Oiga, por favor. Perdone, … Mire, …	Disculpe. Ahora mismo… Lo siento. Ha sido un error. Enseguida… Perdone las molestias.	No pasa nada. Está bien. Gracias. Gracias. Muy amable.

c. En parejas, prepara y practica los diálogos de estas dos situaciones para reclamar, disculparte y aceptar disculpas.

1. **En un restaurante**, estás enfadado/a porque no te han traído lo que has pedido. En vez de un agua con gas, te han traído agua sin gas. La pizza lleva jamón en vez de salami y te han servido vino tinto en lugar de blanco. Llamas al / a la camarero/a.

2. **En un hotel**, estás enfadado/a porque no te han reservado lo que has pedido. Querías una habitación exterior con bañera y balcón, y te han dado todo lo contrario. Hablas con la persona de la recepción.

✏️ 12, 13

NO HAY NADA PERFECTO
Presentar los recursos necesarios para llamar la atención de una persona, reclamar, pedir disculpas y reaccionar.

Antes de empezar

En la sesión previa, avise a sus alumnos/as de que en la siguiente clase trabajarán con las audiciones de **17 a**. Anímelos/as a escucharlas en casa y a preparar sus respuestas a **17 a**, que compararán en la siguiente clase. Propóngales también marcar en la transcripción las palabras que no entienden y que intenten deducir su significado.

Procedimientos

17. a. Explique a sus alumnos/as que van a escuchar tres diálogos. Ponga la audición y, con los libros cerrados, pídales que se concentren en el lugar donde ocurren las situaciones. Recuerde que el objetivo principal es familiarizar a sus estudiantes con las situaciones como actividad de prelectura. Deje que escriban sus respuestas encima de cada diálogo, antes de hacer una puesta en común en clase abierta.

b. Ponga la audición por segunda vez y pida a sus alumnos/as que lean los diálogos al mismo tiempo. Haga que busquen en los diálogos las expresiones necesarias para rellenar la tabla verde.

c. Divida la clase en parejas y pídales que representen las situaciones propuestas. Por turnos, una persona hace de cliente/a y la otra de camarero/a o recepcionista, por ejemplo: **Perdone, yo no he pedido agua sin gas, sino con gas…** Deles unos minutos para prepararse, pudiendo escribir y corregir sus diálogos, e invítelos/as a representarlos.

MÁS QUE PALABRAS
Repaso del vocabulario mediante combinaciones de palabras. Antónimos.

Procedimientos

18. Muestre a sus alumnos/as las cuatro palabras en etiquetas que tienen que combinar con las palabras de la cuadrícula. Fije un tiempo para que escriban todas las combinaciones posibles que se les ocurran. Aclare que no solo pueden utilizar las propuestas de la actividad, sino también otras palabras. En cadena, comienzan a leer las combinaciones de la primera palabra (**viaje**), hasta agotar todas las posibilidades. Pida a sus estudiantes que estén atentos/as para no repetir las que ya se han mencionado. Repita el proceso con las otras tres palabras propuestas.

19. Explique a sus alumnos/as que tienen que buscar y escribir el contrario (o antónimo) de las palabras y expresiones propuestas. Adviértales de que en algunos casos hay más de una posibilidad y de que, en otros, no hay un contrario perfecto. Permítales usar el diccionario y haga una puesta en común en clase abierta para la corrección.

TAREA FINAL: UNA INFOGRAFÍA DE MIS VACACIONES
Hacer una infografía sobre unas vacaciones reales o inventadas.

Antes de empezar

Explique que una **infografía** es una representación gráfica que pretende explicar o resumir una información, combinando iconos como imágenes, gráficos, etc.

Procedimientos

20. Muestre a sus alumnos/as la infografía que aparece en esta actividad sobre unas vacaciones en Mallorca. Pídales que la tomen como modelo y que hagan otra infografía de un viaje. Si la hacen en papel, pueden dibujar o imprimir fotos de internet. Deles tiempo para realizarla y pasee por el aula por si necesitan su ayuda. Para presentar la infografía a la clase, recomendamos que la proyecte en grande (si se ha hecho en un soporte digital, o sáquele una foto, si se ha hecho en papel).

---

7 EL PLACER DE VIAJAR

MÁS QUE PALABRAS

18 Palabras en compañía. Anota combinaciones posibles y añade otras. Luego comparte tus listas con el resto de la clase.

- viaje
- hotel
- habitación
- restaurante

doble	por España	con bañera	de una semana	en un tren
ruidoso/a	con cocina tradicional		al Caribe	con dos camas
para una semana	con terraza		interior	con balcón
con vistas al mar		de 3 estrellas	típico/a	con piscina
elegante	barato/a		con la familia	a 10 minutos del centro

un viaje por España, de una semana, en un tren, al Caribe, típico/a, barato/a, con la familia.
un hotel ruidoso/a, con dos camas, para una semana, con vistas al mar, de 3 estrellas, con piscina, elegante, barato/a, a 10 minutos del centro.
una habitación doble, con bañera, para una semana, con terraza, interior, con balcón, con vistas al mar, barato/a.
un restaurante en un tren, ruidoso/a, con cocina tradicional, con vistas al mar, típico/a, elegante, barato/a.

19 Escribe los contrarios de estas palabras o expresiones. Puede haber más de una posibilidad. Si lo necesitas, puedes usar el diccionario. Luego, compara con tus compañeros/as.

1. Barato/a — Caro/a
2. Ruidoso/a — Tranquilo/a, silencioso/a
3. Doble — Individual
4. Cerca del centro — Lejos del centro
5. Elegante — Feo/a, cutre, hortera
6. Divertido/a — Aburrido/a
7. Cama individual — Cama doble
8. Cocina tradicional — Cocina moderna
9. Hacer una reserva — Anular una reserva
10. Viaje cultural — Viaje laboral

TAREA FINAL: UNA INFOGRAFÍA DE MIS VACACIONES

20 Has ido a Mallorca de vacaciones. Mira el ejemplo y crea tu propia infografía con imágenes y textos para resumir tu viaje. Luego, preséntalo en clase.

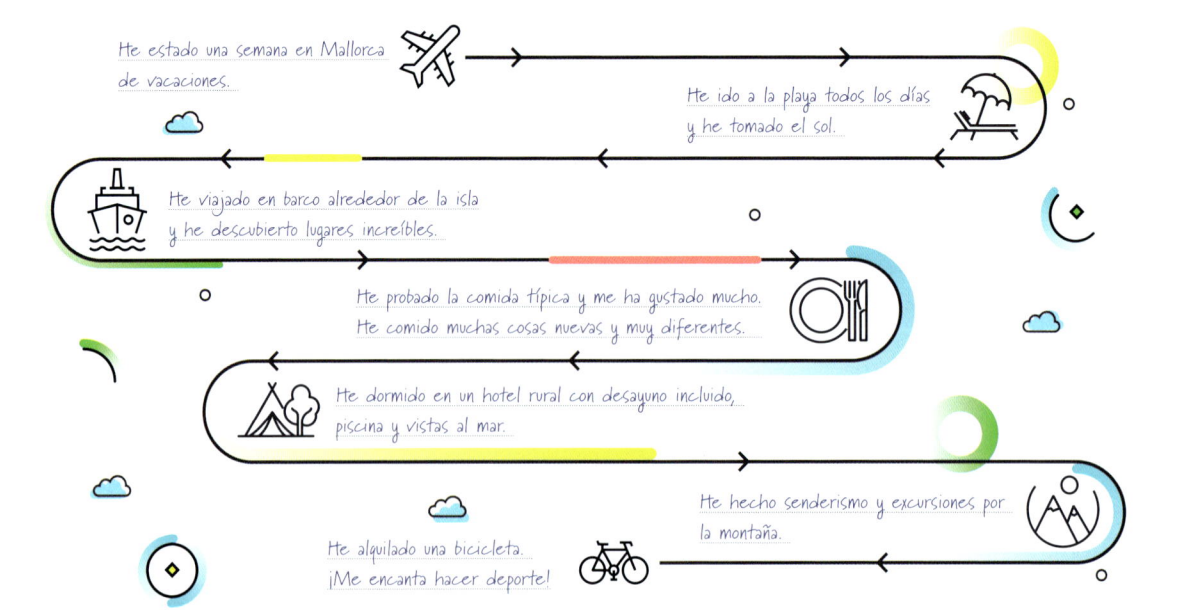

He estado una semana en Mallorca de vacaciones.

He ido a la playa todos los días y he tomado el sol.

He viajado en barco alrededor de la isla y he descubierto lugares increíbles.

He probado la comida típica y me ha gustado mucho. He comido muchas cosas nuevas y muy diferentes.

He dormido en un hotel rural con desayuno incluido, piscina y vistas al mar.

He alquilado una bicicleta. ¡Me encanta hacer deporte!

He hecho senderismo y excursiones por la montaña.

VÍDEO

▶ 6 – ESTE LUGAR ES UN SUEÑO

Antes de ver el vídeo

1 Marca las frases que se corresponden con tu realidad. Luego, coméntalo con tus compañeros/as.

- a. No uso ninguna red social. ☐
- b. Solo uso una red social. ☐
- c. Uso varias redes sociales. ☐
- d. Publico muchas fotos de mi vida diaria. ☐
- e. Solo publico fotos de momentos especiales. ☐
- f. No publico fotos, pero me gusta mucho ver las fotos de mis amigos y conocidos. ☐
- g. Si publico algo en las redes, me afecta si la gente no responde o comenta. ☐

Vemos el vídeo

2 Anota qué información da la protagonista sobre estos temas.
- a. Las playas
- b. El hotel
- c. La gente
- d. Sus fotos del viaje

3 Resume el argumento en una frase. Luego, compara con el resto de la clase. ¿Coincidís?

Después de ver el vídeo

4 Comenta con tus compañeros/as qué imagen proyecta la gente de sí misma en internet. ¿Todo el mundo dice la verdad?

ESTE LUGAR ES UN SUEÑO
Entender un vídeo en el que una chica cuenta su viaje por videoconferencia a una amiga.

Antes de empezar

Si lo cree oportuno, en la sesión previa, informe a sus alumnos/as de que en la siguiente sesión trabajarán con el vídeo de la actividad. Deles la oportunidad de verlo en casa si lo desean y de preparar sus respuestas para el ejercicio **2**. Propóngales ayudarse de los subtítulos si lo necesitan.

Procedimientos

1. Antes de ver el vídeo, pida a sus estudiantes que marquen las frases que se correspondan con su realidad. Haga una puesta en común de manera que todos puedan opinar. Recuérdeles que pueden usar **yo sí**, **yo también**, **yo no** y **yo tampoco**.

2. Explique a sus estudiantes que van a ver un vídeo donde una chica cuenta a una amiga por videoconferencia el viaje que está haciendo. Dígales que van a ver el vídeo dos veces y que, en este primer visionado, tienen que fijarse en lo que dice la protagonista sobre los cuatro temas propuestos. Pídales que tomen notas y haga una puesta en común en clase abierta.

Solución

a. Las playas son preciosas, el agua es cristalina y la arena es blanca. Y hay mucha vegetación. b. Es maravilloso. Es muy pequeño pero tiene de todo: habitaciones con vistas al mar, piscina y un restaurante con mucha variedad de comida local. c. La gente es muy abierta y es muy fácil entenderse. d. No ha sacado fotos.

3. Durante el segundo visionado, pídales que tomen notas. Después haga que escriban un resumen de la historia en una sola línea. Realice una puesta en común en clase abierta. A continuación, puede hacer el ejercicio de la ficha fotocopiable 22.

4. Forme grupos de tres o cuatro personas y pídales que contesten y comenten el tema que se propone en la actividad. Pasee por el aula y escuche sus producciones. No interrumpa, si no lo cree estrictamente necesario.

PANAMERICANA: ECUADOR

Comprensión lectora global con información cultural sobre Ecuador. Repaso de algunos recursos de la unidad.

Antes de empezar

En la sesión previa, diga a sus alumnos/as que el próximo día trabajarán en clase con el texto sobre Ecuador. Dígales que, si quieren, lo preparen en casa con el diccionario. Anímelos/as también a preparar sus respuestas a los ejercicios **1** y **2**, que corregirán y comentarán en la clase siguiente. Invítelos/as a escuchar la locución en la/s variedad/es del español que prefieran. Escriba en la pizarra la palabra **Ecuador** y pregunte a sus alumnos/as qué saben de este país. Apunte lo que digan en la pizarra y dígales que el texto de la actividad les dará más información sobre Ecuador y su cultura.

Procedimientos

1. Pida a sus estudiantes que lean el texto de la actividad para sí mismos/as. Al tiempo que lo lee, pídales que subrayen las palabras que no entiendan. Haga una puesta en común en clase abierta para definir las palabras que desconocen. A continuación, pídales que elijan una palabra o expresión clave para cada párrafo.

Solución

1. El cacao.
2. Las haciendas.
3. Las islas Galápagos.
4. Catequilla.
5. Guayaquil y Quito.

2. A continuación, pídales que marquen como verdaderas o falsas las afirmaciones de este ejercicio, teniendo siempre en cuenta la información que aparece en el texto que acaba de leer. Además, tienen que corregir las frases que consideren erróneas.

Solución

1. Ecuador es el segundo productor de cacao en Latinoamérica.
2. Las haciendas ofrecen alojamiento en el entorno rural.
5. Guayaquil es la ciudad más grande de Ecuador, pero la capital es Quito.

3. Si tiene un grupo de un mismo país, formule las preguntas del enunciado en voz alta y apunte sus respuestas en la pizarra. En caso contrario, haga grupos de trabajo con estudiantes de diferentes países y una puesta en común en clase abierta.

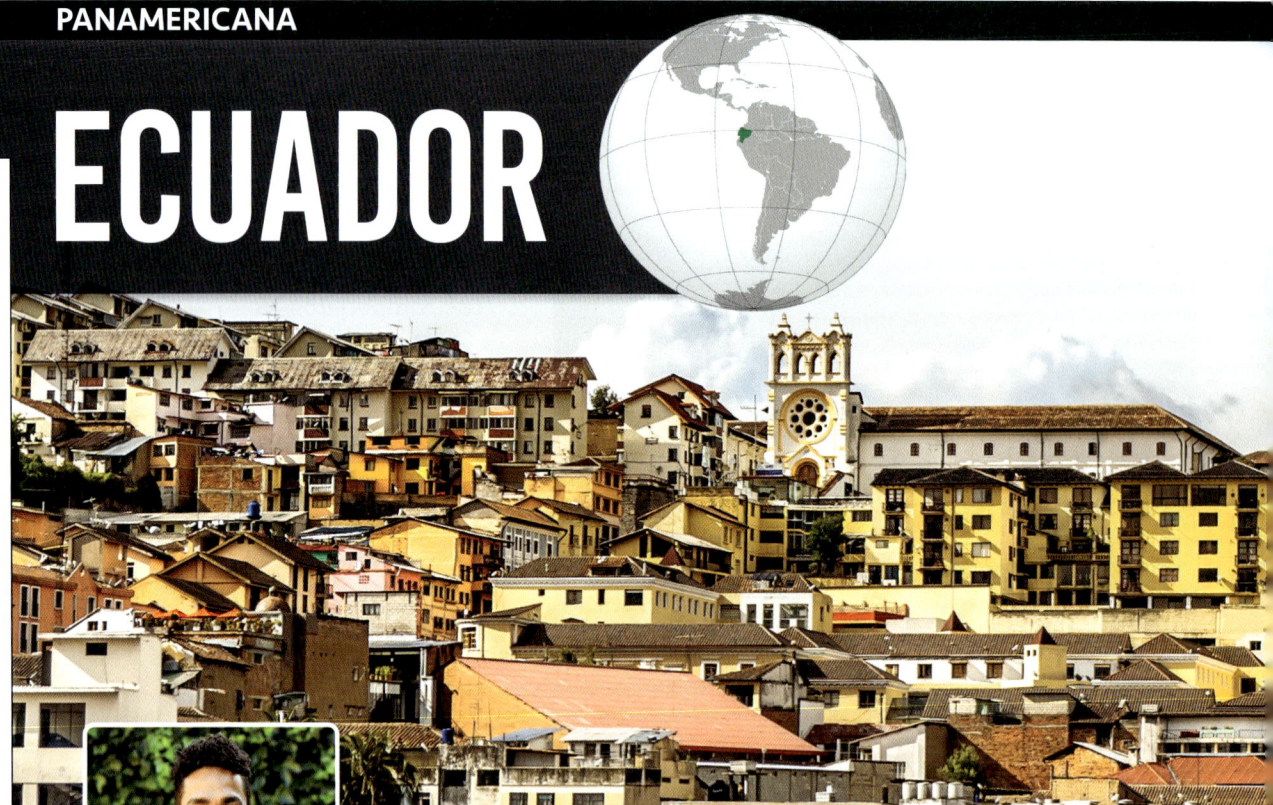

---

7 EL PLACER DE VIAJAR

PANAMERICANA

ECUADOR

¡Hola! Me llamo Héctor y soy ecuatoriano. Vivo en Bélgica y soy profesor de español. Estoy muy feliz de presentarles mi país.

Ecuador es el segundo productor de cacao en Latinoamérica, por detrás de Brasil. El cacao es una planta tropical y sus semillas son la base del chocolate.

En muchas regiones del país se puede hacer turismo rural en las "haciendas", casas tradicionales que ofrecen alojamiento y, además, muchas posibilidades para hacer excursiones. También hay haciendas en "la ruta del cacao" con visitas guiadas para ver su producción. Es una oportunidad maravillosa para disfrutar de la naturaleza y además aprender cómo se produce el cacao.

Si quieres pasar unos días inolvidables en el paraíso, visita las islas Galápagos. Son catorce islas que están en el océano Pacífico, a casi 1000 km del continente. Allí se pueden observar animales increíbles, como iguanas y tortugas. El 97 % del territorio es parque nacional. Las islas son un tesoro que tenemos que proteger.

Otro lugar que a mí me gusta mucho es el mirador de Catequilla. Por Catequilla pasa el ecuador, una línea imaginaria que

Quito, Ecuador

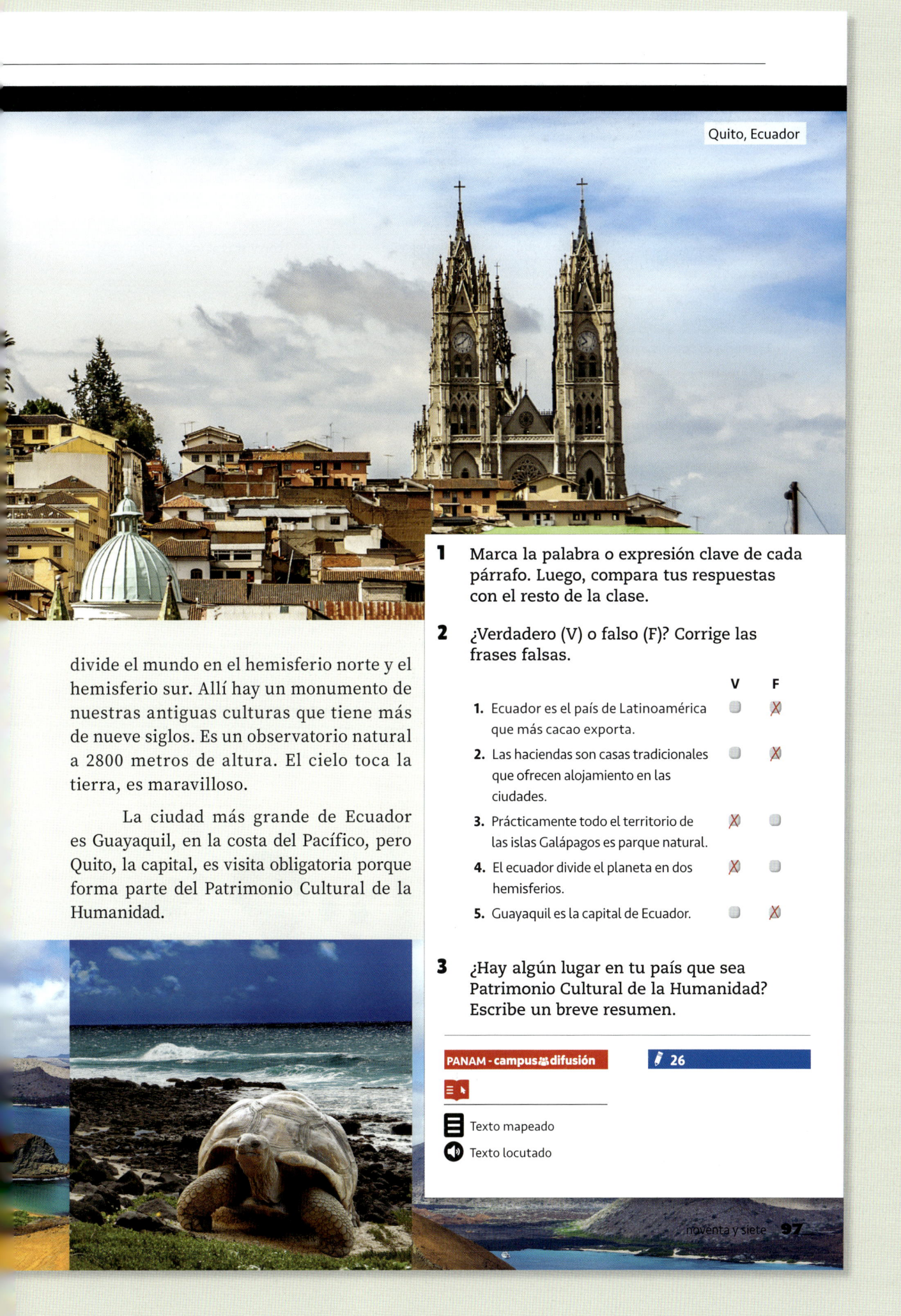

divide el mundo en el hemisferio norte y el hemisferio sur. Allí hay un monumento de nuestras antiguas culturas que tiene más de nueve siglos. Es un observatorio natural a 2800 metros de altura. El cielo toca la tierra, es maravilloso.

La ciudad más grande de Ecuador es Guayaquil, en la costa del Pacífico, pero Quito, la capital, es visita obligatoria porque forma parte del Patrimonio Cultural de la Humanidad.

1 Marca la palabra o expresión clave de cada párrafo. Luego, compara tus respuestas con el resto de la clase.

2 ¿Verdadero (V) o falso (F)? Corrige las frases falsas.

	V	F
1. Ecuador es el país de Latinoamérica que más cacao exporta.		X
2. Las haciendas son casas tradicionales que ofrecen alojamiento en las ciudades.		X
3. Prácticamente todo el territorio de las islas Galápagos es parque natural.	X	
4. El ecuador divide el planeta en dos hemisferios.	X	
5. Guayaquil es la capital de Ecuador.		X

3 ¿Hay algún lugar en tu país que sea Patrimonio Cultural de la Humanidad? Escribe un breve resumen.

PANAM - campus difusión 26

Texto mapeado
Texto locutado

7 EL PLACER DE VIAJAR

COMUNICACIÓN

RESERVAR UNA HABITACIÓN DE HOTEL

Quiero una habitación…

doble.	individual.	exterior.	interior.
con ducha.	con baño completo.	con balcón.	con vistas al mar.
para tres noches.	para una semana.		

PEDIR INFORMACIÓN

¿**El precio es con** desayuno incluido?

¿**El** hotel **tiene** garaje / piscina / aire acondicionado?

¿**Dónde puedo** alquilar un coche / una bicicleta?

¿**A qué hora** sale el próximo autobús para el aeropuerto?

DIRIGIRSE A ALGUIEN PARA RECLAMAR	DISCULPARSE	ACEPTAR DISCULPAS
Oiga, por favor…	**Disculpe**.	**No pasa nada**.
Mire, es que tengo un pequeño problema.	**Lo siento. Ha sido un error**.	**Está bien, gracias**.
Perdone, pero la ducha está un poco sucia.	**Perdone las molestias**.	**Gracias, muy amable**.

	EXPRESAR ACUERDO	EXPRESAR DESACUERDO
• Viajo mucho.	■ Yo también.	♦ (Pues) Yo no.
• No como carne.	■ Yo tampoco.	♦ (Pues) Yo sí.
• Me encanta la playa.	■ A mí también.	♦ (Pues) A mí no.
• No me gustan los hoteles.	■ A mí tampoco.	♦ (Pues) A mí sí.

MARCADORES TEMPORALES

hoy

esta mañana / tarde / noche

este fin de semana / mes / año

alguna vez

muchas veces

ya

todavía no

nunca

¿YA HABÉIS TERMINADO EL EXAMEN?

YO SÍ. YA HE TERMINADO.

TODAVÍA NO, ¡UN MOMENTITO!

GRAMÁTICA

LOS PRONOMBRES DE OBJETO INDIRECTO

TÓNICOS	ÁTONOS	
(A mí)	me	
(A ti)	te	
(A él / ella / usted)	le	gusta viajar.
(A nosotros/as)	nos	encantan los museos.
(A vosotros/as)	os	interesa Mallorca.
(A ellos / ellas / ustedes)	les	molesta el ruido.

Además de **me**, **te**, **le**..., añadimos **a** + pronombre tónico cuando queremos resaltar la persona de la que hablamos. Sin embargo, los pronombres tónicos no pueden sustituir a los átonos.

- **A mí me** gusta mucho viajar = **Me** gusta mucho viajar.

Cuando el objeto está delante del verbo, tiene que repetirse con un pronombre átono.

- **A Carmen le** gusta la montaña.

MUCHO/A/OS/AS | MUY / MUCHO

MUCHO/A/OS/AS	MUY / MUCHO
mucho turismo	Es una casa muy bonita.
mucha gente	Aquí se vive muy bien.
muchos problemas	Me interesa mucho.
muchas ideas	Vamos mucho a la playa.

Mucho/a concuerda con el nombre.

Muy acompaña a adjetivos y adverbios.

Mucho va detrás del verbo o solo y es invariable.

- ¿Te gusta la montaña?
- Sí, **mucho**.

VERBOS IRREGULARES CON -G- EN LA PRIMERA PERSONA

HACER	PONER	SALIR	TRAER	DECIR	VENIR
ha**go**	pon**go**	sal**go**	tra**igo**	di**go**	ven**go**
haces	pones	sales	traes	dices	vienes
hace	pone	sale	trae	dice	viene
hacemos	ponemos	salimos	traemos	decimos	venimos
hacéis	ponéis	salís	traéis	decís	venís
hacen	ponen	salen	traen	dicen	vienen

EL PRETÉRITO PERFECTO

	HABER	PARTICIPIO
yo	he	
tú	has	
él, ella, usted	ha	visit**ado** (-**ar**)
nosotros, nosotras	hemos	com**ido** (-**er**)
vosotros, vosotras	habéis	viv**ido** (-**ir**)
ellos, ellas, ustedes	han	

Las formas de **haber** van siempre delante del participio.

- Este año **he viajado** a Mallorca.

El pretérito perfecto se usa para acciones pasadas
- dentro de un período de tiempo no terminado, con expresiones como **hoy**, **esta semana**, **este año**...
- cuando hacemos referencia a experiencias con expresiones como **alguna vez**, **todavía no**, **ya**, **muchas veces**, **nunca**...

PARTICIPIOS IRREGULARES

HACER	DECIR	PONER	VER	IR	SER	ABRIR	ESCRIBIR	VOLVER
hecho	dicho	puesto	visto	ido	sido	abierto	escrito	vuelto

- Me llamo Sara Márquez y soy de Perú. Soy periodista y me encanta viajar. Este año ya he visitado varios países de la Panamericana. He ido a México, El Salvador y Colombia. Esta semana he llegado a Ecuador y he ido a las islas Galápagos. He visto animales y lugares increíbles y he hecho muchísimas fotos.

**HABLAMOS DE CULTURA:
NO TODO ES DIFERENTE**
Reflexionar sobre algunos aspectos culturales y compararlos con la cultura propia.

Procedimientos

1. a. Pida a sus estudiantes que respondan de manera personal a las seis preguntas de este pequeño cuestionario sobre relaciones personales. Incida en que no hay respuestas correctas ni incorrectas. Antes de la puesta en común en clase abierta, permítales comparar sus respuestas con uno/a o dos compañeros/as, sobre todo si tiene un grupo plurinacional.

b. Explique a sus alumnos/as que van a escuchar una entrevista a diferentes hispanohablantes. Lea en voz alta las cinco preguntas que se le hacen a los/as entrevistados/as. Insista en que, antes de toda audición, tienen que saber el tema del que va a tratar, prever el léxico que aparecerá y en su caso, leer las opciones. No se trata de entender todos los detalles de la entrevista, sino de reconocer las informaciones que propone la actividad. Anímelos/as a intentar realizar la actividad sin leer la transcripción, al menos una vez. Ponga la audición una primera vez y deje que comparen brevemente con un/a compañero/a. Vuelva a poner la audición y pida a algunos/as voluntarios/as que digan sus respuestas. Después, deje tiempo para comentar aspectos que les han llamado la atención.

Solución

1. Es un lugar donde puedes encontrarte con amigos, tomar algo o comer.
2. Una cervecita y una tapa.
3. No, ni en Bolivia ni en Argentina.
4. Lo paga todo una persona.
5. En España, a partir de las nueve y media. En Bolivia, a las ocho. En Argentina, a las diez y en Chile, a las ocho.

2. Formule en voz alta la pregunta del enunciado y explique a sus alumnos/as que tienen que relacionar el concepto de la izquierda con la explicación de la derecha. Permítales comparar sus respuestas con un/a compañero/a.

8 MIRADOR
Unidad de repaso

HABLAMOS DE CULTURA: NO TODO ES DIFERENTE

1 a. Marca en el cuestionario tu respuesta personal. Luego, compara los resultados con los de tus compañeros/as.

1. Un bar es para mí un lugar
   ☐ para tomar copas.
   ☐ para cenar.
   ☐ para encontrarse con amigos/as.

2. Normalmente voy a un bar
   ☐ por la mañana.
   ☐ por la tarde.
   ☐ por la noche.

3. Si voy con amigos/as a un bar de tapas,
   ☐ cada persona pide una o dos tapas.
   ☐ pedimos tapas para todos/as.
   ☐ una persona decide por todos/as.

4. Si voy con amigos/as a un bar,
   ☐ cada persona paga su bebida / comida.
   ☐ alguien paga toda la cuenta.
   ☐ la cuenta se divide entre todos/as.

5. En mi país cenamos normalmente
   ☐ a las seis.
   ☐ entre las seis y las ocho.
   ☐ después de las ocho.

6. Si no hay una mesa libre,
   ☐ voy a otro bar / restaurante.
   ☒ espero en la barra.
   ☐ pregunto si puedo compartir una mesa.

NO HAY RESPUESTAS CORRECTAS NI INCORRECTAS.

b. 🔊 39 – Escucha una entrevista con hispanohablantes de diferentes países y responde.

1. ¿Qué se hace normalmente en un bar?
2. ¿Qué se toma en España en un bar después del trabajo?
3. ¿Hay bares de tapas en todos los países hispanohablantes?
4. Según el audio, ¿quién suele pagar lo que come o bebe?
5. ¿A qué hora se cena en España, Bolivia, Argentina y Chile?

2 ¿Quieres ampliar tus conocimientos sobre la cultura de los países hispanohablantes? Lee y relaciona.

1. Una cesta — [3] los pasajeros no se sientan al lado del taxista.
2. La cuenta — [2] en un restaurante la paga una persona o se divide entre todos.
3. En un taxi — [6] es una pequeña tienda que vende sellos, postales y cigarrillos.
4. El desayuno — [1] de Navidad es un regalo típico con especialidades de comida.
5. La propina — [4] no siempre está incluido en el precio de un hotel.
6. Un estanco — [5] es el dinero que se da al / a la camarero/a por el servicio; se deja en la mesa.

AHORA YA SABEMOS

3 a. Comprar en el mercado. ¿Quién dice estas frases normalmente?

	el / la vendedor/a	el / la cliente/a	ambos/as
1. Aquí tiene.			X
2. ¿Algo más?	X		
3. Deme medio kilo.		X	
4. ¿Cuánto es?		X	
5. Eso es todo.		X	
6. ¿Tiene manzanas?		X	
7. En total son 12 euros.	X		
8. Sí, 100 g de jamón.		X	
9. Lo siento, hoy no tengo.	X		
10. ¡Hasta la próxima!			X

b. 🔊 40 – Escucha estas cuatro preguntas y anota el número en la respuesta correspondiente.

[3] En la estación directamente. Hay una aquí cerca.
[2] Claro. El Sol es bueno y no es muy caro.
[1] No, es interior y muy tranquila.
[4] A las ocho de la tarde.

c. 🔊 41 – Escucha y haz lo mismo con estas preguntas.

[5] Sí, todos los días a las 11 h.
[6] En julio no, solo en agosto.
[8] Entre 15 y 30 euros.
[7] En la próxima parada.

---

4 a. Piensa en una ciudad y responde a estas preguntas. Tus compañeros/as adivinan.

1. ¿Cómo es? _____
2. ¿Dónde está? _____
3. ¿Qué hay? _____
4. ¿Qué te gusta? _____
5. ¿Qué no te gusta? _____

b. ¿Qué te gusta hacer cuando visitas una ciudad por primera vez? Puedes añadir otras actividades. Marca y compara con tus compañeros/as. 📝 1-3

- visitar monumentos
- ir a museos
- ir de compras
- hacer fotos
- tomar algo en una terraza
- probar la comida típica
- hacer un recorrido en bici
- pasear por el centro a pie
- ir a conciertos / al cine

AHORA YA SABEMOS
Repasar expresiones y preguntas útiles en situaciones cotidianas. Repasar actividades propias de quien visita una ciudad por primera vez.

Procedimientos

3. a. Explique a sus estudiantes que van a repasar algunas expresiones útiles en situaciones cotidianas. Escriba en la pizarra: **Aquí tiene** y pregunte en voz alta: **¿Quién dice esta frase normalmente: un/a vendedor/a, un/a cliente/a o ambos/as?** Pida a sus estudiantes que decidan lo mismo con las diez expresiones que hay en este apartado. Si quiere facilitar el ejercicio, puede decirles que solo hay dos expresiones que sirven para ambas personas. Deles unos minutos y haga una puesta en común en clase abierta.

b. y **c.** Pida a sus alumnos/as que cierren el libro un momento. Lea en voz alta las frases de estos dos apartados y pregunte a la clase: **¿Qué creéis que son estas frases?** Aguarde por la contestación correcta: **respuestas**. Explíqueles que van a escuchar primero cuatro preguntas y después otras cuatro, y que ellos/as solo tienen que enlazar la pregunta que oyen con su respuesta escribiendo el número de la pregunta antes de la frase. Antes de la puesta en común de ambos apartados, permítales comparar sus opciones con las de un/a compañero/a. Si lo cree más adecuado, puede realizar estos apartados de uno en uno. También puede pasar la audición una segunda vez y dejarles que se ayuden de la transcripción, si lo necesitan.

4. a. Pídales que piensen en una ciudad famosa y que respondan a las preguntas de este apartado. El resto de la clase tiene que adivinar de qué ciudad se trata.

b. Muestre a sus alumnos/as las actividades de este apartado y pídales que marquen en la lista lo que les gusta hacer cuando visitan una ciudad por primera vez o que escriban otras preferencias no mencionadas. Los resultados se comentan en clase abierta. Para ello, puede ir preguntando, por ejemplo: **¿A quién le gusta visitar monumentos?** y anotar los resultados en la pizarra. ¿Cuáles son las actividades preferidas del grupo? Como alternativa, en parejas, sus alumnos/as marcan sus prioridades y buscan coincidencias. Anímelos/as a presentar a la clase algunos resultados siguiendo un modelo como el siguiente: **A los/as dos nos gusta pasear por el centro a pie. A mí me gusta ir de compras, pero a mi compañero/a no, prefiere tomar algo en una terraza.**

APRENDER A APRENDER
Reflexionar sobre el propio aprendizaje. Fomentar la autonomía de los/as alumnos/as.

Procedimientos

5. Pida a sus estudiantes que respondan de manera personal a la pregunta de la instrucción de la actividad sobre las palabras de abajo. Si es necesario, explique el concepto **falso amigo** (o **cognado**) con varios ejemplos. Si tiene un grupo con lengua vehicular, formule la pregunta del enunciado en voz alta y apunte sus respuestas en la pizarra. En caso contrario, haga grupos de trabajo con estudiantes de diferentes L1 y una puesta en común en clase abierta. Es posible que nombren otras técnicas diferentes y que utilicen, especialmente, aquellas que consistan en relacionar las unidades léxicas con el significado que tienen para su propia vida, ya sea visualizándolas o escribiendo ejemplos en esa línea. Haga que se las expliquen a sus compañeros/as.

6. a. y **b.** En parejas, sus alumnos/as escriben 15 palabras en español en una hoja y se la dan a su compañero/a, que tiene un minuto para memorizarlas. ¿Quién ha memorizado más? Seguidamente, pídales que miren la lista de técnicas para memorizar palabras y que marquen aquella/s que han utilizado o que le parecen útiles.

c. Invíteles a repetir el experimento usando otra técnica. ¿Ha funcionado mejor? Haga que lo comenten en clase abierta.

7. a. Explique a sus alumnos/as que hay tres tipos de escuchas activas básicas y escríbalas en la pizarra. Dependiendo del tipo de texto que oímos, activamos un tipo de comprensión u otro. Ponga los audios 42-44 y pídales que elijan el tipo de comprensión necesaria en estos casos. Comenten los resultados en clase abierta.

b. Pídales que hagan lo mismo con las situaciones y contextos que se proponen en este apartado. Es probable que los resultados sean bastante dispares. Haga que comenten en clase abierta las diferencias.

---

8 MIRADOR

APRENDER A APRENDER

5 Muchas palabras se parecen en distintos idiomas y son fáciles de entender, pero también existen los falsos amigos. Son palabras que suenan igual o muy parecidas, pero tienen un significado diferente. Mira estas palabras. ¿Se parecen a palabras de tu lengua o de otras que conozcas? Coméntalo con tus compañeros/as.

- rizo
- nudo
- curso
- nota
- ganga
- suceso
- latir
- tapa
- balón
- carta

6 a. Escribe 15 palabras en una hoja y dásela a tu compañero/a. Cada persona memoriza en un minuto el mayor número posible de palabras. Luego, sin mirar, escribe todas las palabras que recuerdes. ¿Tienes más de siete?

b. ¿Has usado alguna de estas técnicas? ¿Cuál te parece más útil? ¿Por qué?

- usar las palabras en una historia
- construir una frase de ejemplo
- relacionar las palabras con movimientos
- hacer rimas
- clasificar las palabras por grupos
- decir las palabras en alto
- crear parejas de antónimos
- escribir las palabras

c. Repite el experimento con otras palabras e intenta usar una nueva técnica de memorización. ¿Funciona? Coméntalo con tus compañeros/as.

7 a. Comprender oralmente una lengua extranjera puede ser más difícil que comprenderla por escrito. Dependiendo del tipo de texto, usamos distintas técnicas. ¿Qué tipo de comprensión es necesaria en estos casos? Relaciona.

1. Captar el sentido. — *1c* — a. 42 – Preguntar la hora.
2. Filtrar cierta información. — *2b* — b. 43 – Descripción de la ruta en Bogotá.
3. Entender todo exactamente. — *3a* — c. 44 – Viaje de Grizel a Yucatán.

b. ¿Cómo escuchas en estas situaciones? Relaciona con el tipo de comprensión de **a**. Luego, comenta tus respuestas con el resto de la clase. ¿Estáis de acuerdo? **4**

- Escuchas el pronóstico del tiempo para este fin de semana.
- Escuchas en la radio una entrevista a un/a escritor/a que te gusta.
- Ves un vídeo de una receta que quieres preparar.
- En el aeropuerto anuncian la salida de tu vuelo.
- Una persona te explica cómo llegar al centro desde la estación de tren.
- Escuchas un pódcast sobre turismo en Cuba.

TERAPIA DE ERRORES

8 **a.** Ulrike está en Bolivia y escribe a una amiga española. Lee y corrige los errores.

b. Compara tus resultados con un/a compañero/a.

c. Reescribe ahora la carta sin errores. Ya tienes un modelo de carta para tu dosier. 📄 5

9 Lee las instrucciones y juega.

Hola Montse:

¿Qué tal? Por fin soy en Bolivia. Vivo con una familia muy sympática. La madre se llama Carmen y trabaja en una officina a Cochabamba. El padre se llama Ignacio y es taxisto. Habla muy rápido y muchas vezes no entiendo nada.

Yo trabaja en una escuela al centro de Cochabamba (clases d'anglese). Me pagan mil cincuentos pesos. (¡Sí, 1500!) Apriendo Español por la mañana pero está muy difícil.

Todavía he no ido a La Paz, La capital. Voy en octobre. Quiero la visitar y ver los museos y monumentos.

Y tu como estás? Vas en Allemania con coche?

Saludos,
Ulrike

> LOS ERRORES FORMAN PARTE DEL PROCESO DE APRENDIZAJE. INDICAN QUE ESTÁS APRENDIENDO ALGO NUEVO. SI LES DEDICAS TIEMPO, VERÁS DÓNDE ESTÁ EL PROBLEMA Y PODRÁS CORREGIRLOS.

Tarjetas de ejemplo:

- **COMPRAR** — ¿Dónde se compran los sellos?
- **COMER Y BEBER** — Yo bebo vino y vosotros agua. _____
- **VIAJAR** — Una habitación ruidosa ≠ _____

Instrucciones del juego:

Se reparten 12 cartas para cada estudiante de tres colores distintos (un color por tema: **viajar**, **comer y beber**, **comprar**). Cada estudiante escribe una frase o una pregunta de gramática, vocabulario o información en cada carta, como en el ejemplo.

Se recogen todas las cartas y se colocan por colores en tres montones.

Se forman grupos de cuatro. Cada grupo recibe el mismo número de cartas de cada color y las pone bocabajo sobre la mesa.

Se juega en el tablero con una ficha y un dado por jugador/a.

Cada jugador/a empieza desde una esquina y avanza en el sentido de las agujas del reloj. El/La jugador/a toma el color de la carta que corresponde con el de la casilla donde cae en cada ronda y resuelve la tarea. Si la resuelve bien, se queda la carta; si no, la vuelve a poner en el montón, debajo de todas. En la casilla **PAUSA**, se pierde un turno.

El juego termina cuando no quedan cartas.
Gana la persona que termina el juego con más cartas.

TERAPIA DE ERRORES
Reflexionar sobre errores frecuentes y sus causas. Repasar vocabulario y gramática de forma lúdica.

Procedimientos

8. a. b. y **c.** Explique a sus alumnos/as que Ulrike, una estudiante de español, ha escrito a una amiga española, pero que ha cometido algunos errores. Pídales que lean el texto y busquen, de forma individual, los errores que ha hecho Ulrike. Déjeles tiempo para esta reflexión y haga más tarde una puesta en común. Para que esta corrección colectiva sea más fácil, conviene proyectar el texto. Anime a sus estudiantes a reflexionar sobre los errores que quizá ellos/as también habrían hecho o los que no pudieron descubrir. También puede pedirles que los clasifiquen por tipos (gramática, vocabulario, etc.), retomando las categorías que establecieron en la Unidad 4. Finalmente, pídales que reescriban el texto sin errores y propóngales guardar este modelo de correo en su dosier.

Solución

Hola, Montse:

*¿Qué tal? Por fin **estoy** en Bolivia. Vivo con una **familia** muy **simpática**. La madre se llama Carmen y trabaja en una **oficina en** Cochabamba. El padre se llama Ignacio y es **taxista**. Habla muy rápido y muchas **veces** no entiendo nada. Yo **trabajo** en una escuela **en el** centro de Cochabamba (clases **de inglés**). Me pagan mil **quinientos** pesos. (¡Sí, 1500!) **aprendo español** por la mañana, pero **es** muy **difícil**. Todavía no **he ido** a La Paz, la capital. Voy en **octubre**. Quiero visitarla y ver los museos y monumentos.*

*¿Y **tú cómo** estás? ¿Vas **a Alemania en** coche?*

Saludos,

Ulrike

9. Pida a sus alumnos/as que lean las instrucciones del juego y aclare las dudas que puedan surgir. Para las tarjetas, necesitará hojas de esos colores. Use las **fichas fotocopiables 23, 24 y 25** y dé una de cada color a cada estudiante. Primero, tienen que preparar las tarjetas con preguntas de gramática o vocabulario, y, después, jugar en grupos de cuatro. No olvide llevar algunos dados a la clase. Pasee por los grupos para comprobar que han entendido bien el funcionamiento del juego.

ciento tres **103**

En esta unidad, sus estudiantes van a tener la oportunidad de hablar de la ropa, de los colores, de los materiales, del clima, de describir la rutina diaria o un proceso, de dar consejos y de comparar algo. Para ello, van a aprender la comparación, los verbos reflexivos, el OD de persona, los demostrativos, **estar** + gerundio y algunos gerundios irregulares. Además, van a conocer el Camino Inca, el Camino de Santiago y algunos datos sobre Perú.

9 CAMINANDO

Comunicación
- Hablar de la ropa y los colores
- Hablar de los materiales
- Señalar algo
- Describir la rutina diaria
- Describir un proceso
- Dar consejos
- Comparar algo
- Hablar del clima

Léxico
- La ropa
- Los colores
- Los materiales
- El clima

Gramática
- La comparación
- Los verbos reflexivos
- El verbo **conocer** en presente
- El objeto directo de persona
- Los demostrativos
- **Estar** + gerundio
- Algunos gerundios irregulares

Cultura
- El Camino de Santiago
- El Camino Inca
- **Vídeo 7** El compañero de piso
- **PANAMERICANA** Perú

Gafas de sol naranjas
69 €

Mochila roja
75 €

Pantalones vaqueros azules
150 €

Chaqueta verde
200 €

Falda gris
53 €

104 ciento cuatro

Gorro negro
28 €

Camiseta rosa de algodón
45 €

FILTRAR POR COLOR

○ blanco/a
● negro/a
● rojo/a
● amarillo/a
● gris
● azul
● verde
● marrón
● naranja
● rosa

Calcetines amarillos
11 €

Jersey de lana blanco
135 €

Botas de montaña marrones
215 €

Camisa de cuadros roja y blanca
66 €

No necesitas mucho, solo lo más importante

1 Clasifica los productos según las palabras de las etiquetas y añade otros.

| Ropa | Calzado | Complementos |

2 Piensa en más ropa, calzado o complementos que puedes necesitar para pasar unos días en la montaña. Luego ponlo en común con la clase.
- *Yo tengo una camiseta térmica, unos…*

3 ¿Tienes un color o colores preferidos para la ropa?
- *Los pantalones vaqueros me gustan negros o azules.*

ACT 1-3 - campus difusión

▶ **Los lex** › La ropa A1
▶ **Gramaclips** › Los colores

1, 2

ciento cinco **105**

CAMINANDO

Introducir el tema de la unidad. Vocabulario básico de ropa y colores.

Antes de empezar

En la sesión previa, proponga a sus alumnos/as que en casa preparen el vocabulario relativo a ropa y colores de las páginas 104 y 105. Así podrán trabajar más ágilmente en la siguiente clase. Si lo cree oportuno, propóngales también hacer en casa el ejercicio **1** del Cuaderno de ejercicios. Pida a sus alumnos/as que se fijen en los objetos del catálogo y que hagan hipótesis sobre el tipo de público al que va dirigido. Explíqueles que algunas de las prendas de la foto se presentan con el material y que este viene precedido de la preposición **de** (**de algodón**, **de lana**…).

Procedimientos

1. Pídales que clasifiquen los productos según sean **ropa**, **calzado** o **complementos**. Asegúrese de que quedan claro estos tres conceptos, sobre todo el de **complementos**.

Solución

Ropa: *todos los productos excepto:*
calzado: *botas y*
complementos: *gafas, mochila y gorro.*

2. Explíqueles que van a pasar unos días en la montaña y pregunte: **¿Qué otros productos podéis necesitar?** Permítales usar el diccionario. Haga una puesta en común y escriba en la pizarra el léxico nuevo.

3. Por último, pregunte: **¿Tenéis un color o colores preferido/s para la ropa?** Apúntelos en la pizarra.

Y después

Pida a un/a alumno/a que elija una de las prendas de las fotos y se refiera a ella en voz alta refiriéndose solo a su color, por ejemplo: **Son marrones**. Los/as demás deberán adivinar qué prenda es. Repita la dinámica dando la palabra a diferentes estudiantes por turnos. Preste atención a las correctas concordancias en género y número de los adjetivos que emplean.

EL CAMINO DE SANTIAGO

**El Camino de Santiago.
Vocabulario de los viajes.
La comparación con
más / menos... que y
tan... como y el superlativo.**

Antes de empezar

Si lo ve oportuno, en la sesión previa, informe a sus alumnos/as de que, en la siguiente sesión, escucharán el audio de la actividad 4. Deles la oportunidad de escucharlo en casa, si lo desean, a modo de preparación. Dígales que pueden ayudarse de la transcripción. Propóngales preparar sus respuestas para 4 a, que comentarán en la siguiente clase. También puede proponerles trabajar en casa con la ficha de lectura 11.

Procedimientos

4. a. Explique a sus alumnos/as que las cinco frases de la actividad resumen una entrevista a un experto del Camino de Santiago. Pídales que, de forma individual y basándose en sus conocimientos, relacionen las frases de las dos columnas para completar la información. Después, ponga la audición para que comprueben sus hipótesis. Pida a cinco alumnos/as que lean una frase completa para comprobar los resultados. Si se sienten más seguros/as, dígales que consulten la transcripción.

b. Lea las frases y aclare las posibles dudas de vocabulario. Ponga la audición y pida a sus alumnos/as que se fijen en las informaciones para decidir si las frases son verdaderas o falsas. Haga una puesta en común de los resultados. Si hay dudas, puede volver a poner la audición y pararla cada vez que se mencione la información correspondiente.

c. Pida a sus estudiantes que lean otra vez las frases de 2 b y que completen la tabla basándose en ellas (más... que, menos... que, el / la más). La solución se corrige en clase abierta. Para que la diferencia entre el comparativo y superlativo quede más clara, ofrézcales algunos ejemplos como el que le proponemos e insista en la presencia o ausencia de artículo: **El Camino del Norte es más famoso que el Francés** (comparativo). **El Camino del Norte es el más famoso** (superlativo). Dirija la atención de sus estudiantes hacia el margen derecho y resalte las formas irregulares para **grande** (**mayor**), **bueno** (**mejor**) y **malo** (**peor**).

5. Pida a sus alumnos/as que completen las frases. A continuación, comparan sus resultados en parejas y ven si están de acuerdo o no. Algunos/as voluntarios/as leen las frases y se corrigen los posibles errores entre todos/as.

9 CAMINANDO

EL CAMINO DE SANTIAGO

4 a. 45– ¿Conoces el Camino de Santiago? Lee las frases y relaciónalas. Después escucha la entrevista y comprueba.

1. El Camino de Santiago es — **c** — a. es la primavera.
2. La gente hace el camino — **b** — b. por motivos turísticos o religiosos.
3. La ruta más famosa — **e** — c. una ruta de peregrinación.
4. La mejor época para hacer el camino — **a** — d. son alojamientos sencillos y baratos.
5. Los albergues de peregrinos — **d** — e. es el Camino Francés.

b. 45– Escucha otra vez y marca verdadero (V) o falso (F).

	V	F
1. La ruta más famosa es el Camino del Norte.		X
2. El Camino del Norte es más largo que el Camino Francés.	X	
3. Los motivos turísticos son tan importantes como los religiosos.	X	
4. La mejor época para ir a Santiago es verano, en julio o agosto.		X
5. Los albergues son más baratos que los hoteles, pero tienen menos comodidades.	X	

Las estaciones del año
- la primavera
- el verano
- el otoño
- el invierno

c. Completa la tabla con la ayuda de las frases de 4b.

LA COMPARACIÓN	
DESIGUALDAD	Los albergues cuestan _menos_ _que_ los hoteles. Los hoteles son _más_ caros _que_ los albergues.
IGUALDAD	El Camino del Norte es _tan_ bonito _como_ el Camino Francés.
SUPERLATIVO	La ruta _más_ famosa es el Camino Francés. El mes _más_ aconsejable para hacer el camino es enero.

5 ¿**Más** o **menos**, **mejor** o **peor**? Completa las frases. Luego, compara los resultados con tus compañeros/as.

1. Los hoteles del camino son _más_ cómodos _que_ los albergues.
2. Para caminar, una maleta es _peor_ _que_ una mochila.
3. Para caminar es _mejor_ llevar botas o zapatos _que_ sandalias.
4. En abril y mayo hay _menos_ turistas _que_ en julio o agosto.
5. Enero y febrero son los meses con _menos_ peregrinos.
6. Es _peor_ caminar con lluvia y frío _que_ con buen tiempo.

Comparativos irregulares

grande → mayor
bueno → mejor
malo → peor

ACT 5 - campus difusión

› **Gramaclips** › Comparativos

3-5, 28

106 ciento seis

LA RUTINA DE UN PEREGRINO

6 a. Lee el diario de Pedro y busca en estas etiquetas el título más adecuado para cada párrafo.

| Mis momentos | La paz de la noche | ¡A caminar! | Comienza el día | En el camino |

ACT 6 a - campus difusión

- Texto locutado
- Texto mapeado

¡A caminar!
Después de desayunar, estudiamos la ruta del día. Caminamos unos 25 kilómetros cada jornada. Nos ponemos sombrero y crema para protegernos del sol, y salimos.

En el camino
Nunca nos aburrimos: conocemos a personas de muchos países, vemos paisajes diferentes... No tenemos prisa. Cuando nos cansamos, nos sentamos y hacemos una pausa para relajarnos un poco.

Mis momentos
Después de comer, nos separamos. Me gusta tener tiempo de tomar fotos y hacer pausas para escribir.

Comienzo mi día
Son las seis de la mañana. Sale el sol. Me levanto, me lavo y me pongo ropa cómoda. Desayuno con mis compañeros. Desayunamos bien porque necesitamos energía.
El día es largo y queremos caminar muchos kilómetros. Recogemos y guardamos todo en las mochilas.

La paz de la noche
Dormimos en albergues para peregrinos. Nos duchamos, cenamos bien y nos acostamos pronto. Yo siempre me acuesto el último porque me gusta mirar las estrellas. Si no llueve, claro...

b. Mira la tabla y completa los pronombres reflexivos con la ayuda del texto.

		LAVARSE	SENTARSE
yo	me	lavo	siento
tú	te	lavas	sientas
él, ella, usted	se	lava	sienta
nosotros/as	nos	lavamos	sentamos
vosotros/as	os	laváis	sentáis
ellos, ellas, ustedes	se	lavan	sientan

c. Subraya en el texto los verbos reflexivos y escribe en tu cuaderno el infinitivo correspondiente.

me levanto → levantarse

d. Busca en el texto las actividades que hace Pedro y completa.

Antes de caminar	se levanta a las seis, se lava, se viste, desayuna, recoge y guarda, estudia la ruta.
Durante el camino	conoce a gente nueva, ve paisajes diferentes, hace pausas para descansar, come, toma fotos y escribe.
Después de caminar	se ducha, se acuesta, disfruta del silencio, mira las estrellas.

e. Y tú, ¿qué actividades haces y en qué momento del día?
- Yo, normalmente, me ducho por la noche.

Los pronombres reflexivos
Los pronombres reflexivos **me**, **te**, **se**... van delante del verbo conjugado.
- **Me** levanto a las 7 h.

Sin embargo, en infinitivo van detrás de la terminación.
- Necesito lavar**me** las manos.

ACT 6 b - campus difusión

> **Gramaclips** › Verbos reflexivos

ACT 6 d - campus difusión

> **Clases de gramática** › Pronombres personales (2): se peina

6-8, 25

LA RUTINA DE UN PEREGRINO
Presentar el vocabulario de actividades cotidianas. Sistematizar los verbos reflexivos. Presentar las expresiones antes de, durante **y** después de.

Antes de empezar
Si lo cree oportuno, en la sesión previa informe a sus alumnos/as de que en la siguiente sesión trabajarán con el texto de **6 a**, en los que aparecen muchos verbos en presente. Propóngales leerlo en casa, a modo de preparación, con ayuda del diccionario, así como escuchar el texto locutado. Anímelos/as también a preparar sus respuestas a **6 a**, que comentarán en la siguiente clase.

Procedimientos

6. a. Pida a cinco alumnos/as que lean en voz alta cada uno de los párrafos y que propongan unos de los cinco títulos para su fragmento. Después, aclare las posibles dudas de vocabulario a excepción de los verbos reflexivos que se verán a continuación.

b. Señale los verbos **lavarse** y **sentarse** y explique que son verbos reflexivos y que siempre están acompañados de un pronombre. Pida que completen la tabla amarilla con los dos pronombres que faltan y remítalos/as a la explicación del margen derecho. Comente que los verbos reflexivos en español existen en las tres conjugaciones (**-ar**, **-er**, **-ir**).

c. Pida a sus alumnos/as que vuelvan a leer el texto con atención y que marquen todos los verbos reflexivos que encuentren. Luego escriben en su cuaderno el infinitivo correspondiente y, si lo considera oportuno, la traducción.

Solución
me levanto – levantarse; me lavo – lavarse; me pongo – ponerse; nos ponemos – ponerse; nos concentramos – concentrarse; nos aburrimos – aburrirse; nos cansamos – cansarse; nos sentamos – sentarse; relajarnos – relajarse; nos separamos – separarse; nos duchamos – ducharse; nos acostamos – acostarse; me acuesto – acostarse.

d. Pida a sus alumnos/as que busquen en el texto las actividades que hace el peregrino antes, durante y después de caminar, y que las escriban. Haga una puesta en común en clase abierta.

e. En parejas o en grupos de tres, sus alumnos/as hablan de sus actividades cotidianas y de cuándo las hacen. Pasee por el aula y corrija cuando lo considere necesario. Puede seguir practicando los verbos de rutina con la ficha fotocopiable 26.

TODOS LOS CAMINOS LLEVAN A SANTIAGO

Presentar el verbo conocer **como modelo del grupo irregular con -zc- en la 1.ª persona. Introducir** a + OD.

Observaciones

Si lo cree conveniente, explique que el nombre de este grupo de actividades es una reformulación de la frase clásica: **Todos los caminos llevan a Roma**.

Antes de empezar

Escriba los siguientes ejemplos en la pizarra. Pregunte a sus estudiantes si les llama algo la atención: **Jaime y Elisa conocen a otros peregrinos. Jaime y Elisa conocen la ruta hasta Santiago.** Si no deducen ellos/as mismos/as el uso de **a**, marque la preposición y explíqueles que cuando el objeto directo es una persona, va precedido de la preposición **a**. Preséntales el verbo **conocer** y su irregularidad en la primera persona. Para ello, muéstreles la nota explicativa del margen.

Procedimientos

7. a. En cadena, sus alumnos/as forman frases con los motivos para hacer el Camino, relacionando los elementos de cada columna según el modelo. Si le parece necesario, pueden formular algunas frases primero por escrito y luego, una vez corregidas, leerlas por turnos en clase abierta.

b. Pregunte a un par de alumnos/as si se duchan normalmente con agua fría. Después, explíqueles que van a hacer una pequeña encuesta para conocer los hábitos de la clase y que, para ello, deben levantarse y preguntar a un/a compañero/a. Si la respuesta es **sí**, anotan su nombre y pasan a la siguiente pregunta. Si la respuesta es **no**, se dirigen a otro/a compañero/a, y así sucesivamente hasta tener para cada una de las preguntas una respuesta afirmativa. A continuación, invite a sus alumnos/as a presentar los resultados de la encuesta.

8. Explíqueles que van a escuchar un diálogo entre dos chicas que están preparando la mochila para hacer el Camino de Santiago. Ponga la audición y pídales que escriban los objetos que una de las chicas tiene que comprar todavía.

9. a. Pída a sus alumnos/as que elijan tres prendas u objetos de la ilustración para hacer el Camino de Santiago. Haga que comparen su elección con la de su compañero/a.

b. A continuación, individualmente o en parejas, pídales que busquen diez diferencias entre los personajes del dibujo. Recuérdeles que usen los comparativos.

---

9 CAMINANDO

TODOS LOS CAMINOS LLEVAN A SANTIAGO

7 a. ¿Por qué la gente hace el Camino de Santiago? Relaciona los elementos de cada columna para encontrar los motivos. Añade uno nuevo.

| Conocer
Visitar
Disfrutar
Encontrar | a
de
Ø | la naturaleza
iglesias
otros/as peregrinos/as
gente del lugar
la tranquilidad
lugares históricos
personas interesantes |

- *Mucha gente hace el camino para conocer a personas interesantes.*
- *Sí, y también para...*

b. ¿Quién hace estas cosas? Pregunta a tus compañeros/as y anota sus respuestas. Luego, pon en común los resultados con el resto de la clase.

- Ducharse con agua fría.
- Aburrirse si no tienes internet.
- Olvidarse las llaves frecuentemente.
- Dormirse en la clase de español.
- Concentrarse bien con música.
- Sentarse en la primera fila en el cine.
- Relajarse delante de la tele.
- Ponerse gafas para leer.
- Levantarse antes de las siete.
- Acostarse después de las once.

• *¿Te duchas con agua fría?*

8 🔊 46 – Escucha a dos chicas que van a hacer el Camino de Santiago. ¿Qué tiene que comprar todavía una de ellas?

- una camiseta más
- un anorak
- la mochila

9 a. Mira la imagen y elige tres prendas u objetos para hacer el Camino de Santiago. Luego, compara con tu compañero/a.

• *Yo elijo estos pantalones porque los puedo llevar largos o cortos. ¡Son muy prácticos!*

b. Busca diez diferencias entre Manu, Jaime y Elvira, y márcalas. Después, compara con el resto de la clase.

• *Jaime es más delgado que Manu.*
• *Manu no lleva gafas.*

Conocer

cono**zc**o	conocemos
conoces	conocéis
conoce	conocen

Cuando el objeto directo es una persona, se usa la preposición **a**.

- ¿Conoces **a** Shakira?
- Sí, la cono**zc**o.

📘 9, 27

Pronombres demostrativos

este / **ese** jersey
estos / **esos** jerséis

esta / **esa** mochila
estas / **esas** mochilas

Este/a hace referencia a una cosa que está cerca de la persona que habla y **ese/a** a una cosa que está más alejada.

Esto y **eso** se refiere a algo que no nombramos específicamente.

- ¿Qué es esto?

¿QUÉ ES ESTO?

¿QUÉ ES ESO?

ACT 9 a - campus🎓difusión

▶

› **Gramaclips** › Los demostrativos

📘 10, 11, 13, 26

EL CAMINO INCA

10 Otro camino famoso es el Camino Inca, en Perú. Lee las preguntas y busca las respuestas en el texto.

1. ¿Se puede ir solo/a?
2. ¿Cuántos kilómetros tiene el Camino Inca?
3. ¿Cuánto tiempo se necesita para hacerlo?
4. ¿Qué se puede hacer para evitar el mal de las alturas?
5. ¿Cuáles son los mejores meses para hacer la ruta?
6. ¿Se puede hacer el Camino Inca con niños?

ACT 10 - campus difusión

- Texto locutado
- Texto mapeado

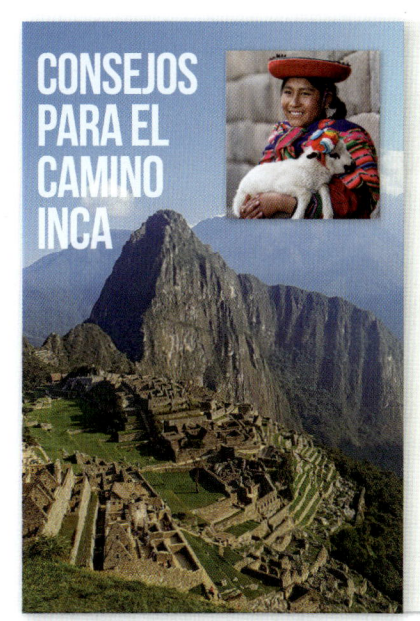

CONSEJOS PARA EL CAMINO INCA

El Camino Inca en Perú va desde Cusco, la antigua capital del Imperio inca, a Machu Picchu, la ciudad perdida de los incas. La ruta solamente se puede hacer en grupos pequeños y con un guía de una agencia de viajes autorizada. El *tour* más popular dura cuatro días. Aquí hay algunos consejos para recorrer estos 45 kilómetros.

- Conviene hacer la reserva varios meses antes.
- El Camino llega a los 4200 metros de altura, por eso se recomienda pasar unos días en Cusco (3400 m) para acostumbrarse y así no tener problemas de soroche, el mal de las alturas.
- Los meses menos recomendados son enero, febrero y marzo porque llueve mucho. En abril hace sol, pero a veces está nublado. Es mejor viajar en junio, julio o agosto: hace buen tiempo y las temperaturas llegan a los 21 grados.
- No conviene llevar niños a esta excursión.
- Se recomienda llevar zapatos cómodos y un anorak contra el viento y el frío.
- No es necesario llevar alimentos, la agencia de viajes organiza la comida.

11 a. Algunas personas de la clase te piden consejos para hacer una ruta a pie. Escribe cuatro más y compártelos.

SUGERENCIA
Conviene llevar zapatos cómodos.
Se recomienda llevar pocas cosas en la mochila.
Es mejor hacer la ruta con buen tiempo.
Conviene hacer ejercicio unas semanas antes.
Es necesario llevar un móvil para emergencias.

Dar consejos
- **Se recomienda** + infinitivo
- **Es mejor** + infinitivo
- **Conviene** + infinitivo
- **No es necesario** + infinitivo

b. ¿Qué le recomiendas a una persona que quiere hacer el Camino Inca (**I**), un safari (**S**) o un crucero (**C**)?

- **I** Caminar despacio los primeros días.
- **I** Ponerse zapatos cómodos.
- **S** Beber mucha agua.
- **C** Llevar ropa elegante.
- **S** Ponerse crema contra los mosquitos.
- **S** Llevar papel higiénico.
- **S** Llevar sombrero.
- **S** Beber agua embotellada.
- **I** Llevar ropa ligera.
- **C** Llevar libros o revistas.

• *Para hacer el Camino Inca conviene caminar despacio los primeros días.*

21, 30, 31

EL CAMINO INCA

Dar información sobre el Camino Inca. Presentar recursos para dar consejos. Introducir la perífrasis **estar + gerundio**.

Antes de empezar

Si lo cree oportuno, en la sesión previa, informe a sus alumnos/as de que, en la próxima clase, trabajarán con el texto de **10**, en los que aparecen expresiones para hacer recomendaciones. Propóngales leerlo en casa, con ayuda del diccionario, así como escuchar el texto locutado. Anímelos/as también a preparar las preguntas de **10**, que comentarán en la siguiente clase.

Procedimientos

10. Pregunte a sus estudiantes si saben algo de Machu Picchu. Lea las preguntas en voz alta y pídales que busquen las respuestas en el texto. Después, haga una puesta en común.

Solución
Solamente se puede hacer con un guía. La ruta tiene 45 km. El tour dura cuatro días. **Se recomienda** *pasar unos días en Cusco para acostumbrarse a la altura.* **Es mejor** *viajar en junio, julio y agosto.* **No conviene** *llevar niños.*

11. a. Pida a sus alumnos/as que observen las respuestas a las preguntas de la actividad anterior. Coménteles que se presentan algunas expresiones para dar consejos (**se recomienda, es mejor, conviene, no es necesario**). Explíqueles que entre todos/as van a elaborar una lista con consejos para hacer una ruta a pie. Sus alumnos/as completan el cuadro con sus propuestas. En clase abierta, dicen uno de sus consejos y usted lo anota en la pizarra. Para que estén atentos/as, recuérdeles que no deben repetir los consejos que han mencionado sus compañeros/as.

b. Pregunte a sus alumnos/as si han hecho alguna vez un safari o un crucero. A continuación, propóngales que miren las propuestas de la lista y, en grupos de tres, formulen siguiendo el modelo algunos consejos para una persona que quiere hacer el Camino Inca, un safari y un crucero. Anímelos/as a no hacerlo de forma mecánica, sino a usar también la negación: **Para hacer un crucero no es necesario ponerse zapatos cómodos.** Por turnos, cada uno/a formula un consejo y los/as otros/as comentan si están de acuerdo o no.

Y después

Puede seguir practicando los recursos para dar consejos con la ficha fotocopiable 27.

ESTAMOS ESPERANDO AL GUÍA

Sistematizar la formación del gerundio y la perífrasis estar + gerundio.

Procedimientos

12. a. Lea las frases y pida a sus estudiantes que decidan cuáles son las cuatro frases que se refieren a las fotos. De momento, no conviene insistir en la forma del gerundio, ya que se verá en un siguiente apartado. Haga una puesta en común en clase abierta.

b. Explique a sus alumnos/as que van a escuchar un diálogo. Pídales que tomen notas para contestar a las tres preguntas que se plantean: **¿Quién es? ¿Con quién habla? ¿Qué están haciendo?** Si lo ve necesario, puede poner la audición otra vez o dejarles usar la transcripción, antes de hacer la puesta en común.

Solución

Roberto (foto 2). Con su padre. Roberto está haciendo el Camino Inca, en Perú. Su padre está en el cine esperando a su mujer.

c. Pida a sus alumnos/as que marquen los gerundios en las frases de 12 a. Entre todos/as se comenta cuál es el infinitivo correspondiente y cómo se puede traducir la perífrasis **estar** + gerundio a su/s lengua/s. Remítalos/as a la tabla y pídales que se fijen en cómo se forma el gerundio de los verbos regulares e irregulares. Haga hincapié en la posición de los pronombres.

Solución

estoy haciendo – hacer (yo); está tomando – tomar (él, ella); estamos desayunando – desayunar (nosotros, nosotras); estamos visitando – visitar (nosotros, nosotras); está hablando – hablar (él, ella); estamos caminando – caminar (nosotros, nosotras).

13. Pida a sus alumnos/as que escriban o digan frases que describan lo que están haciendo los personajes de la ilustración. Haga una puesta en común y anímelos/as a dar su solución usando frases completas, localizando o describiendo a la persona a la que se refieren, por ejemplo: **El hombre de las gafas está leyendo el periódico**. Conviene recordarles que no se trata tanto de encontrar una solución correcta, sino de usar el gerundio, y que no existe una solución única.

Solución

El chico del gorro está haciendo / tomando una foto a su amiga. La chica sentada en la roca está escribiendo en su libreta. El hombre del jersey rojo está durmiendo. Una chica está tocando la guitarra. El hombre del bigote está bebiendo agua. El chico del gorro amarillo está leyendo el periódico.

---

9 CAMINANDO

ESTAMOS ESPERANDO AL GUÍA

12 a. ¿A qué fotos del Camino Inca se refieren estas frases? Relaciona.

- [ ] Estamos en Cusco, esperando al guía.
- [1] Estoy haciendo una pausa.
- [4] Elvira está tomando fotos.
- [ ] Estamos desayunando.
- [ ] Estamos visitando una antigua ciudad inca.
- [2] Roberto está hablando por teléfono.
- [3] Estamos caminando.

b. 🔊 47 - Escucha a una persona de las fotos. ¿Quién es? ¿Con quién habla? ¿Qué están haciendo?

c. Subraya los gerundios en las frases de **12 a** y completa la tabla. Luego, escribe el infinitivo y a qué persona corresponde.

ESTAR + GERUNDIO	GERUNDIOS REGULARES	GERUNDIOS IRREGULARES
estoy estás está estamos estáis están	hablando bebiendo escribiendo	-ar → -ando -er → -iendo -ir → -iendo

decir	→ diciendo
dormir	→ durmiendo
leer	→ leyendo
ir	→ yendo

estamos esperando → *esperar (nosotros, nosotras)*

---

13 Una pausa en el camino. ¿Qué están haciendo estas personas?

- *El hombre del jersey amarillo está hablando por teléfono.*

Estar + gerundio

Para referirnos a una acción que está sucediendo en el momento de hablar, se usa **estar** + gerundio.

• Estamos caminando.

Los pronombres pueden ir delante del verbo conjugado o pegados al gerundio.

• **Me** estoy duchando.
• Estoy duchándo**me**.

📖 12, 14, 15, 24

¿QUÉ TIEMPO HACE?

14 a. ¿Qué tiempo hace en junio en tu ciudad? ¿Cuándo llueve mucho? ¿Qué tiempo hace hoy? Mira las expresiones de la derecha y habla con tu compañero/a.

- *Aquí en abril normalmente llueve, pero no hace mucho frío.*

b. Relaciona estas expresiones con los símbolos.

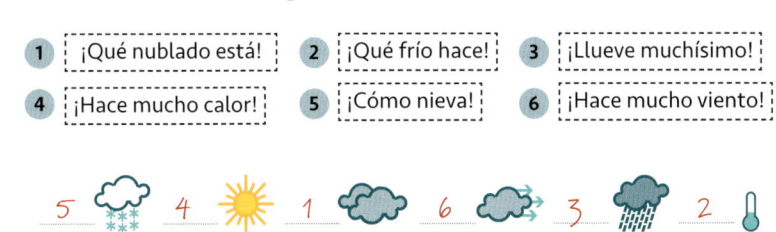

1. ¡Qué nublado está!
2. ¡Qué frío hace!
3. ¡Llueve muchísimo!
4. ¡Hace mucho calor!
5. ¡Cómo nieva!
6. ¡Hace mucho viento!

5   4   1   6   3   2

c. 🔊 48 – Escucha las noticias sobre el tiempo y relaciona las expresiones de **14 b** con estos lugares.

_4_ Islas Canarias	_1, 2_ Madrid	_1_ Málaga
_2, 5_ Pirineos	_3, 6_ Galicia	_1_ Costa mediterránea

d. Escribe una expresión para cada uno de estos símbolos. Luego tu compañero/a adivina a cuál corresponde.

-8°   ☁   🌧   💨   30°   ❄

- *¡Qué calor hace!*
- *Es este, el del sol.*

---

15 a. Este fin de semana viajas a uno de los lugares de **14 c**. ¿Qué ropa te llevas? Tu compañero/a tiene que adivinar adónde vas.

b. Describe tu prenda de vestir favorita. ¿Cuándo la llevas? ¿Por qué es tu favorita?

---

16 ¡A jugar! En grupos de tres. Tira una moneda: cara significa avanzar una casilla y cruz, dos casillas.

5. ¿Cuál es la mejor época para hacer el Camino de Santiago?
4. ¿Cuánta gente lleva zapatos marrones en la clase?
3. Di una frase con **levantarse** y una con **acostarse**.
2. Describe la ropa que lleva la persona a tu derecha.
1. Dos consejos para ir de *camping*.
6. Si llueve hoy: dos casillas atrás.
7. Dos consejos para aprender español.
8. ¿Qué mes es el mejor para visitar tu pueblo o ciudad?

El tiempo atmosférico

- ☀ Hace sol
- 🌡 Hace calor
- 🌡 Hace frío
- 5° Hace cinco grados
- −5° Hace cinco grados bajo cero
- 💨 Hace viento
- ⛅ Hace buen / mal tiempo
- ☁ Está nublado
- 〰 Hay niebla
- 🌧 Llueve
- ❄ Nieva

✏ 16, 22, 23

✏ 17, 20

ciento once **111**

¿QUÉ TIEMPO HACE?
Hablar del tiempo atmosférico.

Procedimientos

14. a. Pregunte a sus alumnos/as: **¿Qué tiempo hace hoy?** Señale la lista de recursos para hablar del tiempo del margen derecho. Ayúdeles con la respuesta y escríbala en la pizarra. Después, en parejas, haga que hablen del tiempo en junio (u otros meses) y de cuándo llueve mucho en su/s ciudad/es. Finalice con una puesta en común. Si lo cree oportuno, proponga a sus estudiantes leer en casa la ficha de lectura 12, ayudándose del diccionario.

b. Lea las expresiones de las etiquetas y aclare su significado. Pida a sus estudiantes que relacionen las expresiones con los símbolos. Finalice con una puesta en común.

c. Explique a sus alumnos/as que van a escuchar un programa con el pronóstico del tiempo en España. Llame su atención sobre los símbolos del tiempo de **b** y las regiones que aparecen en la actividad. Ponga la audición y pida a sus estudiantes que relacionen los lugares con los símbolos. Repita la audición, si lo considera necesario, antes de la puesta en común.

d. En parejas, y alternativamente, un/a estudiante hace un comentario sobre el tiempo y su compañero/a indica el símbolo correspondiente. Remítalos/as al modelo de lengua si hay alguna duda. Puede profundizar en este tema con la ficha fotocopiable 28.

15. a. Explique a sus alumnos/as que tienen que pensar en un lugar de **14 c** al que van a viajar y, sin decirlo, escribir una lista con cinco prendas de vestir que se van a llevar. En parejas, cada alumno/a menciona las prendas de vestir que ha pensado llevar al destino elegido. Su compañero/a tiene que adivinar a qué lugar va.

b. En parejas, pida a sus alumnos/as que describan su prenda de vestir favorita, indicando cuándo la llevan y por qué es su preferida. En la puesta en común, sus estudiantes describen la prenda que les ha descrito su compañero/a. De esta manera, se consigue que estén atentos/as a las descripciones.

16. Divida la clase en grupos de tres y asegúrese de que cada grupo tenga una moneda y cada alumno/a una ficha. Explique las reglas: los/as tres jugadores/as tienen que avanzar y realizar la actividad propuesta en cada paso. Si al lanzar la moneda sale cara, se avanza una casilla; si sale cruz, dos casillas. Cada jugador/a lee la frase o pregunta de la casilla en la que ha caído y reacciona. Sus compañeros/as deciden si lo ha hecho bien. En este caso, puede quedarse en la casilla. De lo contrario, deberá pasar un turno sin jugar. Gana quien llegue primero a la última actividad.

MÁS QUE PALABRAS
Repaso y fijación del vocabulario de la unidad.

Procedimientos

17. Remita a sus alumnos/as a la instrucción de la actividad (un juego por parejas) y aclare dudas, si es necesario. Pasee por el aula y compruebe que los tríos de palabras son correctos y están correctamente escritos.

18. a. Remita a sus alumnos/as a la tabla verde y pídales que marquen los adjetivos que se combinan usualmente con los sustantivos de la izquierda. Si cree necesario facilitar la actividad, explique que **solar** solo se combina con un sustantivo.

b. Pida a sus alumnos/as que escriban frases con las combinaciones anteriores. Una vez corregidas, finalice con una puesta en común. ¿Quién ha escrito más frases correctas?

TAREA FINAL: PREPARANDO UNA EXCURSIÓN
Práctica escrita y oral de los recursos de la unidad en un contexto significativo.

Procedimientos

19. a. Divida la clase en parejas y explíqueles que van a preparar un breve folleto en el que propongan una excursión a un lugar en su región. Cada pareja tiene que ponerse de acuerdo sobre la ruta que quieren proponer, dar información sobre los monumentos que se pueden visitar y proponer un par de consejos útiles. Muéstreles las preguntas de la actividad para que les sirvan de orientación, déjeles tiempo suficiente y corrija sus textos.

b. Un/a representante de cada pareja lee sus propuesta. El resto toma notas y eligen entre todos/as la más interesante. Cada persona o pareja explica por turnos por qué han elegido esa excursión en concreto.

---

9 CAMINANDO

MÁS QUE PALABRAS

17 En parejas y por turnos, cada persona tiene que decir el nombre de tres prendas de vestir o complementos: algo que se pone en el cuello o la cabeza, algo que se pone de cintura para arriba y algo que se pone de cintura para abajo. Gana la persona que consiga completar más series de tres sin repetir ninguna palabra.

- *Sombrero, camiseta, pantalón.*

18 a. Marca qué adjetivos se combinan comúnmente con los nombres de la columna de la izquierda.

	INTERESANTE	CÓMODO/A	SOLAR	LARGO/A	LIGERO/A	ELEGANTE
UNA FALDA		X		X		X
UNA CREMA			X			
ROPA		X			X	X
GENTE	X					X
UNA MOCHILA		X			X	
UN LUGAR	X					X

b. Propón ejemplos o forma frases con las combinaciones de **a**.

Tengo más faldas largas que cortas. Son más cómodas.
En la playa conviene ponerse mucha crema solar.

TAREA FINAL: PREPARANDO UNA EXCURSIÓN

19 a. Trabajas en una agencia de viajes *online* y esta semana tienes que promocionar tu región. Con tu compañero/a, prepara un folleto de una excursión con esta información:

¿Dónde empieza la ruta?
¿Cuánto tiempo se necesita para hacerla?
¿Qué se puede visitar?
¿Dónde conviene hacer una pausa?
¿Cuándo es mejor hacer la excursión?
Consejos para la excursión: comida, ropa, equipaje...

b. Presentad la excursión en clase. Comparad las propuestas de todo el grupo y, finalmente, decidid cuál es la más interesante.

- *La excursión de Telma y Andreas es más larga que la nuestra.*
- *Sí, pero en esta puedes visitar más lugares turísticos.*

VÍDEO

EL COMPAÑERO DE PISO
Entender un vídeo en el que un chico describe las rutinas de su compañero de piso.

▶ 7 – EL COMPAÑERO DE PISO

Antes de ver el vídeo

1 ¿Eres una persona de rutinas fijas? Nombra tres actividades que haces todos los días de lunes a viernes (especifica la hora).

2 Y el fin de semana, ¿también tienes rutinas? Coméntalas con un/a compañero/a.

Vemos el vídeo

3 Ve el vídeo y escribe qué hace a estas horas el compañero de piso del protagonista.

A las 9 h *se despierta.*

De 10 h a 14 h *estudia en línea en casa.*

A la hora de comer *se prepara algo rápido y come mientras ve la televisión.*

Por la tarde *juega a videojuegos.*

A las 19 h *va a comprar al súper.*

4 ¿Qué hace el protagonista del vídeo cuando descubre en qué momento va a estar solo en casa?

Después de ver el vídeo

5 ¿Qué ventajas y desventajas crees que tiene compartir piso?

Antes de empezar

Si lo cree oportuno, informe a sus alumnos/as de que, en la siguiente sesión, trabajarán con el vídeo de la unidad. Deles la oportunidad de verlo en casa si lo desean, a modo de preparación, y de pensar sus respuestas para el ejercicio **3**. Pregunte a sus alumnos/as, si están compartiendo piso actualmente o si lo han hecho en el pasado. ¿Qué tal la experiencia? A continuación, explíqueles que van a ver un cortometraje en el que el protagonista describe las rutinas de su compañero de piso.

Procedimientos

1. Antes de ver el vídeo, pida a sus estudiantes que piensen en tres actividades que hacen todos los días laborables y a qué hora.

2. Ahora, haga que comparen con un/a compañero/a las rutinas del fin de semana.

3. Después de ver el vídeo, pídales que escriban qué hace a las horas indicadas el compañero de piso del protagonista. Haga una puesta en común en clase abierta. Después de la puesta en común, puede hacer el ejercicio de la ficha fotocopiable 29.

4. Formule en voz alta la pregunta del enunciado. Finalmente, pregúnteles si les ha sorprendido el desenlace del vídeo

Solución
Pone música y baila.

5. Forme grupos de tres o cuatro personas y pídales que contesten y comenten las preguntas que se proponen. Pasee por el aula y escuche sus producciones. Para fomentar la fluidez de sus alumnos/as, interrúmpalos/as solo cuando sea estríctamente necesario. Tome nota de sus errores y coménteselos individualmente al acabar.

PANAMERICANA: PERÚ
Comprensión lectora global con información cultural sobre Perú. Repaso de algunos recursos de la unidad.

Antes de empezar

En la sesión previa, diga a sus alumnos/as que el próximo día trabajarán en clase con el texto de Perú. Dígales que, si quieren, lo preparen en casa con el diccionario. Anímelos/as también a preparar las respuestas de los ejercicios **1** y **2**, que comentarán en la clase siguiente. Invítelos/as a escuchar la locución en la/s variedad/es del español que prefieran. Escriba en la pizarra la palabra **Perú** y pregunte a sus alumnos/as qué saben de este país. Apunte lo que digan en la pizarra y dígales que el texto de la actividad les dará más información sobre Perú y su cultura.

Procedimientos

1. Pida a sus estudiantes que lean el texto de la actividad para sí mismos/as. Al tiempo que lo leen, pídales que subrayen las palabras que no entiendan. Haga una puesta en común en clase abierta para definir las palabras que desconocen. A continuación, pídales que relacionen las fotos con su descripción.

2. Pídales que elijan un lugar de Perú para visitar. ¿Por qué lo eligen? Forme grupos de tres que hayan elegido lugares distintos y haga que defiendan su elección.

3. Formule en voz alta la pregunta del enunciado. La respuesta se encuentra subrayada en el texto. Invítelos/as a buscar en internet los platos más comunes de la gastronomía peruana como el cebiche, las papas a la huancaína o el cuy asado.

4. Si tiene un grupo de un mismo país, formule las preguntas del enunciado en voz alta y apunte sus respuestas en la pizarra. En caso contrario, haga grupos de trabajo con estudiantes de diferentes países y una puesta en común en clase abierta.

---

9 CAMINANDO

PANAMERICANA
PERÚ

¡Hola! Soy Pilar y soy peruana. Trabajo como profesora de español y coordinadora de cursos. Quiero contarles algo sobre mi país.

Empiezo con Lima, la capital. Con casi 10 millones de habitantes es el centro político, económico y financiero del país. Su centro histórico está declarado como Patrimonio de la Humanidad por la UNESCO.

En el sur está Arequipa, llamada "la ciudad del eterno cielo azul" porque tiene un clima fantástico: 300 días de sol al año. Desde Arequipa se puede viajar al famoso lago Titicaca.

El lugar más visitado de Perú es Iquitos, una ciudad grande al lado del río Amazonas. El viaje solo es posible en barco o avión. Allí puedes hacer una excursión por la selva y ver caimanes, monos o delfines rosas.

Cusco es la capital del Imperio inca y conserva los muros de sus antiguos templos. La ciudad está a 3400 metros de altura. Desde Cusco se puede ir a uno de los lugares más fascinantes del mundo: Machu Picchu.

Lima, Perú

Y, por supuesto, quiero mencionar la riquísima cocina peruana. Como resultado de una interesante fusión de culturas, la gastronomía peruana es una de las más diversas que hay en el mundo.

1 Relaciona cada imagen con el pie de foto correspondiente.

- [4] La gastronomía peruana.
- [2] El río Amazonas.
- [3] Machu Picchu, Cusco.
- [1] Lago Titicaca, Arequipa.

2 Vas a hacer un viaje a Perú, pero solo puedes visitar uno de los lugares del texto. ¿Cuál eliges? ¿Por qué?

3 ¿Qué características de la comida peruana destaca el texto? Busca ejemplos en internet y compártelos en clase.

4 ¿Cuál es la ciudad más grande de tu país? ¿Y la más importante? ¿Y la más visitada? ¿Y la que está a mayor altitud?

PANAM - campus difusión   29

- Texto mapeado
- Texto locutado

ciento quince **115**

9 CAMINANDO

COMUNICACIÓN

HABLAR DE LA ROPA Y LOS COLORES

● (negro)	Es un jersey negr**o**. Son unos jerséis negr**os**. Es una chaqueta negr**a**. Son unas chaquetas negr**as**.	● (azul)	Es un pantalón azul. Son unos pantalones azul**es**. Es una camisa azul. Son unas camisas azul**es**.
● (amarillo)	Es un pantalón amarill**o**. Son unos pantalones amarill**os**. Es una falda amarill**a**. Son unas faldas amarill**as**.	● (naranja)	Es un sombrero naranja. Son unos sombreros naranjas. Es una chaqueta naranja. Son unas chaquetas naranjas.
● (rojo)	Es un jersey roj**o**. Son unos jerséis roj**os**. Es una mochila roj**a**. Son unas mochilas roj**as**.	● (marrón)	Es un zapato marrón. Son unos zapatos marron**es**. Es una camiseta marrón. Son unas camisetas marron**es**.
○ (blanco)	Es un gorro blanc**o**. Son unos gorros blanc**os**. Es una camiseta blanc**a**. Son unas camisetas blanc**as**.	● (rosa)	Es un gorro rosa. Son unos gorros rosas. Es una bota rosa. Son unas botas rosas.
● (verde)	Es un abrigo verde. Son unos abrigos verdes. Es una camisa verde. Son unas camisas verdes.	● (gris)	Es un calcetín gris. Son unos calcetines gris**es**. Es una camiseta gris. Son unas camisetas gris**es**.

Solamente los adjetivos de color **blanco/a**, **negro/a**, **rojo/a** y **amarillo/a** tienen género masculino y femenino. El resto son invariables en cuanto al género, pero no en número.

HABLAR DE LOS MATERIALES

- ¿De qué material es tu jersey?
  - Es de algodón.
  - Es de lana.
- ¿De qué material son tus botas?
  - Son de cuero.

SEÑALAR ALGO

- ¿Te gusta esta falda?
  - No mucho, pero esa roja sí.
- ¿Qué es esto / eso?
  - Es un gorro.

DESCRIBIR LA RUTINA DIARIA

Me levanto a las seis.
Me pongo los zapatos.
¿A qué hora te acuestas?

DESCRIBIR UN PROCESO

Ahora estoy haciendo una pausa.
Estamos esperando al guía.
¿Estás tomando una foto de las ruinas?

DAR CONSEJOS

Conviene acostumbrarse a la altura.
Se recomienda hacer la ruta en cuatro días.
No es necesario llevar comida.
Es mejor ponerse ropa cómoda.

COMPARAR ALGO

Los albergues son más baratos que los hoteles.
Los albergues son menos cómodos que los hoteles.
Los albergues no tienen tantas comodidades como los hoteles.

HABLAR DEL TIEMPO

Hace buen tiempo / mal tiempo.	Está nublado.	Llueve.	¡Qué frío / calor / viento hace!
Hace sol / frío / calor / viento / 5 grados.	Hay niebla.	Nieva.	¡Cómo llueve! ¡Cómo nieva!

GRAMÁTICA

LA COMPARACIÓN

			FORMAS IRREGULARES
SUPERIORIDAD	**más** + adjetivo + **que** artículo + nombre + **más** + adjetivo verbo + **más que**	• El hotel es más grande que el albergue. • La ruta más famosa es el Camino Francés. • Yo camino más que tú.	grande → mayor bueno → mejor malo → peor • El mayor problema en el Camino Inca es el soroche.
INFERIORIDAD	**menos** + adjetivo + **que** artículo + nombre + **menos** + adjetivo verbo + **menos que**	• El albergue es menos cómodo que el hotel. • Este es el pueblo menos conocido. • Yo duermo menos que tú.	
IGUALDAD	**tan** + adjetivo + **como** **tanto/a/os/as** + nombre + **como** verbo + **tanto como**	• El albergue es tan bonito como el hotel. • Aquí hay tantos peregrinos como allí. • Yo como tanto como tú.	

VERBOS REFLEXIVOS

LEVANTARSE

yo	**me**	levanto
tú	**te**	levantas
él, ella, usted	**se**	levanta
nosotros, nosotras	**nos**	levantamos
vosotros, vosotras	**os**	levantáis
ellos, ellas, ustedes	**se**	levantan

Los pronombres reflexivos van antes del verbo conjugado.
• **Me** ducho con agua fría.
O detrás si van con el infinitivo.
• No quiero ducha**rme** con agua fría.

IRREGULARES

CONOCER

cono**zc**o
conoces
conoce
conocemos
conocéis
conocen

Cuando el objeto directo se refiere a una persona, lleva **a**.
• ¿Conoces **a** mis padres?
• ¿Has visto **al** profesor?
Hay algunas excepciones, como el verbo **tener**, que no la lleva.
• Tengo diez primos.

LOS DEMOSTRATIVOS

	MASCULINO	FEMENINO
SINGULAR	**este** jersey	**esta** mochila
PLURAL	**estos** jerséis	**estas** mochilas
SINGULAR	**ese** jersey	**esa** mochila
PLURAL	**esos** jerséis	**esas** mochilas

Este/a/os/as se refiere a cosas cerca del hablante.
Ese/a/os/as, a cosas que están cerca del interlocutor o lejos de las personas que están hablando.
Esto / Eso se refieren a cosas que no queremos o no podemos nombrar.

ESTAR + GERUNDIO

yo	**estoy**
tú	**estás**
él, ella, usted	**está**
nosotros, nosotras	**estamos**
vosotros, vosotras	**estáis**
ellos, ellas, ustedes	**están**

GERUNDIOS REGULARES

habl**ando**
beb**iendo**
escrib**iendo**

-ar → -ando
-er → -iendo
-ir → -iendo

Estar + gerundio indica que una acción está en desarrollo en el momento de hablar. Los pronombres se pueden poner delante de **estar** o detrás del gerundio.
• **Me** estoy duchando.
• Estoy duchándo**me**.

GERUNDIOS IRREGULARES

decir	→ **diciendo**	ir	→ **yendo**
dormir	→ **durmiendo**	venir	→ **viniendo**
leer	→ **leyendo**	pedir	→ **pidiendo**

• Yo estoy leyendo un libro y Marcos está durmiendo.
• Estamos yendo al supermercado para hacer la compra, ¿y tú?
• Juanjo, ¿qué estás pidiendo para comer?

En esta unidad, sus estudiantes van a tener la oportunidad de conocer recursos para pedir en un restaurante, pedir algo que falta, valorar la comida, describir algo, hacer planes, aceptar y rechazar una propuesta, y quedar con alguien. Para ello, van a aprender la perífrasis **ir a + infinitivo**, la combinación de preposición **+ pronombre**, las frases de **relativo con** que y donde, **el uso de** saber y poder, **otro/a/os/as + nombre contable** y **un poco (más) de + nombre incontable**. Además, van a conocer la importancia de salir a comer o cenar en la cultura hispana, y algunos datos sobre Chile.

10 TENGO PLANES

Comunicación
- Pedir en el restaurante
- Modos de preparación de la comida (**frito/a**...)
- Pedir algo que falta
- Valorar la comida
- Describir algo
- Hacer planes, aceptar y rechazar una propuesta
- Quedar con alguien

Léxico
- Actividades de tiempo libre
- Productos y platos internacionales
- El menú del día
- Habilidades

Gramática
- **Ir a** + infinitivo
- Preposición + pronombre
- Frases de relativo con **que** y **donde**
- Adjetivos de nacionalidad
- El uso de **saber** y **poder**
- **Otro/a/os/as** + nombre contable
- **Un poco (más) de** + nombre incontable

Cultura
- En el restaurante
- La importancia de salir a comer
- **Vídeo 8** El grupo
- **PANAMERICANA** Chile

Diriva_n Domingos de ajedrez
21 Me gusta
1 h

Bero_con_b
Santiago
Les gusta a **martita_34** y 154 más 
Bero_con_b ¡¡Fin de semana esquiando 😍!!
3 h

conganasdesalir Cenas, sobremesas y amig@s 😍
Les gusta a **tulaba** y 94 más
4 h

Soy_yo
Madrid 
325 Me gusta
Soy_yo ¡¡¡Increíble el concierto de anocheeee con @julita y @telodejotodo 😍!!
Hace 1 día

Siempre_buscando
Lejos

pez_en_el_agua Sesión de fotos en el club antes del campeonato de natación del sábado... 😅😅😅
2 h

pe_de_pancho
En casa

Les gusta a **juanje** y 203 más
p_de_pancho En la terraza también se puede tener un jardín 😄😄
Hace 2 días

Les gusta a **santi_a** y 12 más
anita_atina Entrenando duro con @santi_a 😅
1 h

Andriu45
Macondo

64 Me gusta
Andriu45 Así ha terminado el fin de semana en la montaña 😫... ¡Viva el senderismo 😅!
45 min

100 cosas para hacer en tu tiempo libre

1 Mira las fotos y lee los comentarios. ¿Tienes algo en común con alguna de esas personas?

2 a. Haz una lista de las actividades de tiempo libre que se ven en las fotografías. Luego, compara con tus compañeros/as.

b. Habla de actividades de ocio con tu compañero/a.
– la actividad de ocio que más haces
– una actividad de ocio que no te gusta
– algo que no has hecho nunca
– algo que quieres aprender a hacer

ACT 1a - campus difusión

Texto mapeado

TENGO PLANES
Introducir el tema de la unidad. Vocabulario básico para hablar de actividades de ocio.

Antes de empezar

Pregunte en el alula: *¿Qué cosas soléis publicar en vuestras redes sociales?* Apunte en la pizarra lo que le vayan diciendo. Comprobarán que, en la mayoría de casos, son cosas que hacen en su tiempo libre, es decir, actividades de ocio.

Procedimientos

1. Pida a sus alumnos/as que miren las fotos de ambas páginas y que lean los comentarios. ¿Con quién se identifican? ¿Por qué?

2. a. A continuación, pídales que hagan una lista de todas las actividades de ocio o de tiempo libre que se ven en las fotografías. Proponga una puesta en común y tome nota de sus aportaciones en la pizarra.

Solución

Jugar al ajedrez, esquiar, comer / cenar con la familia o los amigos, ir a un concierto, nadar, jardinería, correr, senderismo (solo si se lee el texto).

b. Explique a sus alumnos/as que van a hablar sobre actividades de ocio con su compañero/a. Lea en voz alta los cuatro subtemas que propone la actividad. Antes de empezar a hablar, deles algo de tiempo para preparar sus comentarios y preguntar vocabulario que necesiten. Añada el vocabulario relevante a la lista de la pizarra, para que todos/as dispongan de él. Pasee por el aula y corrija solo cuando la comunicación se vea afectada.

Y después

Puede ampliar el campo semántico con las dos actividades de ocio que se sugieren en las imágenes del borde inferior de esta página: cocina y bici de montaña.

¿Y SI VAMOS A...?

Ampliar el léxico de actividades de tiempo libre. El futuro próximo con ir a + infinitivo. Proponer, aceptar o rechazar una cita.

Antes de empezar

Si lo cree oportuno, en la sesión previa, informe a sus alumnos/as de que, en la siguiente clase, trabajarán con el audio de la actividad **3 a** y aprenderán una forma para expresar el futuro. Anímelos/as a escuchar el audio en casa, a modo de preparación, ayudándose de la transcripción, si la necesitan. Propóngales preparar sus respuestas a **3 a**, que comentarán en la siguiente clase.

Procedimientos

3. a. Explique a sus alumnos/as que van a escuchar un diálogo telefónico en el que dos chicas quedan para salir juntas. Ponga la audición e invítelos/as a escribir palabras clave sobre las distintas preguntas propuestas en la actividad. Si lo considera necesario, haga una segunda audición para que sus alumnos/as tengan más tiempo para escribir la información. Antes de que comenten los resultados, escriba en la pizarra la siguiente pregunta: **¿Qué van a hacer Teresa y Elena el sábado?** Señale la forma del futuro próximo y remítalos/as al margen derecho. Recuérdeles que ya conocen el verbo **ir** y que este en combinación con **a** + infinitivo sirve para hacer planes o hablar del futuro cercano.

Solución

1. Van a un concierto de Julieta Venegas.
2. En el Café de Oriente a las 19 h.
3. Hablan de ir a esquiar la próxima semana.

b. Explique a sus alumnos/as que, individualmente, tienen que pensar qué planes tienen para las tres situaciones propuestas en la actividad. Dígales que tomen notas al respecto y corríjalas antes de que empiecen a comentarlas. Después, en grupos de tres o cuatro personas, intercambian la información. Pregunte: **¿Algunos planes coinciden? ¿Vais a ir juntos/as?**

4. a. Pida a sus alumnos/as que lean la conversación y que marquen las expresiones que usan para proponer una actividad, aceptarla o rechazarla. Después, haga que completen la tabla con las frases que han marcado en el diálogo. Comente la solución en clase abierta y aproveche para explicar que en los países hispanohablantes, cuando se rechaza una propuesta, normalmente se da una razón que se suele introducir con **es que**. Dirija la atención de sus alumnos/as hacia el margen, donde encontrarán más expresiones útiles para quedar. Mencione que, mientras que en España se utiliza el verbo **quedar**, en Latinoamérica se utiliza **encontrarse**.

---

10 TENGO PLANES

¿Y SI VAMOS A...?

3 a. 🔊 49 - Escucha los planes de estas personas y responde a las preguntas en tu cuaderno.

1. ¿Qué van a hacer Teresa y Elena el sábado?
2. ¿Cuándo y dónde van a quedar?
3. ¿Qué otros planes comentan? ¿Para cuándo?

b. Y tú, ¿qué planes tienes para...? Habla con tus compañeros/as.

| este fin de semana | las próximas vacaciones | el día de tu cumpleaños |

4 a. Lee los mensajes y subraya las expresiones para proponer una actividad, aceptar una propuesta o rechazarla. Luego, completa la tabla.

Carina en línea

- Hola, Carina, ¿tienes ganas de salir esta noche? 😃 16:12
- Lo siento, es que mañana tengo un examen. Mejor otro día. 😓 16:15 ✓✓
- ¿Y el viernes? Hay un concierto en el Marabú. 16:15
- ¡Buena idea! El viernes, sí. ¿Dónde quedamos? 👍👍 16:18 ✓✓
- ¿Paso por tu casa a las nueve? 16:18
- Vale, perfecto. Nos vemos el viernes. 😘 16:21 ✓✓

PROPONER	ACEPTAR / RECHAZAR
¿Tienes ganas de...?	Lo siento.
¿Y el viernes?	Mejor otro día.
¿Paso por tu casa a eso de las nueve?	¡Buena idea! El viernes, sí. ¿Dónde quedamos?
	Vale, perfecto. Nos vemos...

b. Hoy la clase de español se ha cancelado. Le propones a tu compañero/a una de estas actividades. Él/Ella reacciona.

| tomar un café | cenar en un restaurante mexicano | ver una película en casa |
| hacer los deberes de español | jugar a las cartas | ir a la sauna | dar un paseo | ... |

- ¿Te apetece tomar un café esta tarde?
- ¡Claro! ¿Dónde quedamos?

Ir a + infinitivo

- voy
- vas
- va   } a cenar
- vamos
- vais
- van

Ir a + infinitivo expresa un propósito o un evento que va a tener lugar en el futuro.

Hacer planes

> ¿Cómo quedamos?
> ¿A qué hora quedamos?
> ¿Qué tal a las...?
> ¿Dónde quedamos?
> ¿Y si vamos a...?
> ¿Tienes ganas de...?
> ¿Te apetece...?
> Vale, perfecto.
> ¡Claro!
> ¡Buena idea!
> Lo siento, es que...
> ¡Ay! Qué pena, pero...
> Hoy no puedo, pero...

En España se usa el verbo **quedar**, y en Latinoamérica, **encontrarse**.

ACT 4 - campus✶difusión

▶

> **Corto** › Emoticidio

📖 2-5, 16-18, 21, 25

5 a. Mira esta guía del ocio y completa las recomendaciones semanales con la información de las imágenes. Añade dos actividades más. ¿Qué actividad te gusta más? ¿Cuál no te gusta? Coméntalo con tu compañero/a.

Guía del Ocio

RECOMIENDA ESTA SEMANA

1. Curso de cocina.
2. Clases de yoga.
3. Ver una exposición.
4. Ir al cine.
5. Patinar.
6. Hacer una excursión.
7.
8.

b. ¿Qué planes tienes para esta semana? Escribe en el calendario siete actividades. Luego, intenta quedar con tus compañeros/as para recuperar la clase cancelada de **4b**.

- ¿Qué tal si ponemos la clase el miércoles a las 12 h?
- Lo siento, yo no puedo, es que tengo clase de yoga.

	LUN	MAR	MIE	JUE	VIE	SAB	DOM
8:00 - 10:00							
10:00 - 12:00							
12:00 - 14:00							
14:00 - 16:00							
16:00 - 18:00							
18:00 - 20:00							

---

b. Explique a sus alumnos/as la situación: la clase de español se ha cancelado y no ha sido posible avisarlos/as antes. Ya que están en la escuela, podrían hacer algo con su compañero/a. Divida la clase en parejas. Sus alumnos/as proponen a su compañero/a una de las actividades que se dan como sugerencia. Deles tiempo a escribir sus propuestas y a corregirlas antes de planteárselas a su compañero/a. El / La compañero/a reacciona.

5. a. Si lo cree oportuno, propóngales leer en casa la ficha de lectura 13, a modo de preparación de esta actividad. Explique a sus alumnos/as que tienen que identificar por la foto las actividades de tiempo libre que la *Guía del ocio* recomienda esta semana. Pídales que, además, completen la lista con otras dos actividades de su elección. A continuación, haga que comenten con su compañero/a la actividad que más y que menos les gusta. ¿Coinciden?

b. Explique a sus alumnos/as que, individualmente, tienen que colocar en la agenda siete actividades de ocio. Después, coménteles que hay que recuperar la clase de español de **4 b**. En clase abierta, proponga usted un día y una hora. **¿Todo el mundo puede?** Quien no pueda, da su motivo siguiendo el modelo de lengua. A continuación, un/a estudiante propone otro día y otra hora, y así hasta encontrar el hueco.

QUEDAMOS EN EL RESTAURANTE

Introducir los pronombres relativos que y donde, y los gentilicios. Dar una definición.

Antes de empezar

En la sesión previa, diga a sus alumnos/as que el próximo día trabajarán en clase con el texto de la actividad 6 b. Comente que, si quieren, lo pueden preparar en casa con el diccionario. Anímelos/as también a preparar el apartado 6 b, que comentarán en la clase siguiente. Invítelos/as a escuchar la locución en la/s variedad/es del español que prefieran.

Procedimientos

6. a. Explique a sus alumnos/as que van a hablar y después escribir sobre el acto de comer fuera de casa. Si tiene un grupo de un mismo país, formule las preguntas del enunciado en voz alta y apunte sus respuestas en la pizarra. En caso contrario, haga parejas o grupos de trabajo con estudiantes de diferentes países y una puesta en común en clase abierta.

b. Pida a sus alumnos/as que lean el texto individualmente. Durante la lectura, sus estudiantes subrayan en el texto las actividades de tiempo libre que se mencionan (**ir al cine, hacer deporte, ver la tele, salir a comer**), las actividades durante la comida (**charlar, contar anécdotas, conocer a otros invitados, hablar de la comida**) y los temas de conversación (**la comida, el trabajo, los estudios, la familia, las vacaciones**). Anímelos/as a comparar con su propio país y a comentar en clase abierta las similitudes o diferencias que encuentran.

7. a. Pregunte a sus alumnos/as si conocen alguno de los platos que se mencionan y anímelos/as a buscar el equivalente en su/s idioma/s. Si lo cree oportuno, propóngales trabajar ahora con la ficha de lectura 14, en la que encontrarán información sobre esos platos.

b. Pida a sus estudiantes que lean las frases y escriban en cada casilla el número del plato correspondiente. Haga referencia a la nota del margen sobre los pronombres relativos.

c. Proponga a sus alumnos/as que escriban en parejas tres definiciones usando los principios de frases que se dan como modelos. Después, una vez corregidas, cada pareja las lee y el resto intenta adivinar a qué cosa, persona o lugar se refieren. Puede seguir practicando las definiciones con pronombres relativos con la ficha fotocopiable 30.

---

10 TENGO PLANES

QUEDAMOS EN EL RESTAURANTE

6 a. ¿Te gusta comer fuera de casa? ¿Con quién? ¿En qué ocasiones y con qué frecuencia lo haces? Coméntalo con un/a compañero/a.

b. Lee el texto, toma notas sobre los siguientes aspectos y compara con tu país.

| actividades de tiempo libre | actividades durante la comida | temas de conversación |

Más que comer

Ir al cine, hacer deporte o ver la tele son algunas de las actividades favoritas de los españoles y las españolas en su tiempo libre. Pero, para la mayoría, hay otra muy importante: salir a comer.

No se trata solo de la comida, sino también del aspecto social. Por eso las comidas son muy largas, con tiempo para charlar, contar anécdotas o conocer quizás a otros invitados. Y hablar de comida. "La mejor paella es la que hace mi madre", "¿No comes carne?", "¿Conoces un buen restaurante mexicano?" son frases que fácilmente podemos escuchar durante las comidas. Y durante la comida o después, en la sobremesa, también se habla del trabajo, los estudios, la familia, las vacaciones... Para la gente en España, ir a un restaurante no es solo comer para alimentarse: también es disfrutar de la comida y de la compañía. Es vivir.

7 a. En español hay muchas comidas y bebidas con nombres de lugares. ¿Qué platos conoces? ¿Existen también en tu país? ¿Cómo se llaman?

1. ensaladilla rusa
2. tortilla francesa
3. tarta vienesa
4. crema catalana
5. tortilla española
6. café irlandés
7. tarta de Santiago
8. arroz a la cubana
9. macedonia de frutas

b. ¿A qué platos de arriba se refieren estas frases?

- [1] Es un plato frío **que** lleva verdura y mayonesa.
- [5] Es una tortilla **que** se hace con patatas y huevos.
- [3] Es un dulce de un país **donde** se habla alemán.
- [9] Es un postre **que** lleva diferentes frutas.
- [7] Tiene el nombre de una ciudad **donde** hay muchos peregrinos.

c. Escribe tres definiciones con tu compañero/a. Luego, cada pareja las lee en voz alta y el resto de la clase adivina a qué se refieren.

| Es una cosa que... | Es una persona que... | Es un lugar donde... |

ACT 6 b - campus difusión

- Texto mapeado
- Texto locutado

Los pronombres relativos

Que es invariable y puede referirse a personas y a cosas en singular y plural.
- Es un profesor **que** tiene gafas.

Si nos referimos a un lugar, se usa **donde**.
- Es un restaurante **donde** sirven menú del día.

6, 7

122 ciento veintidós

PRODUCTO NACIONAL

8 **a.** Completa la tabla con los adjetivos en su forma adecuada.

SINGULAR		PLURAL	
MASCULINO	FEMENINO	MASCULINO	FEMENINO
vino italian**o**	pizza italian**a**	vinos italian**os**	pizzas *italianas*
vino español	tortilla *española*	vinos español**es**	tortillas español**as**
vino francés	tortilla *francesa*	vinos frances**es**	tortillas frances**as**

El género en los adjetivos

La mayoría de los adjetivos de nacionalidad forman el femenino en -**a**, incluso cuando el masculino termina en consonante.

- Un chico español.
- Una chica española.
- Un estudiante francés.
- Una estudiante francesa.

b. Lee el texto y decide las nacionalidades de los productos sin repetir ninguna. Luego, compara con otras personas. ¿Coincidís?

español/a	alemán/ana	francés/esa	inglés/esa	holandés/esa	suizo/a
danés/esa	chino/a	noruego/a	sueco/a	italiano/a	austríaco/a
chileno/a	colombiano/a	turco/a	argentino/a		

SUGERENCIA

Soy un típico ciudadano cosmopolita del siglo xxi. Por eso tengo un coche *alemán*, me gustan la carne *argentina*, el café *colombiano*, el vino *chileno*, el queso *francés*, el pescado *noruego* y el aceite de oliva *español*. Tengo un móvil *chino*, un reloj *suizo* y muchos de los muebles de mi casa son *suecos*. En invierno voy a esquiar a las montañas *austriacas*. Escucho música *italiana* y me encantan las películas *turcas*.

c. Prepara preguntas sobre estos aspectos y haz una entrevista a tu compañero/a. Él/Ella contesta. Luego, al revés.

- un producto italiano que tiene en casa
- su plato favorito
- un restaurante que te recomienda
- una película que le ha gustado mucho
- algo que no sabe hacer, pero quiere aprender
- algo que sabe hacer (muy) bien

- ¿Tienes algún producto italiano en casa?
- Pues... a ver... ¡Ah, sí! Tengo unos zapatos italianos muy bonitos.

📱 8, 20

---

9 **a.** Lee las frases y relaciónalas con las palabras de las etiquetas.

| habilidad, conocimiento | posibilidad | permiso |

1. **Sé** italiano. *habilidad, conocimiento*
2. **Puedo** ir a pie al trabajo. *posibilidad*
3. No **podemos** dormir con luz. *posibilidad*
4. ¿**Sabes** tocar el piano? *habilidad, conocimiento*
5. Marta **sabe** escuchar a la gente. *habilidad, conocimiento*
6. No **puedo** comer huevos. *posibilidad*
7. ¿**Sabes** la receta de la crema catalana? *habilidad, conocimiento*
8. ¿**Puedo** pagar con tarjeta? *permiso*

b. Escribe tres frases sobre cosas que sabes o puedes hacer, entre ellas una mentira. La clase tiene que adivinar la mentira.

- Sé bailar tango. Puedo escuchar música y leer a la vez.

- Paco *sabe* tocar el violín, pero ahora no *puede*.

📱 9

PRODUCTO NACIONAL
Sistematizar los gentilicios.
Distinguir entre saber **y** poder.

Procedimientos

8. a. Proponga a sus alumnos/as que completen la tabla prestando atención a las terminaciones de los adjetivos según el género del sustantivo. Guíelos/as para que deduzcan la regla: a diferencia de los otros adjetivos, los gentilicios que acaban en consonante tienen una forma femenina en -**a** para el singular y en -**as** para el plural (**español / española**, **francés / francesa**). Comente que algunos gentilicios son invariables (**belga**, **estadounidense**, **iraní**).

b. Lea en voz alta los gentilicios de la lista y aclare las posibles dudas. Sus alumnos/as leen el texto y deciden la nacionalidad de los productos sin repetir ninguna. Tenga en cuenta que puede haber varias respuestas.

c. Explique a sus estudiantes que van a hacer una entrevista a su compañero/a. Lea las frases en voz alta y pida a algunos/as estudiantes que digan cuál es la pregunta que tienen que hacer para obtener la información deseada, por ejemplo: **¿Tienes un producto italiano en casa?** En parejas, se hacen la entrevista mutuamente. Pasee entre las mesas y escúchelas. Asegúrese de que plantean las preguntas y de que no responden simplemente con **sí** o **no**, por ejemplo: **¿Qué sabes hacer bien? Sé cocinar.** Algunos/as estudiantes presentan los resultados al resto de la clase.

9. a. Remita a sus alumnos/as al dibujo del margen y pídales que lo completen con los verbos **saber** (habilidad, conocimiento) y **poder** (posibilidad, permiso). A continuación, pídales que relacionen las frases del apartado con alguna de las tres etiquetas.

b. Pida a sus alumnos/as que escriban en su cuaderno tres frases en las que mencionen lo que saben o lo que pueden hacer. Una de ellas debe ser falsa. En cadena, cada estudiante lee sus frases y el resto de la clase adivina cuál de ellas es mentira. Insista en que no respondan diciendo **Es falso**, sino **No sabes...** o **No puedes...**

Y después

Si lo cree adecuado, continúe con la siguiente práctica lúdica que integra los nuevos recursos vistos. Anímelos/as a pensar en una persona famosa y describirla, incluyendo su nacionalidad y sus habilidades. Los demás deberán adivinar quién es. Por ejemplo: **Es un chico español que sabe jugar al tenis muy bien. Es moreno y tiene el pelo un poco largo** (Rafa Nadal).

EN EL RESTAURANTE

Repasar y presentar recursos para pedir comida y bebida en un restaurante.

Antes de empezar

A modo de clase invertida, pida a sus alumnos/as que preparen en casa el apartado **10 a** para la siguiente sesión. Señale el menú del día y explíqueles que muchos bares y restaurantes ofrecen al mediodía un menú con varias opciones a elegir para el primero, segundo y postre. En el precio se incluyen el pan, la bebida y el café y es más barato que comer a la carta.

Procedimientos

10. a. Anime a sus alumnos/as a leer el menú del día y a marcar los platos que conocen. Aclare las posibles dudas de vocabulario. Si le preguntan por la expresión **a la plancha** o **asado**, remítalos/as al margen derecho y explíqueles las diferentes formas de preparar un plato. Mencione que la preposición **a** en algunas de las expresiones indica la manera de preparar los platos; en cambio, la preposición **de** hace referencia a los ingredientes (sopa **de** verdura, filete **de** salmón). Ponga la audición y pida a sus estudiantes que en esta fase se concentren solo en lo que piden los clientes y que lo marquen en el menú. Para comprobar los resultados en clase abierta, haga preguntas como: *¿Qué toma el hombre de primero? ¿Y de segundo? ¿Y la mujer?* De esta forma, sus alumnos/as se irán familiarizando con los recursos de la siguiente actividad.

Solución
Ella: ensalada mixta y merluza a la plancha.
Él: arroz a la cubana, pollo asado con verdura y crema catalana.

b. Comente que estas frases con las dos opciones se suelen escuchar frecuentemente en un restaurante y léalas en voz alta. Ponga la audición de nuevo y pida a sus estudiantes que elijan la opción que escuchan en cada frase. Después de comentar la solución en clase abierta, remítalos/as al margen derecho en la que se resumen los recursos para pedir la comida o la cuenta, así como las preguntas que hace el camarero.

c. Remita a sus alumnos/as al menú del apartado **a** y pídales que elijan un primer plato, un segundo, una bebida, un postre y que completen el diálogo. Les servirá como práctica para el siguiente apartado.

d. Explique a sus alumnos/as que, en grupos de tres, van a representar una situación en el restaurante: uno/a es el / la camarero/a y los/as otros/as dos, clientes/as. Deles un tiempo para practicar la situación y pasee entre las mesas ayudándolos/as en caso de que sea necesario. A continuación, pida a dos o tres grupos que representen la situación ante la clase.

---

10 TENGO PLANES

EN EL RESTAURANTE

10 a. 🔊 50 – Lee el menú y comenta con tu compañero/a qué platos conoces. Luego escucha la conversación y marca lo que piden los clientes.

b. 🔊 50 – Escucha otra vez y marca las palabras que usan los clientes para pedir.

1. Para mí, **de primero** / primero quiero ensalada mixta.
2. De segundo **yo tomo** / para mí el pollo asado con verdura.
3. **Para beber** / Queremos un vino tinto de la casa.
4. ¿De postre qué **hay** / **tienen**?
5. ¿Me trae **un poco más de** / **otro vaso para el** agua, por favor?

c. Ahora vas al restaurante. Mira el menú y completa el diálogo.

- ¿Qué va a tomar?
- [Pides un primer plato] _____
- ¿Y de segundo?
- [Pides el segundo] _____
- Y para beber, ¿qué le traigo?
- [Pides dos cosas para beber] _____
- ¿Va a tomar postre?
- [Pides un café en lugar de postre] _____
  [y la cuenta] _____

d. En grupos de tres, representad la situación de **c**. Uno/a es el/la camarero/a, los/as demás piden la comida con ayuda de sus notas. Luego, se cambian los roles.

- *Buenos días. ¿Van a tomar el menú del día?*
- *Sí, gracias. A ver, para mí...*

MENÚ DEL DÍA

PRIMER PLATO
Ensalada mixta
Gazpacho
Arroz a la cubana
Sopa de verdura

SEGUNDO PLATO
Merluza a la plancha
Salmón con espárragos
Chuleta de cerdo con patatas fritas
Pollo asado con verdura

POSTRE
Flan
Crema catalana
Fruta del tiempo
Helado

Pan, bebida y café
20 €

ACT 10 - campus difusión

▶ Los lex › En el restaurante A1

Modo de preparación
› frito/a
› asado/a
› al horno
› a la plancha
› a la romana
› muy / poco hecho/a

Pedir en un restaurante

Camarero/a
› ¿Qué desea(n)?
› ¿Qué va(n) a tomar? / ¿Qué va(n) a tomar de primero?
› ¿Va(n) a tomar postre? / ¿Desea(n) postre?

Cliente/a
› Para mí, de primero / de segundo / de postre...
› Yo tomo... / Yo voy a tomar...
› ¿Qué hay de postre?
› ¿Me trae otro/a... / un poco de...?
› La cuenta, por favor. / ¿Me trae la cuenta, por favor?

📄 10, 11, 28, 29

¿OTRA CERVEZA?

11 a. ¿Qué significa **otro/a** en estas frases? Elige la opción correcta en cada caso.

(Imagen 1: camarera — "¿ME TRAES OTRA CERVEZA, POR FAVOR?")

☒ Ya ha tomado una cerveza antes.
☐ Es la primera que pide.

(Imagen 2: cliente — "¿ME PUEDES TRAER OTRO TENEDOR, POR FAVOR? ESTE ESTÁ SUCIO.")

☐ No tiene tenedor.
☒ Tiene un tenedor, pero lo quiere cambiar.

b. Completa la tabla con la traducción a tu lengua de las palabras en negrita.

PEDIR ALGO	TRADUCCIÓN
¿Me trae / Nos trae... **una** cuchara, por favor? **otro** cuchillo, por favor? **un poco de** sal, por favor? **un poco más de** pan, por favor?	

c. Clasifica estas palabras o expresiones en la tabla.

| mantequilla | vaso de vino | salsa | servilleta |
| pan | sal | tenedor | botella de agua |

OTRO/A/OS/AS	UN POCO DE
vaso de vino, servilleta, tenedor, botella de agua	mantequilla, salsa, pan, sal

---

12 Estás en el restaurante de **10 a** con tu compañero/a y el/la camarero/a. Pregúntale qué tal está su comida, valora la tuya y pide más cosas. Luego, se cambian los roles.

- ¿Qué tal la merluza?
- Está rica, pero un poco fría. ¿Y tu pollo?
- Está un poco soso. Perdone, camarero, ¿me trae un poco más de sal, por favor?
- Claro, ahora mismo. ¿Algo más?
- Sí, otra copa de vino.

Nombres contables e incontables

Otro/a/os/as se usa con cosas contables y va siempre sin artículo.
- ¿Me trae ~~un~~ otro vaso, por favor?

Un poco de su utiliza con nombres incontables.
- ¿Quieres un poco de agua?

📘 12, 13, 19

Valorar la comida

La sopa / El filete está (muy)...
› rico/a
› salado/a
› soso/a
› dulce
› frío/a
› caliente
› picante

ACT 12 - campus🎓difusión
▶
› **Micropelis** › La cena

📘 22-24, 26

¿OTRA CERVEZA?
Introducir las expresiones Me trae otro/a / un poco más de. Introducir recursos para valorar la comida.

Procedimientos

11. a. Explique a sus alumnos/as que tienen que mirar las fotos y leer las frases para tratar de distinguir el significado de **otro/a** en cada caso. Haga una puesta en común y aclare posibles dudas.

b. Pida a sus alumnos/as que lean las frases de la izquierda de la tabla verde y anímelos/as a traducir a su lengua cada una de las expresiones. Si tiene un grupo de un mismo país, trabajen en clase abierta y apunte sus respuestas en la pizarra. En caso contrario, haga parejas o grupos de trabajo con estudiantes de diferentes países y una puesta en común en clase abierta. Si lo cree conveniente, llame ahora su atención en las diferentes palabras que aparecen tras **una**, **otro**, **un poco de** y **un poco más de**. Encauce sus respuestas hasta que distingan entre cosas contables e incontables. Si sus alumnos/as no están familiarizados/as con la terminología lingüística, haga hincapié en ejemplos que les ayuden a ver la diferencia y en las correspondencias en su L1 o lengua vehicular.

c. Pida a sus alumnos/as que clasifiquen las palabras o expresiones de las etiquetas en la tabla amarilla. De esta forma, se darán cuenta de que **otro/a/os/as** se usa con sustantivos contables, mientras que **un poco de** se reserva para los incontables. Muéstreles la nota del margen y explique que, en español, no se usa el artículo indeterminado (~~un~~ otro vaso).

12. Antes de empezar, sería conveniente comentar el uso de **¿Qué tal?** en este contexto. Aclare que es una expresión muy usada y que se puede combinar con varios temas: **¿Qué tal el libro? ¿Qué tal tu madre? ¿Qué tal el trabajo?** Haga referencia a la nota del margen y explique a sus estudiantes que para valorar un plato se usa el verbo **estar** + adjetivo. Recuerde que aquí no se trata de hacer un contraste exhaustivo de todos los usos de **ser** y **estar**, basta con que se den cuenta de que para valorar un plato se usa **estar**, mientras que para definirlo se usa **ser**: **La paella es un plato que se hace con arroz. / Esta paella está muy buena.** Sus alumnos/as forman parejas y se imaginan que están en un restaurante. En un papel escriben lo que han pedido en la actividad **10 c** (primero, segundo y postre) y se lo pasan a su compañero/a. A continuación, se preguntan por los platos siguiendo el modelo de lengua. Después se cambian los roles.

MÁS QUE PALABRAS
Repaso y fijación del vocabulario de la unidad.

Procedimientos

13. Escriba los colores en la pizarra y explique que, en dos minutos, tienen que asociar alimentos a cada uno de ellos. Pasado ese tiempo, pida a sus alumnos/as que, en parejas, comparen sus resultados. ¿Quién ha escrito más alimentos? Complete la tabla de la pizarra con las palabras que los estudiantes van mencionando.

14. Pida a sus alumnos/as que lean los grupos de palabras y explíqueles que tienen que escribir el verbo con el que combinan. Déjeles que, en parejas, busquen posibles combinaciones. El resultado se comenta en clase abierta. Puede ampliar la práctica de estos verbos con la ficha fotocopiable 31.

TAREA FINAL: UN FIN DE SEMANA DIFERENTE
Práctica escrita y oral de los recursos de la unidad en un contexto significativo.

Procedimientos

15. Explique a sus alumnos/as el contexto: un grupo de hispanohablantes viene a pasar un fin de semana en su ciudad. Su tarea es organizar un programa de actividades para los visitantes. Anímelos/as a mencionar posibles actividades para el fin de semana y escriba las propuestas en la pizarra. A continuación, la clase se divide en grupos de tres personas. Cada grupo decide las actividades que quiere proponer para el sábado y el domingo. Para ello, toman un papel y hacen un programa con sus propuestas. Conviene insisitir en que piensen en todos los detalles para que el programa tenga éxito: lugar de encuentro, horario, si se necesita algún tipo de ropa especial, etc. Déjeles tiempo para que cada grupo elabore su programa y pasee por las mesas para ayudarlos si lo necesitan. A continuación, cada grupo presenta su programa ante la clase. Entre todos/as deciden el programa definitivo y eligen entre todas las propuestas, las que les parecen más interesantes para el grupo de visitantes. Escriba el programa en la pizarra. Partiendo del programa final, en parejas, sus estudiantes escriben un correo electrónico al grupo de visitantes en el que les presentan el programa. Si quiere, puede darles este inicio de texto: **En una semana vais a llegar a nuestra ciudad y os queremos presentar el programa para el fin de semana. El sábado por la mañana vamos a...**

---

10 TENGO PLANES

MÁS QUE PALABRAS

13 ¿Qué alimentos conoces de estos colores? Completa la tabla. Luego, compara con el resto de la clase y añade más palabras a tu lista.

SUGERENCIAS

VERDE	ROJO/A	BLANCO/A	AMARILLO/A	MARRÓN
lechuga, pepino, calabacín, aguacate, espinacas...	tomate, fresa, manzana, carne, pimiento...	leche, queso, yogur, harina, sal, azúcar...	mantequilla, huevo, limón, pasta...	chocolate, patatas, azúcar integral, café, nueces...

14 Palabras en compañía. ¿Con qué verbo se pueden combinar los elementos de cada grupo? Compara tus respuestas con tu compañero/a.

tocar	el piano	un instrumento	la guitarra	un objeto
jugar	al tenis	con los niños/as	a las cartas	en un equipo de fútbol
aprender	a esquiar	a reparar una moto	italiano	a hacer una tarta vienesa
quedar	delante del cine	con amigos/as	a las ocho	en el bar Tío Pepe
tomar	una copa	el autobús	el sol	una cerveza	una ducha

TAREA FINAL: UN FIN DE SEMANA DIFERENTE

15 Tu escuela recibe este fin de semana a un grupo de personas que vienen a visitar la ciudad. Tú y tus compañeros/as sois los/as encargados/as de preparar el programa de actividades. En parejas, seguid estas instrucciones.

1. Cada pareja propone actividades para el sábado y el domingo (por la mañana, por la tarde y por la noche).
   Hay que pensar en estos aspectos:
   - ¿Dónde quedamos?
   - ¿A qué hora?
   - ¿Qué vamos a hacer?
   - ¿Por qué son interesantes estas actividades?
   - ¿Se necesita algo (ropa de deporte...)?

2. Cada pareja presenta su programa. Entre toda la clase se elige el programa definitivo.

3. Finalmente, cada pareja escribe un correo electrónico al grupo de visitantes y presenta su programa con todos los detalles.

VÍDEO

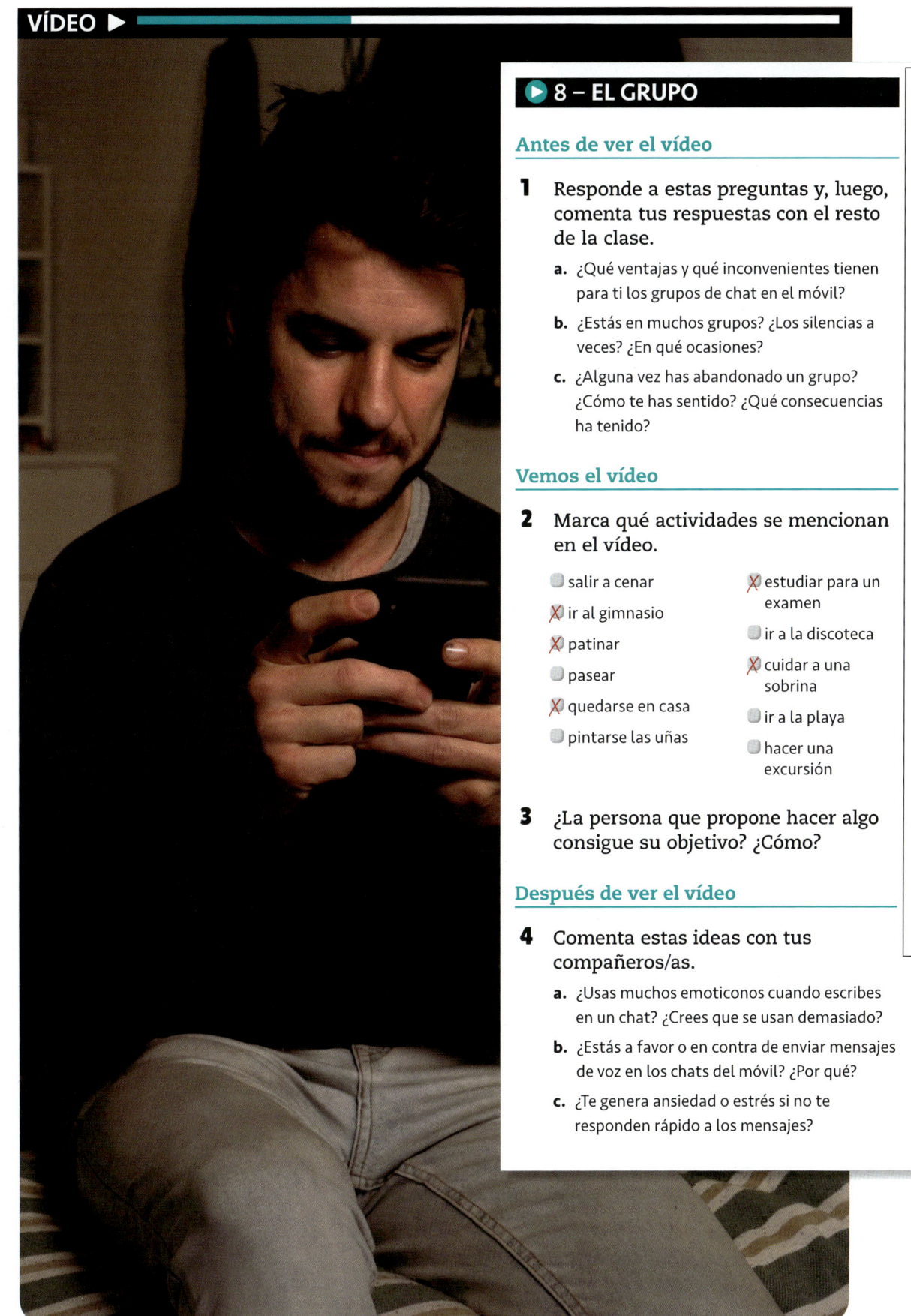

▶ 8 – EL GRUPO

Antes de ver el vídeo

1 Responde a estas preguntas y, luego, comenta tus respuestas con el resto de la clase.

- **a.** ¿Qué ventajas y qué inconvenientes tienen para ti los grupos de chat en el móvil?
- **b.** ¿Estás en muchos grupos? ¿Los silencias a veces? ¿En qué ocasiones?
- **c.** ¿Alguna vez has abandonado un grupo? ¿Cómo te has sentido? ¿Qué consecuencias ha tenido?

Vemos el vídeo

2 Marca qué actividades se mencionan en el vídeo.

- ☐ salir a cenar
- ☒ ir al gimnasio
- ☒ patinar
- ☐ pasear
- ☒ quedarse en casa
- ☐ pintarse las uñas
- ☒ estudiar para un examen
- ☐ ir a la discoteca
- ☒ cuidar a una sobrina
- ☐ ir a la playa
- ☐ hacer una excursión

3 ¿La persona que propone hacer algo consigue su objetivo? ¿Cómo?

Después de ver el vídeo

4 Comenta estas ideas con tus compañeros/as.

- **a.** ¿Usas muchos emoticonos cuando escribes en un chat? ¿Crees que se usan demasiado?
- **b.** ¿Estás a favor o en contra de enviar mensajes de voz en los chats del móvil? ¿Por qué?
- **c.** ¿Te genera ansiedad o estrés si no te responden rápido a los mensajes?

EL GRUPO
Entender un vídeo en el que un chico intenta quedar con sus amigos por chat para hacer algo juntos.

Antes de empezar

Si lo cree oportuno, en la sesión previa, informe a sus alumnos/as de que en la siguiente sesión trabajarán con el vídeo de la unidad. Anímelos/as a verlo en casa si lo desean, a modo de preparación, y a marcar sus respuestas a los ejercicio **1** y **2**. Pregunte a sus estudiantes si usan algún tipo de aplicación móvil para enviar y recibir mensajes instantáneos. ¿Cuáles usan? ¿Cuál es mejor o peor? ¿Por qué? A continuación, lea el título del cortometraje y pídales que hagan hipótesis sobre el argumento.

Procedimientos

1. Antes de ver el vídeo, pida a sus estudiantes que contesten a las preguntas que se plantean y que después comenten las respuestas entre todos/as. ¿Pueden sacar alguna conclusión?

2. Pida a sus estudiantes que lean las actividades que se listan en este ejercicio y explíqueles que tienen que marcar aquellas que se mencionan en el vídeo. Haga una puesta en común al finalizar el corto.

3. Formule en voz alta las preguntas del enunciado. Después de la puesta en común, pueden hacer el ejercicio de la ficha fotocapiable 32.

Solución

Sí, consigue su objetivo saliendo del grupo.

4. Forme grupos de tres o cuatro personas y pídales que contesten y comenten las preguntas que se proponen. Pasee por el aula y escuche sus producciones. No interrumpa si no lo cree estrictamente necesario.

PANAMERICANA: CHILE

Comprensión lectora global con información cultural sobre Chile. Repaso de algunos recursos de la unidad.

Antes de empezar

En la sesión previa, diga a sus alumnos/as que el próximo día trabajarán en clase con el texto de Chile. Anímelos/as a prepararlo en casa con el diccionario, tal y como se propone en el ejercicio 1. Invítelos/as a escuchar la locución en la/s variedad/es del español que prefieran. Escriba en la pizarra la palabra **Chile** y pregunte a sus alumnos/as qué saben de este país. Apunte lo que digan en la pizarra y dígales que el texto de la actividad les dará más información sobre Chile y su cultura.

Procedimientos

1. Pida a sus estudiantes que lean el texto de la actividad para sí mismos/as. Al tiempo que lo leen, pídales que subrayen las palabras que no entiendan. Haga una puesta en común en clase abierta para definir las palabras que desconocen.

2. Pregúnteles si han encontrado algún falso amigo (o cognado) con respecto a su/s lengua/s. Si tiene un grupo de una misma lengua vehicular, formule la pregunta enunciado en voz alta y apunte sus respuestas en la pizarra. En caso contrario, haga grupos de trabajo con estudiantes de lenguas comunes y una puesta en común en clase abierta

3. Pida a sus alumnos/as que marquen como verdaderas o falsas, según la información dada en el texto, las afirmaciones que aparecen en este ejercicio. Además, pídales que corrijan las informaciones erróneas.

Solución

1. F: La naturaleza en Chile es muy variada por los diferentes paisajes que ofrece.
3. F: Los moáis se pueden visitar en la isla de Pascua.
5. F: Valparaíso es considerada la capital cultural de Chile. La capital política es Santiago.

4. Si tiene un grupo de un mismo país, pídales que piensen en tres datos interesantes sobre su capital y apunte sus respuestas en la pizarra. En caso contrario, haga grupos de trabajo con estudiantes de diferentes países y una puesta en común en clase abierta.

---

10 TENGO PLANES

PANAMERICANA
CHILE

¡Hola! Me llamo Matilde y soy chilena. ¿Conoces Chile? ¿Quizás los vinos chilenos? Voy a contarte un poco de mi "largo y delgado país" (Pablo Neruda).

En sus 4200 km de longitud, Chile ofrece paisajes que recuerdan lugares tan diferentes como el Sáhara, el Mediterráneo o Noruega. En el norte, por ejemplo, tenemos el desierto de Atacama, el más seco del mundo. En el otro extremo, en la Patagonia chilena, fiordos y glaciares. Allí se pueden encontrar colonias de pingüinos todo el año. Uno de los lugares más fascinantes del mundo es la Isla de Pascua, con sus misteriosas esculturas milenarias, los moáis.

En la capital, Santiago, se puede disfrutar de sus museos y galerías de arte. El centro histórico, la Plaza de Armas, es el punto de encuentro de los turistas y de los habitantes de la ciudad. Es muy recomendable visitar el barrio Bellavista, donde se encuentra la Fundación Pablo Neruda, en la antigua casa del poeta. Este barrio tiene una intensa vida nocturna y excelentes restaurantes.

Cerca de Santiago se puede esquiar en los Andes y, si prefieres la playa, puedes hacer *windsurf* en la costa del Pacífico. ¿Cuántas ciudades pueden ofrecer esto?

Parque Nacional Torres del Paine, Chile

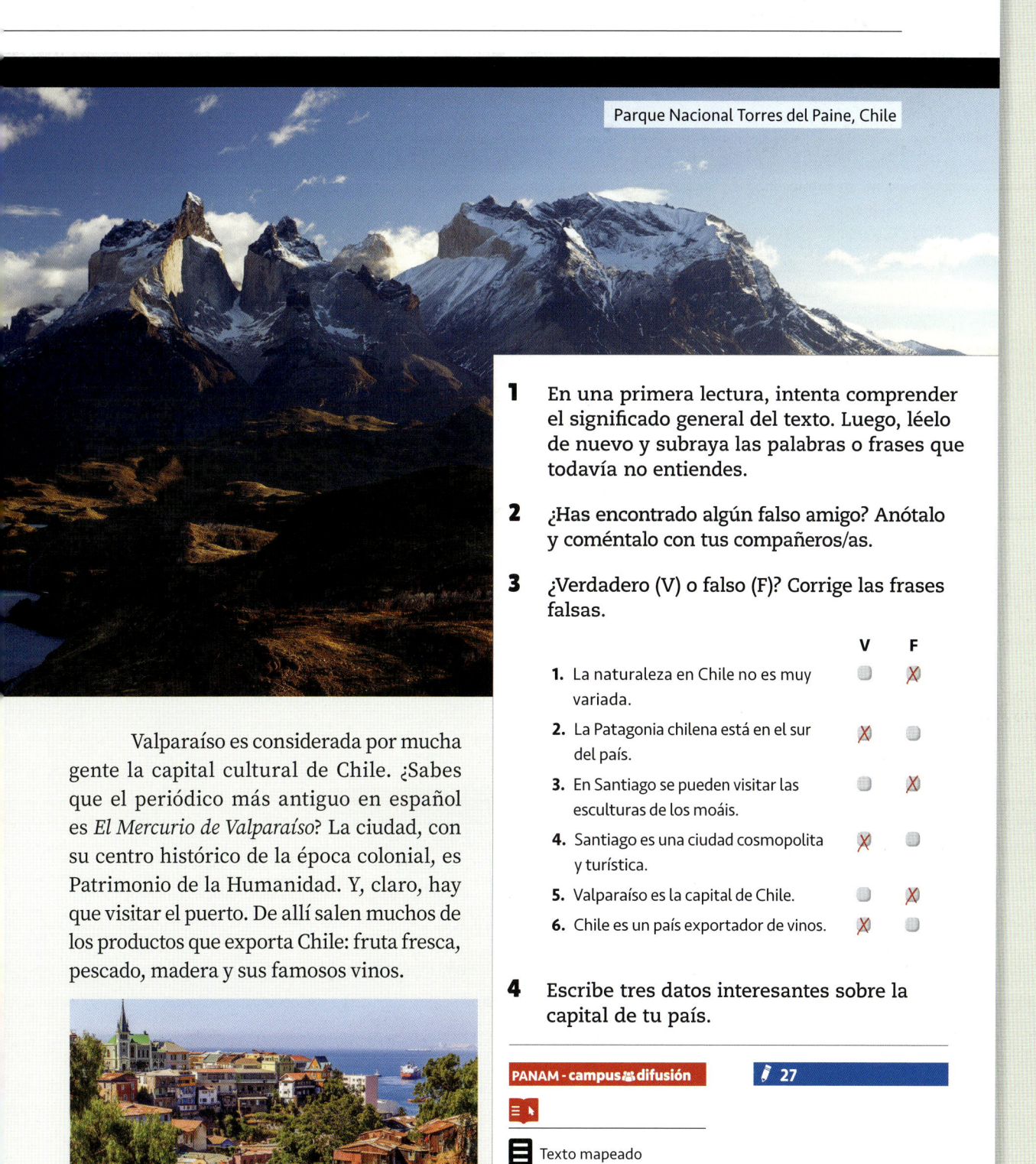

Valparaíso es considerada por mucha gente la capital cultural de Chile. ¿Sabes que el periódico más antiguo en español es *El Mercurio de Valparaíso*? La ciudad, con su centro histórico de la época colonial, es Patrimonio de la Humanidad. Y, claro, hay que visitar el puerto. De allí salen muchos de los productos que exporta Chile: fruta fresca, pescado, madera y sus famosos vinos.

1 En una primera lectura, intenta comprender el significado general del texto. Luego, léelo de nuevo y subraya las palabras o frases que todavía no entiendes.

2 ¿Has encontrado algún falso amigo? Anótalo y coméntalo con tus compañeros/as.

3 ¿Verdadero (V) o falso (F)? Corrige las frases falsas.

	V	F
1. La naturaleza en Chile no es muy variada.		X
2. La Patagonia chilena está en el sur del país.	X	
3. En Santiago se pueden visitar las esculturas de los moáis.		X
4. Santiago es una ciudad cosmopolita y turística.	X	
5. Valparaíso es la capital de Chile.		X
6. Chile es un país exportador de vinos.	X	

4 Escribe tres datos interesantes sobre la capital de tu país.

PANAM - campus difusión   27

Texto mapeado
Texto locutado

10 TENGO PLANES

COMUNICACIÓN

EN EL RESTAURANTE
Para mí, de primero...
De segundo...
Para beber...
¿Tienen...?
La cuenta, por favor.

MODOS DE PREPARACIÓN
frito/a
al horno
a la plancha
poco hecho/a
muy hecho/a

PEDIR ALGO QUE FALTA
¿Me puede traer **una** cuchara?
¿Me trae **otra** servilleta?
¿Nos trae **otros dos** cafés, por favor?
¿Me trae **un poco de** agua, por favor?
¿Me trae **un poco más de** pan?

PARA MÍ, DE SEGUNDO, POLLO A LA PLANCHA.

VALORAR LA COMIDA
- ¿Qué tal el pollo? ■ Está muy rico.
- ¿Y la merluza? ■ Está un poco salada.
- ¿Te gusta el flan? ■ Está demasiado dulce.

DESCRIBIR ALGO
Es un plato **que** lleva patatas, verdura y mayonesa.
Es un objeto **que** sirve para cortar la carne.
Es un lugar **donde** se comen platos típicos.

HACER PLANES, ACEPTAR Y RECHAZAR UNA PROPUESTA

PROPONER	ACEPTAR Y RECHAZAR
• ¿Por qué no...?	■ Vale. / Perfecto. / De acuerdo.
• ¿Tienes ganas de...?	■ Sí, buena idea. / Con mucho gusto.
• ¿Vienes conmigo a...?	■ Qué pena, pero no puedo, es que...
• ¿Y si vamos a...?	■ Lo siento, es que tengo un examen.

QUEDAR CON ALGUIEN
LUGAR Y HORA
- ¿A qué hora quedamos?
■ ¿Qué tal a las siete?
- ¿Dónde quedamos?
■ ¿Qué tal delante de...?

¿QUÉ TAL SI VAMOS AL CINE? TENEMOS TIEMPO.

¿AL CINE? HOY NO TENGO MUCHAS GANAS... ¿Y POR QUÉ NO VAMOS A CENAR?

GRAMÁTICA

IR A + INFINITIVO

yo	**voy**	
tú	**vas**	
él, ella, usted	**va**	a salir contigo
nosotros, nosotras	**vamos**	a trabajar el domingo
vosotros, vosotras	**vais**	a ver una exposición
ellos, ellas, ustedes	**van**	

Usamos **ir a** + infinitivo para hablar de planes o proyectos en el futuro.
- Este fin de semana vamos a ir a la montaña, ¿te apetece venir?
- Gracias, pero no puedo. Voy a ir a comer con unos amigos.

PREPOSICIÓN + PRONOMBRE

a	mí / **conmigo***
con*	ti / **contigo***
de	él, ella, usted
para	nosotros, nosotras
por	vosotros, vosotras
sin	ellos, ellas, ustedes

- *Julio, vamos a ir en dos coches. El mío y el de Marta. ¿Vienes conmigo o con ella?*
- *Yo voy con ella y Marcos va contigo, ¿vale?*
- *¡Perfecto!*

FRASES DE RELATIVO

Es un plato **que** lleva verdura y mayonesa.
El deporte **que** más practico últimamente es el tenis.
Este es el restaurante **donde** vamos a comer mañana.

Que es invariable y puede referirse a personas y a cosas en singular y en plural.
Si nos referimos a un lugar, se usa **donde**.

ADJETIVOS DE NACIONALIDAD

SINGULAR		PLURAL	
MASCULINO	**FEMENINO**	**MASCULINO**	**FEMENINO**
vino italian**o**	pizza italian**a**	vinos italian**os**	pizzas italian**as**
vino español	tortilla español**a**	vinos español**es**	tortillas español**as**
vino francés	tortilla frances**a**	vinos frances**es**	tortillas frances**as**

Los adjetivos de nacionalidad forman el femenino añadiendo -**a** cuando el masculino termina en consonante.
- Un pintor genial. / Una pintora genial.
- Un pintor español. / Una pintora español**a**.

SABER / PODER

SABER	PODER	
HABILIDAD, CONOCIMIENTO	**POSIBILIDAD**	**PERMISO**
Sé italiano.	**Puedo** ir a pie al trabajo.	¿**Puedo** pagar con tarjeta?
¿**Sabes** tocar el piano?	¿**Puedes** dormir con luz?	¿Se **puede** entrar?
No **sabemos** jugar al póker.	**Podemos** escuchar música y leer a la vez.	¿**Puedo** usar tu móvil?

OTRO/A/OS/AS Y UN POCO MÁS DE

NOMBRE CONTABLE	NOMBRE INCONTABLE
otr**o** cuchillo	
otr**a** cuchara	un poco (más) de [pan / agua / salsa / sal]
otr**os** dos cafés	
otr**as** dos cervezas	

Otro/a/os/as nunca se combina con el artículo indeterminado:
- ¿Me trae ~~una~~ **otra** botella de agua, por favor?

ciento treinta y uno **131**

En esta unidad, sus estudiantes van a tener la oportunidad de describir una vivienda, de hacer cumplidos y reaccionar, de hablar de sucesos del pasado y de localizarlos en el tiempo, y de expresar la cantidad. Para ello, aprenderán el pretérito indefinido regular y el de los irregulares ir / ser, y marcadores temporales para el indefinido y para el perfecto. Además, conocerán la historia del cacao y algunos datos sobre el último país de la ruta Panamericana: Argentina.

11 CASA NUEVA, VIDA NUEVA

Comunicación
- Describir una vivienda
- Hacer cumplidos y reaccionar
- Dar datos biográficos
- Hablar sobre sucesos en el pasado
- Preguntar por el pasado
- Localizar un momento en el pasado
- Expresar la cantidad

Gramática
- El pretérito indefinido regular
- El pretérito indefinido irregular: **ir / ser**
- Marcadores temporales para el pretérito indefinido y para el pretérito perfecto

Cultura
- La historia del cacao
- **Vídeo 9** Bienvenidos a mi casa
- **PANAMERICANA** Argentina

Léxico
- Las partes de la casa y los muebles
- Características de una vivienda
- Las etapas de la vida

Más de 300 alojamientos

Intercambio de casas

Tipos de alojamiento 🔍

Precio

Fechas

Reserva ya

Más filtros

Piso en el centro, grande, con vistas al mar. Tiene ascensor.

Piso pequeño, renovado y en un barrio antiguo. 5.ª planta sin ascensor.

Casa tranquila en las afueras.

Casa con jardín, ventanas grandes y mucha luz. A 20 km del pueblo más cercano.

Piso nuevo, moderno. Da a la calle.

Piso interior, en planta baja. Un poco oscuro, pero muy silencioso. Cerca del metro.

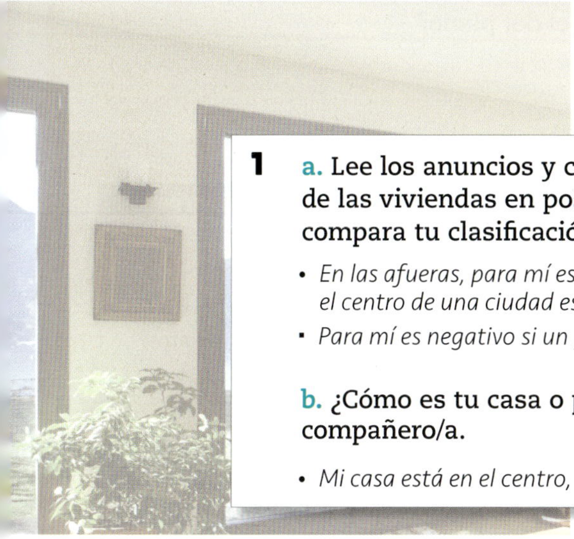

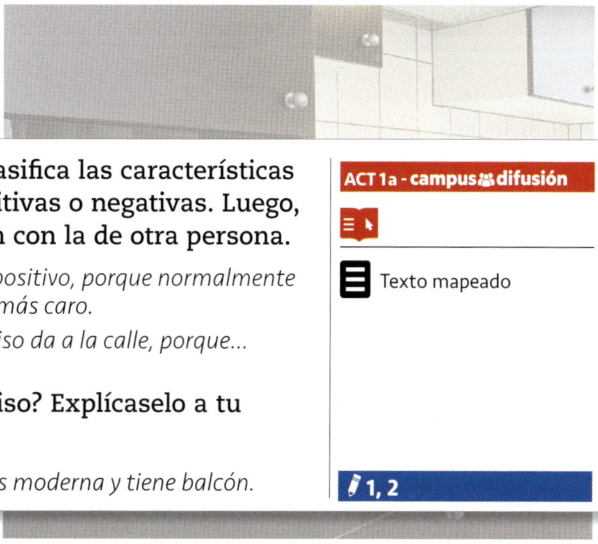

CASA NUEVA, VIDA NUEVA
Introducir el tema de la unidad y el vocabulario básico para describir una vivienda.

Antes de empezar

En la sesión previa, explique a sus estudiantes que en la siguiente sesión trabajarán con las actividades 1, 2 y 3. Anímelos/as a preparar el vocabulario nuevo en casa con ayuda del diccionario, de modo que su desempeño en la siguiente clase sea más ágil. Si lo cree conveniente, propóngales trabajar en casa con la ficha de lectura 15.
Presente a sus alumnos/as el tema de la unidad y pregúnteles si alguna vez han intercambiado su casa o piso y, en caso afirmativo, qué tal fue la experiencia. Señale, a continuación, la página de internet para intercambiar casas. Pida a sus alumnos/as que lean la descripción de los pisos fijándose en las fotos.

Procedimientos

1. a. Pida a sus alumnos/as que lean los anuncios y piensen si las características de las viviendas les parecen positivas o negativas. Luego, haga que comparen sus opiniones con las de otra persona. Remítalos/as al modelo de lengua.

b. Los / Las alumnos/as describen su casa o piso a su compañero/a utilizando las expresiones presentadas en el apartado anterior. Después, en cadena, cada alumno/a menciona dos o tres características de su vivienda.

1 a. Lee los anuncios y clasifica las características de las viviendas en positivas o negativas. Luego, compara tu clasificación con la de otra persona.

- *En las afueras, para mí es positivo, porque normalmente el centro de una ciudad es más caro.*
- *Para mí es negativo si un piso da a la calle, porque...*

b. ¿Cómo es tu casa o piso? Explícaselo a tu compañero/a.

- *Mi casa está en el centro, es moderna y tiene balcón.*

ACT 1a - campus difusión

Texto mapeado

1, 2

¿CÓMO ES TU CASA?
Léxico relativo a objetos y partes de la casa. Recursos para alquilar una vivienda.

Procedimientos

2. Pida a sus alumnos/as que, en parejas, comenten las preguntas propuestas. En clase abierta, cada alumno/a cuenta a la clase alguna información de su compañero/a que les haya llamado la atención.

3. a. Pida a sus alumnos/as que observen el dibujo del piso que Inés comparte con su compañero Juan. Pídales que escriban en las casillas el número del objeto que corresponde a cada palabra. Aclare el doble significado de **cocina** como parte de la casa y aparato para cocinar. Para comprobar los resultados, empiece preguntando a un/a estudiante: **¿Dónde está el microondas?** Este/a responde dando el número y localizando el objeto, por ejemplo: **El microondas está en la cocina y es el número 7.** A continuación, este/a estudiante pregunta a otro/a y así sucesivamente.

b. Explique el contexto: Inés comenta a su compañero de piso qué cosas deja en el piso de Madrid y cuáles se lleva a Valencia. Ponga la audición y pida a sus alumnos/as que marquen en la lista o en la ilustración del apartado a los objetos que la chica se lleva. Si lo considera necesario, puede poner la audición más veces y decirles a sus estudiantes que se ayuden de la transcripción si lo necesitan. Los resultados se comentan en clase abierta.

Solución
Inés se lleva el microondas, la nevera, la mesa y las cuatro sillas de la terraza, la tele, el espejo del baño y a su gato Misifús.

c. En cadena, cada alumno/as comenta una diferencia entre su piso y el piso del plano, siguiendo el modelo (se pueden referir al piso, a los muebles o a los objetos).

d. Pregunte a un/a alumno/a dónde hace normalmente una de las actividades de la lista, por ejemplo: **¿Dónde ves la tele?** Espere a que dé la respuesta. Si quiere, explique a la clase que van a hacer una pequeña encuesta para saber en qué lugar de la casa pasan más tiempo. A continuación, forme grupos de tres personas e invítelos/as a hacerse las preguntas entre ellos/as. Un/a portavoz de cada grupo explica al resto los resultados.

4. a. Sus alumnos/as que se van de viaje seis meses y quieren alquilar su piso durante ese tiempo. Pídales que escriban un anuncio en el que describen su casa para publicarlo en la web **IntercambioCasa**. Si sus alumnos/as necesitan más tiempo, dígales que lo hagan en casa y deje **4 b** para la siguiente sesión.

b. En parejas, sus alumnos/as intercambian sus anuncios y se hacen preguntas como las que aparecen en el margen derecho. Puede ampliar con la ficha fotocopiable 33.

---

11 CASA NUEVA, VIDA NUEVA

¿CÓMO ES TU CASA?

2 Pregunta a tus compañeros/as: ¿cuántas veces te has mudado…?

| a otra ciudad | en la misma ciudad | con una empresa de mudanzas |
| a otro país | por motivos de trabajo | con la ayuda de amigos/as |

3 a. Juan e Inés comparten este piso. Mira el plano y relaciona.

- 4 nevera
- 7 microondas
- 8 cocina
- 6 lavaplatos
- 10 mesa
- 16 silla
- 1 sofá
- 3 estantería
- 9 televisor
- 13 bañera
- 11 espejo
- 5 lavadora
- 12 ducha
- 18 cama
- 15 armario
- 2 lámpara
- 17 escritorio
- 14 pasillo

ACT 3 a - campus difusión

> **Los lex** › La casa A1
> **Micropelis** › Un jamón de muerte

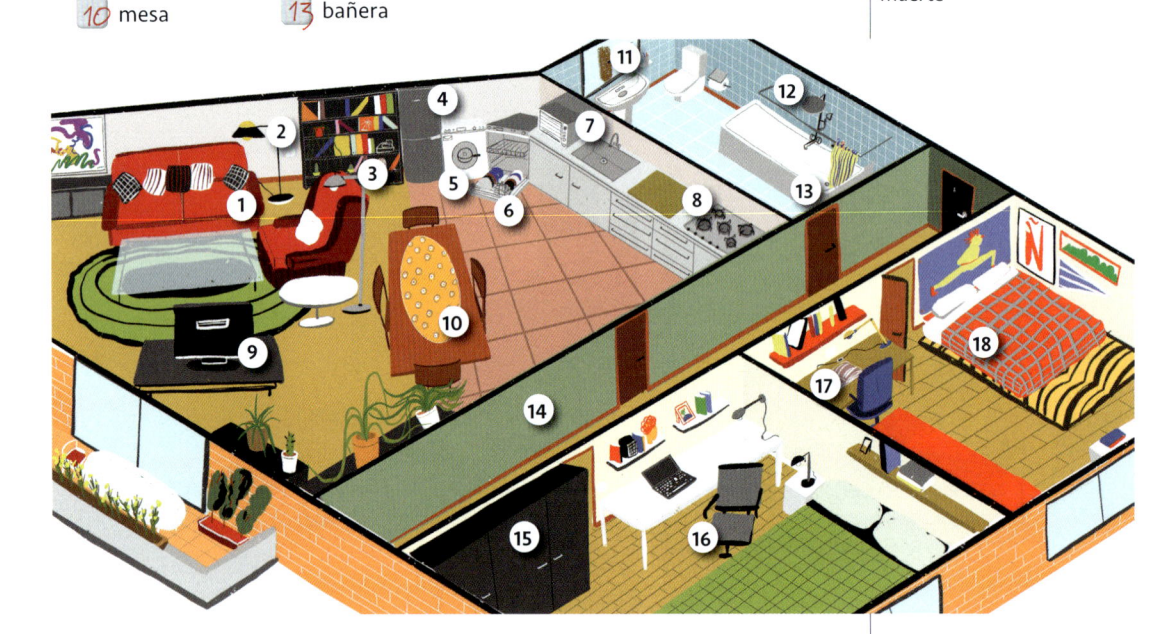

b. 🔊 51 – Inés se muda a Valencia. ¿Qué cosas quiere llevarse? Escucha y márcalas en el plano.

c. En cadena. ¿Qué diferencias tiene tu piso con el del plano?

- *Mi cocina es más grande.*
- *Yo no tengo lavaplatos.*

d. ¿Dónde haces estas cosas? Comenta con tus compañeros/as.

| ver la tele | escribir correos electrónicos | escuchar la radio | tomar un aperitivo |
| leer el periódico | estudiar español | desayunar | lavar y planchar la ropa |

4 a. Vas a hacer un viaje largo y quieres alquilar tu piso. Escribe un anuncio en la página web **IntercambioCasa**.

b. Intercambia tu anuncio con otra persona. ¿Qué te interesa saber del piso de tu compañero/a? Hazle preguntas.

Preguntar por un piso
> ¿Es tranquilo?
> ¿Es luminoso?
> ¿Hay / Tiene ascensor?
> ¿Tiene lavaplatos?
> ¿Cuánto cuesta el alquiler?
> …

📖 3-5, 15, 17, 18, 22, 23

EL DÍA DE LA MUDANZA

5 a. ¿Dónde están los 24 gatos? Mira la imagen y haz una lista. Luego compara con tu compañero/a.

- *Hay un gato encima del camión.*
- *Hay uno debajo del sofá.*

b. Piensa en un objeto del piso de **3 a**. Tus compañeros/as tratan de adivinarlo. Solo puedes contestar **sí** o **no**.

- *¿Es un objeto que está en el baño?*
- *No.*
- *¿Se utiliza para guardar cosas?*
- *¡Sí!*

6 a. 🔊 52 – Escucha esta conversación y marca si las frases son verdaderas (V) o falsas (F). Corrige las frases falsas.

V	La cocina es grande.	V	Un dormitorio es pequeño.
F	El baño no tiene bañera.	V	Las ventanas del salón son grandes.
F	Los dormitorios tienen poca luz.	F	La casa no tiene jardín.

b. 🔊 52 – Escucha otra vez y relaciona los comentarios con las reacciones.

1. ¡Qué zapatos más elegantes!   **c**
2. ¡Qué mesa más original!   **b**
3. ¡Uy, qué práctico!   **e**
4. ¡Oh, qué buen gusto!   **d**
5. ¡Qué salón más grande tienes!   **a**

a. ¿Tú crees? No tiene tantos metros.
b. ¿Te gusta? Es del rastro y a muy buen precio.
c. ¿Te parece? Pues son viejos, la verdad.
d. Es la idea de una revista.
e. Sí, no está mal.

c. Haz un comentario positivo a tu compañero/a de la derecha. Él/Ella reacciona.

- *¡Qué zapatos más bonitos llevas!*

Expresiones de lugar

¿Dónde está(n)?
› encima (de)
› debajo (de)
› delante (de)
› detrás (de)
› al lado (de)
› entre… y…
› a la izquierda (de)
› a la derecha (de)
› en el centro (de)

ACT 5 a - campus difusión

› **Gramaclips** › Localización

Hacer cumplidos

En español no es habitual aceptar un cumplido sin más o solo decir **gracias**. Es frecuente mostrar modestia quitando importancia a lo dicho. Busca ejemplos en las frases de **6 b** y coméntalo con tus compañeros/as. ¿En tu país es frecuente reaccionar así?

Comentarios
› ¡Qué mesa tan bonita!
› ¡Tienes un salón muy grande!
› ¡Qué práctico!

Reacciones
› ¿Tú crees?
› ¿Te parece?
› ¿Te gusta?
› Sí, no está mal…

📘 **7, 8, 16**

EL DÍA DE LA MUDANZA
Más léxico relacionado con los muebles y las expresiones de lugar. Recursos para hacer cumplidos.

Procedimientos

5. a. Pida a sus alumnos/as que localicen los 24 gatos del dibujo. Deles unos minutos. Luego, en cadena, cada alumno/a va diciendo dónde ha encontrado uno de los gatos, sin repetir los que ya se hayan dicho. Anímelos/as a usar frases como las del modelo. Vaya escribiendo las frases en la pizarra. Remítalos/as a la nota del margen con las expresiones de lugar y recuérdeles el uso de la preposición **de** en las expresiones de lugar.

Solución

Hay un gato detrás del televisor.
Hay dos detrás de las puertas del camión.
Hay dos debajo del camión.
Hay uno detrás del cuadro.
Hay uno en la estantería.
Hay uno debajo del escritorio.
Hay uno detrás del microondas.
Hay uno debajo de la cómoda roja.
Hay uno en la cómoda.
Hay uno encima de la nevera.
Hay dos detrás de la cama.
Hay uno en el sofá. Hay uno detrás de la mesa.
Hay uno sobre el armario.
Hay dos en el armario.
Hay uno debajo del armario o detrás del espejo.
Hay uno en una caja.
Hay uno detrás de una caja.

b. Pida a sus alumnos/as que miren la casa de la actividad **3 a**. Un/a estudiante piensa en un objeto del dibujo y el resto le hace preguntas para adivinar de qué se trata. El / La que ha pensado el objeto solo puede contestar **sí** o **no**.

6. a. A modo de clase invertida, pida a sus alumnos/as en la sesión previa que escuchen en casa el audio, ayudándose de la transcripción, si la necesitan. Explíqueles que van a escuchar una conversación en la que alguien visita la nueva casa de una amiga y que tienen que marcar si las frases de la actividad son verdaderas o falsas. Ponga la audición, deje que comparen sus resultados en parejas y comenten la solución en clase abierta.

b. Para preparar la audición, pida a sus alumnos/as que relacionen cada comentario con la posible reacción. Insista en que, de momento, solo se trata de hacer hipótesis. Aclare que el **rastro** es un mercadillo en el que se venden objetos de todo tipo. Después de comparar sus hipótesis con las de su compañero/a, se escucha la audición de nuevo para comprobar las respuestas.

c. En parejas, un/a alumno/a hace un cumplido a su compañero/a de la derecha, que reacciona usando las frases de **6 b**.

MI CASA ES TU CASA

Introducir algunos pronombres indefinidos y expresiones de cantidad.

Antes de empezar

En la sesión previa, diga a sus alumnos/as que el próximo día trabajarán en clase con el texto de 7 a. Coménteles que, si quieren, lo pueden preparar en casa con el diccionario. Invítelos/as a escuchar la locución en la/s variedad/es del español que prefieran.

Procedimientos

7. a. Pida a sus alumnos/as que comenten entre todos/as el significado de la expresión **mi casa es tu casa**. ¿Para alguno/a significa algo diferente? A continuación, lea el texto en voz alta y pídales que subrayen todas las expresiones de cantidad que encuentren. Escriba en la pizarra las expresiones de cantidad que le dicten sus estudiantes y añada las que hayan pasado por alto.

b. Pídales que comenten si les gusta la idea de intercambiar vivienda y por qué, y cuáles son las ventajas y desventajas que encuentran sus estudiantes al hecho de intercambiar una vivienda. Anímelos/as a presentar sus conclusiones en clase abierta y recójalas en una tabla en la pizarra. En general, ¿tiene más ventajas o desventajas?

c. Pida a sus alumnos/as que relacionen las expresiones de cantidad con la frase correspondiente. Los resultados se comentan en clase abierta. Para ello, algunos/as estudiantes leen en cadena una de sus soluciones. Insista en la lectura correcta de las cifras.

d. Explique la dinámica a sus estudiantes: tras preparar y corregir sus preguntas, todos/as se levantan y hacen las preguntas a varios/as compañeros/as. Si algún/a alumno/a tiene dificultades para levantarse, dígale que permanezca sentado/a y anime al resto a acudir a él / ella para entrevistarlo/a en su silla. Si uno/a contesta que sí, entonces apuntan su nombre al lado de la actividad. A continuación, pasan a la siguiente pregunta y así sucesivamente hasta tener cinco respuestas positivas. En el caso de que tengan menos de cinco respuestas positivas, tendrán que cambiar de compañero/a. Si quiere que la actividad sea más dinámica, puede cambiar el procedimiento y pedir a sus alumnos/as que busquen a cinco personas diferentes que respondan que sí a cinco preguntas. Déjeles tiempo para ordenar la información y, dependiendo del grupo, para que escriban también su resumen sobre los resultados de la encuesta: **Nadie conoce bien a sus vecinos/as, muchos/as viven en el centro, pero no tienen casa propia**...

---

11 CASA NUEVA, VIDA NUEVA

MI CASA ES TU CASA

7 a. ¿Qué significa para ti la expresión **Mi casa es tu casa**? Coméntalo en clase. Luego, lee el texto y marca todas las palabras que expresan una cantidad.

ACT 7a - campus difusión

Texto mapeado
Texto locutado

Todo el mundo viaja, a todos nos gustan las vacaciones y la mayoría se aloja en hoteles o apartamentos. Sin embargo, el precio de estos es alto. ¿Qué tal ofrecer tu casa y pasar las vacaciones en una casa privada y así ahorrar mucho dinero?

Mi casa es tu casa es una expresión que se usa en español como fórmula de cortesía cuando nos despedimos de una visita. Pero, hoy en día, esta expresión también puede significar otra cosa: el intercambio de casas. Esta nueva forma de viajar está de moda. Algunos ya la practican y están muy contentos, porque no solo ahorran dinero, sino también se sienten como en su propia casa en una ciudad extranjera. Casi nadie ha tenido malas experiencias. Existen páginas web donde se puede intercambiar la vivienda.

La base del intercambio es la confianza. Para ti, ¿tu casa es mi casa?

b. ¿Te gusta la idea de intercambiar viviendas? ¿Qué ventajas e inconvenientes ves? Haz una lista con tu compañero/a. Luego, compara tus respuestas con el resto de la clase.

Ventajas: ahorrar dinero, ...

Inconvenientes:

c. ¿Qué significan estas cantidades? Relaciónalas con las frases y con los iconos de la derecha.

EXPRESIONES DE CANTIDAD

1. (Casi) Todos/as	5	Solo el 5 % ha tenido malas experiencias.
2. La mayoría	3	El 50 % piensa en intercambiar su casa.
3. La mitad	1	El 95 % de las personas viajan.
4. Algunos/as	4	El 18 % practica el intercambio de casas.
5. (Casi) Nadie	2	El 70 % se aloja en un hotel o apartamento.

d. Haz una encuesta a tus compañeros/as hasta encontrar cinco respuestas positivas. Luego resume los resultados en clase.

¿Quién...

tiene casa propia?   tiene garaje?   vive en el centro?   tiene balcón o jardín?

comparte piso?   tiene televisión vía satélite?   conoce bien a sus vecinos?

vive en más de 100 metros cuadrados?   ha alquilado un piso amueblado?

ha vivido en otra ciudad?

- *La mayoría ha vivido en otra ciudad. Casi nadie tiene casa propia. Además...*

📝 28

MI CASA EN OTRO PAÍS

8 a. Lee este texto y ponle un título.

Guillermo Xiu, el artista del cacao

Guillermo Xiu, representante de una comunidad maya, nació en México. Allí estudió Antropología y también aprendió un arte muy especial: hacer esculturas de chocolate. El chocolate es muy importante para él porque tiene una gran tradición en su país, México, donde se empezó a consumir cacao alrededor del 1500 a. C.

Años más tarde, Guillermo Xiu se fue a España, donde trabajó varios años en un museo de chocolate. Allí realizó espectaculares esculturas de chocolate y explicó el significado del cacao para las antiguas culturas americanas.

Actualmente participa en encuentros interculturales donde presenta sus esculturas y habla de proyectos de solidaridad con el pueblo maya para informar sobre las propiedades terapéuticas del cacao.

b. Lee otra vez el texto y ordena cronológicamente estos hechos de la vida de Guillermo Xiu.

- [5] Trabajar en un museo de chocolate.
- [6] Participar en encuentros interculturales.
- [1] Nacer en México.
- [4] Ir a España.
- [2] Estudiar Antropología.
- [3] Aprender un arte especial.

9 a. Completa la tabla con la ayuda del texto.

	TRABAJAR (-AR)	APRENDER (-ER / -IR)	SER / IR
yo	trabaj**é**	aprend**í**	fui
tú	trabaj**aste**	aprend**iste**	fuiste
él, ella, usted	trabaj**ó**	aprend**ió**	fue
nosotros, nosotras	trabaj**amos**	aprend**imos**	fuimos
vosotros, vosotras	trabaj**asteis**	aprend**isteis**	fuisteis
ellos, ellas, ustedes	trabaj**aron**	aprend**ieron**	fueron

b. Marca en el texto las formas del pretérito indefinido. ¿Cuál es el infinitivo correspondiente? ¿A qué persona corresponde?

nació → nacer (él, ella, usted)

c. Una persona de la clase dice uno de estos verbos en la primera persona del presente. La siguiente lo dice en pretérito indefinido y añade otro verbo en presente. Y así sucesivamente.

| hablar | encontrar | explicar | comer | ir | beber | escribir | trabajar |
| usar | tomar | preguntar | vivir | llegar | ser |

- Hoy hablo.
- Ayer hablé. Hoy como.
- Ayer...

El pretérito indefinido

El pretérito indefinido se utiliza para expresar acciones terminadas en el pasado. Se usa frecuentemente con marcadores temporales como **ayer**, **la semana pasada**, **en 2006**, **el 12 de mayo**...

ESTA ES MI HISTORIA

Práctica escrita y oral para fijar las formas del indefinido.

Procedimientos

10. a. Pida a sus alumnos/as que completen el texto con las formas del indefinido. En cadena, cada estudiante lee una frase en voz alta y el resto lo compara con su versión. Permítales corregir a su compañero/a en caso de que no estén de acuerdo con alguna de las formas o tengan algo diferente. Remítalos/as a la explicación del margen sobre la ortografía (**expliqué, llegué**). Recuérdeles que ya han visto algunos ejemplos en los que la ortografía se adapta a la pronunciación, como en **vez** y su plural **veces**. En la actividad **9** quizás no hayan notado este fenómeno por tratarse de un ejercicio oral. Si lo cree oportuno, proponga escuchar la locución del texto como corrección de sus respuestas.

b. Pida a sus alumnos/as que, con la ayuda de las expresiones en etiquetas, escriban su biografía de manera breve incluyendo un dato falso. Mientras escriben sus textos, usted puede pasear por las mesas y ayudarlos/as si es necesario.

c. Divida la clase en parejas y pida a sus alumnos/as que intercambien los textos que han escrito. Después de leer el texto, hacen hipótesis sobre los posibles datos falsos. Anímelos/as a comprobar la información haciendo preguntas a su compañero/a, por ejemplo: **¿Es verdad que naciste en 1975?** o **No naciste en Bonn, ¿verdad?** Este/a reacciona y aclara si es verdad o mentira: **No, en realidad… / Sí, sí, es cierto**.

11. Divida la clase en parejas y pida a sus alumnos/as que elijan cinco preguntas para entrevistar a su compañero/a. Lea el modelo y remítalos/as al cuadro del margen derecho con las expresiones de tiempo. Aclare el uso de **hace**. Cuando hayan preparado por escrito y corregido sus preguntas, déjeles tiempo para hablar entre ellos/as y tomar nota de las respuestas. Para finalizar, sus alumnos/as cuentan al resto de la clase las tres informaciones más interesantes.

Y después

Pueden seguir practicando el indefinido de una forma más lúdica con la **ficha fotocopiable 34**. Si lo cree oportuno, propóngales trabajar en casa con la **ficha de lectura 16**.

---

11 CASA NUEVA, VIDA NUEVA

ESTA ES MI HISTORIA

10 a. Guillermo Xiu cuenta su historia. Completa con las formas del pretérito indefinido.

" **Nací** (nacer) en México, donde **estudié** (estudiar) Antropología. También **aprendí** (aprender) el arte de hacer esculturas de chocolate. El chocolate tiene una gran tradición en mi país. En los años noventa **decidí** (decidir) dejar mi país para ir a Europa. **Fui** (ir) a España por el idioma y las posibilidades de trabajo. En Villajoyosa **encontré** (encontrar) trabajo y **trabajé** (trabajar) varios años en un museo de chocolate. Allí **realicé** (realizar) muchas esculturas de chocolate y **expliqué** (explicar) a los visitantes la importancia del cacao en las antiguas culturas americanas. "

b. Ahora tú. Escribe un breve texto biográfico con estos u otros elementos. Un dato tiene que ser falso.

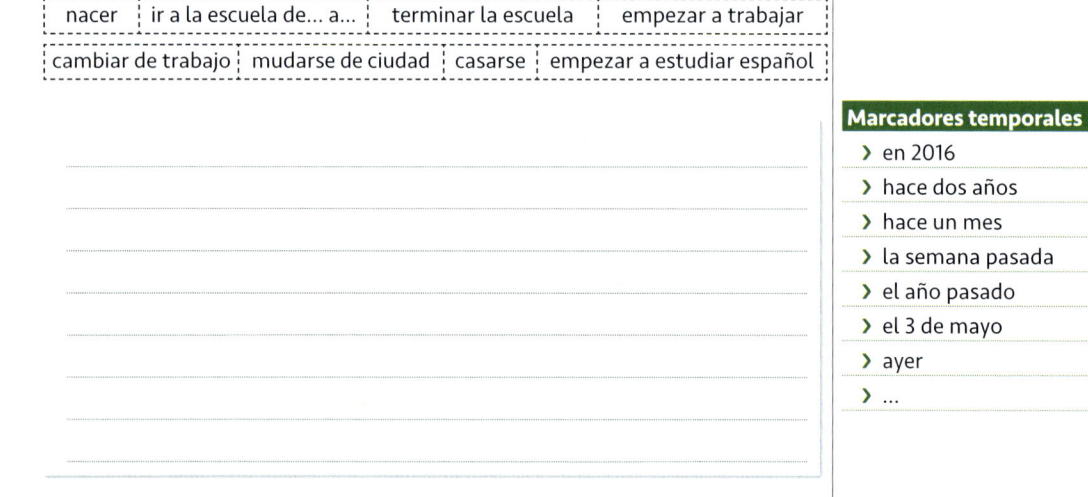

| nacer | ir a la escuela de… a… | terminar la escuela | empezar a trabajar |
| cambiar de trabajo | mudarse de ciudad | casarse | empezar a estudiar español |

c. Intercambia tu texto con un/a compañero/a. ¿Encuentras su información falsa?

---

11 ¿Cuándo fue la última vez que…? Elige cinco preguntas para entrevistar a tu compañero/a. Luego explica al grupo las tres informaciones más interesantes.

- ir a un museo
- comer chocolate
- tomar un medicamento
- viajar en avión
- ir a un concierto
- aprobar un examen
- conocer a una persona interesante
- comprar un mueble nuevo
- mudarse de piso
- escribir una postal
- tomarse un día libre en el trabajo
- regalar algo hecho a mano

- ¿Cuándo fue la última vez que fuiste a un museo?
- La semana pasada. Vi una exposición de fotografía que me gustó mucho.
- Vale, ¿y cuándo fue la última vez que…?

ACT 10 a - campus difusión

- Texto mapeado
- Texto locutado

Ortografía irregular

En el pretérito indefinido algunos verbos cambian la ortografía en la primera persona del singular.

- expli**c**ar → yo expli**qu**é
- reali**z**ar → yo reali**c**é

Marcadores temporales

> en 2016
> hace dos años
> hace un mes
> la semana pasada
> el año pasado
> el 3 de mayo
> ayer
> …

12-14, 21

UNA HISTORIA CON GUSTO

12 a. Lee la entrevista y relaciona estos temas con cada parte de la conversación.

ACT 12a - campus difusión

Texto mapeado

1. El chocolate en la actualidad
2. El cacao en las culturas prehispánicas
3. De América a Europa
4. La expansión por Europa

[2] **Señor Rivero, usted es el director del museo Chocomundo en la provincia de Sevilla. ¿Puede resumir en una frase la historia del cacao?**
Las culturas precolombinas utilizaron el cacao como alimento, pero también como moneda y en rituales religiosos.

[3] **¿Fue Cristóbal Colón quien lo llevó a España?**
Sí, pero al principio el cacao a los españoles no les gustó porque lo encontraron muy amargo. Por eso lo mezclaron con azúcar, vainilla y canela. Así nació el chocolate actual.

[4] **¿Cómo pasó el chocolate de España al resto de Europa?**
Pues en 1606 llegó a Italia, de ahí en 1646 a Alemania. En Alemania al principio lo tomaron como medicina, no como bebida. En 1819 se fundó en Suiza la primera fábrica de chocolate y allí se creó el chocolate con leche, tan popular hoy en día.

[1] **¿Y qué opina de las tendencias actuales como mezclar chocolate con chile?**
En realidad es una tendencia muy antigua, ya conocida por los mayas.

b. Lee estos datos sobre el chocolate y relaciona.

1. El cacao llegó a Europa en el siglo XVI, — [4] se usó como alimento y moneda.
2. La primera fábrica de chocolate — [2] abrió en Suiza en el siglo XIX.
3. Los alemanes tomaron el chocolate — [1] pero a los europeos no les gustó.
4. En las culturas prehispánicas el cacao — [3] como medicina, no como bebida.

13 ¿Sabes qué otro producto llegó desde América? Completa su historia con los verbos de las etiquetas en pretérito indefinido.

| adaptarse | clasificar | empezar | gustar | llegar (x 2) | publicar | probar |

1. Su nombre viene de la lengua náhuatl. Tiene su origen en América. Allí los españoles lo _probaron_ por primera vez y les _gustó_ mucho.
2. En el siglo XVI _llegó_ a Europa y _se adaptó_ muy bien al clima mediterráneo, pero algunos botánicos lo _clasificaron_ como planta tóxica.
3. Poco a poco _empezó_ a entrar en la cocina europea.
4. Poco después _llegó_ también a Asia por la colonia española de Filipinas. Actualmente es un producto de la cocina mundial: lo comemos en ensaladas, salsas, sopas y sobre todo con pasta.
5. El primer libro con recetas para su preparación se _se publicó_ en 1692 en Italia.

Es... el tomate.

19

UNA HISTORIA CON GUSTO
Hablar de momentos importantes en la vida. Hablar sobre hechos pasados. Introducir las formas del indefinido de los verbos regulares.

Antes de empezar

Antes de empezar con el texto, pregunte a sus alumnos/as qué asocian ellos personalmente con el chocolate: **Para mí el chocolate es bueno contra el estrés. Para mí significa calorías**...

Procedimientos

12. a. Pida a sus alumnos/as que lean las frases que resumen el contenido de los cuatro párrafos. Propóngales que las ordenen del 1 al 4 según crean que van a aparecer en el texto. Sus estudiantes leen el texto y buscan los párrafos que corresponden a los temas. Los resultados se comentan en clase abierta.

b. Anime a sus alumnos/as a relacionar las partes de frases. Por turnos, cuatro voluntarios/as leen sus frases al resto de la clase.

13. Comente a sus alumnos/as que muchos productos que tenemos en Europa proceden de América y que van a leer algunas frases donde encontrarán información relacionada con este tema. Pídales que completen el texto individualmente y lo comparen después con su compañero/a. Proponga a cinco voluntarios/as que lean en cadena una de las frases ya completadas. El resto la compara con la suya y dice si tienen algo diferente. Pregunte si han descubierto de qué producto habla el texto (el tomate).

Y después

Puede pedirles que busquen un producto que proceda también de América y que escriban para la siguiente clase algunas frases sobre él, tal y como lo han visto en esta actividad. En la siguiente sesión, cada estudiante lee su texto y sus compañeros/as intentan adivinar el producto (patata, maíz...).

MÁS QUE PALABRAS
Repaso y fijación del vocabulario de la unidad.

Antes de empezar

Reparta a cada estudiante una copia de la ficha fotocopiable 35, donde está ampliado el mapa asociativo de 14 a.

Procedimientos

14. a. Recuerde a sus alumnos/as que una técnica útil para recordar el vocabulario es asociándolo en redes de palabras relacionadas. Plantee la pregunta: **¿Qué palabras quieres recordar de esta unidad?** y propóngales que, en grupos de tres, completen el mapa asociativo. En primer lugar, un/a alumno/a completa el mapa con partes de la casa y muebles y pasa la hoja a su compañero/a. La segunda persona añade tantos adjetivos como encuentre y pasa el mapa al siguiente compañero/a, que añade actividades relacionadas con las palabras, por ejemplo: **dormitorio → dormir, leer**...

b. Pida a sus alumnos/as que comparen sus mapas con los de otros grupos y que los completen con palabras nuevas.

TAREA FINAL: RECUERDOS DE ESTE CURSO
Práctica escrita y oral de los recursos de la unidad en un contexto significativo.

Procedimientos

15. a. Explique el objetivo de la tarea: como recuerdo del curso van a entrevistar a un/a compañero/a y preparar una ficha con información sobre él / ella. En parejas, preparan una ficha uno/a sobre el / la otro/a que sea lo más completa posible: tienen que hacer preguntas sobre los aspectos mencionados y tomar notas.

b. Sin mencionar el nombre de la persona, los/as alumnos/as escriben un texto con la información que han recibido. Anímelos/as a elaborar frases completas y a utilizar conectores para cohesionar el texto.

c. Una vez corregidas, recoja todas las fichas y mézclelas formando un montón boca abajo. Cada alumno/a toma una ficha y la lee en voz alta. El resto tienen que adivinar quién es la persona descrita.

---

11 CASA NUEVA, VIDA NUEVA

MÁS QUE PALABRAS

14 a. ¿Qué palabras quieres recordar de esta unidad? Completa este mapa asociativo con diferentes colores. Primero, añade en rojo partes de la casa y muebles. Luego completa en color verde con adjetivos. Y, por último, añade en azul actividades relacionadas con las palabras.

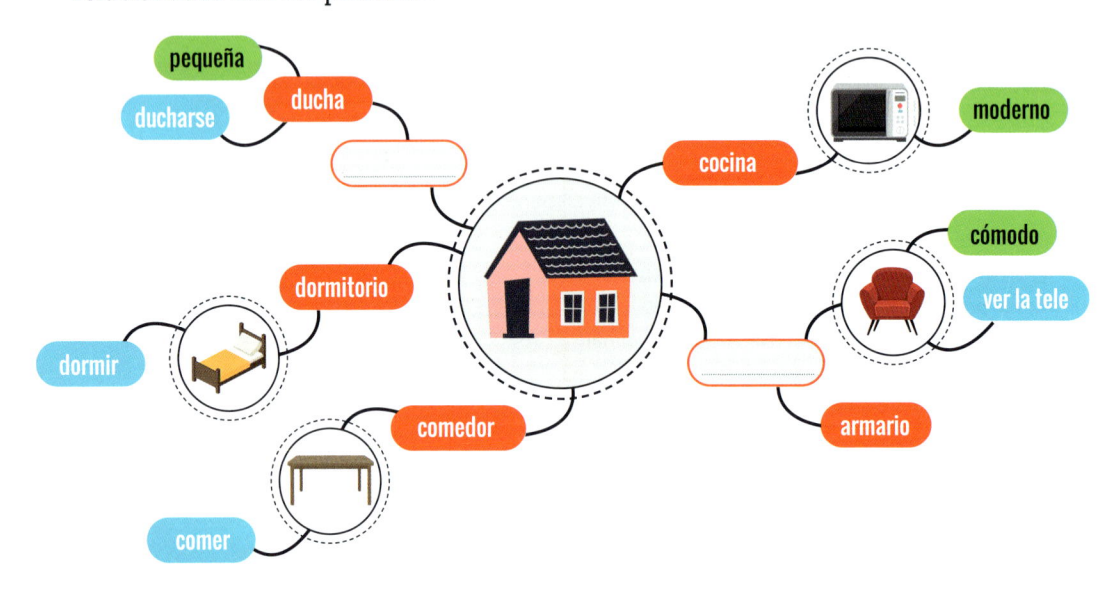

b. Luego, compara los resultados con el resto de la clase.

TAREA FINAL: RECUERDOS DE ESTE CURSO

15 a. Vamos a preparar una ficha de recuerdo del curso. Para ello, entrevista a una persona de la clase sobre los siguientes aspectos.

– algunos datos biográficos
– sus motivos para estudiar español
– sus actividades de tiempo libre
– algo que le gusta mucho y una cosa que no le gusta
– su unidad preferida de *Nos vemos hoy 1*
– un país de la Panamericana que quiere visitar

b. Luego resume la información en un texto sin mencionar el nombre de la persona entrevistada.

c. Finalmente, se mezclan todas las fichas de la clase en un montón boca abajo. Cada persona toma una y la lee. ¿Quién es la persona de la ficha?

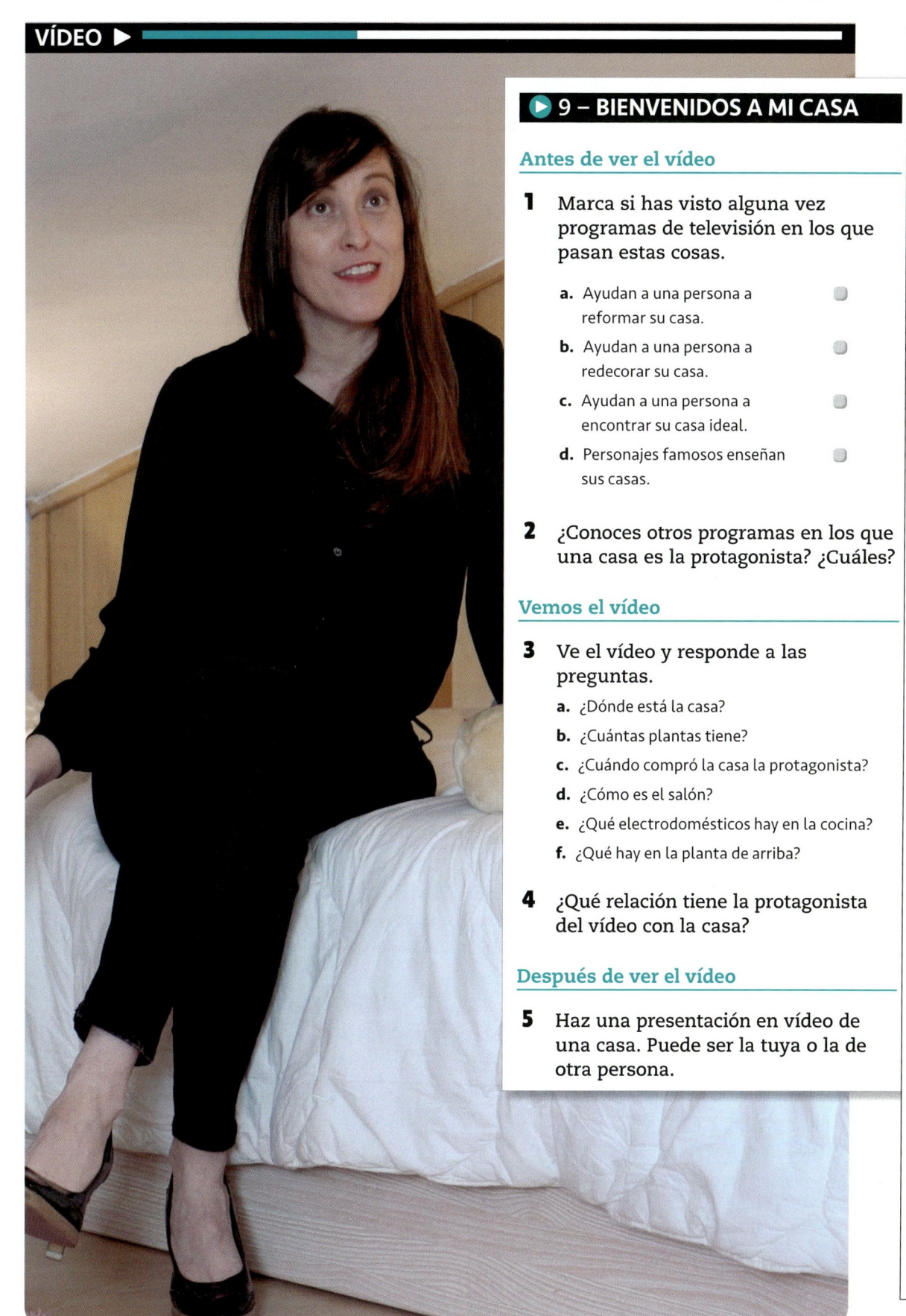

BIENVENIDOS A MI CASA
Entender un vídeo en el que una mujer enseña su casa.

▶ 9 – BIENVENIDOS A MI CASA

Antes de ver el vídeo

1 Marca si has visto alguna vez programas de televisión en los que pasan estas cosas.

- a. Ayudan a una persona a reformar su casa. ☐
- b. Ayudan a una persona a redecorar su casa. ☐
- c. Ayudan a una persona a encontrar su casa ideal. ☐
- d. Personajes famosos enseñan sus casas. ☐

2 ¿Conoces otros programas en los que una casa es la protagonista? ¿Cuáles?

Vemos el vídeo

3 Ve el vídeo y responde a las preguntas.
- a. ¿Dónde está la casa?
- b. ¿Cuántas plantas tiene?
- c. ¿Cuándo compró la casa la protagonista?
- d. ¿Cómo es el salón?
- e. ¿Qué electrodomésticos hay en la cocina?
- f. ¿Qué hay en la planta de arriba?

4 ¿Qué relación tiene la protagonista del vídeo con la casa?

Después de ver el vídeo

5 Haz una presentación en vídeo de una casa. Puede ser la tuya o la de otra persona.

Antes de empezar

Si lo cree oportuno, en la sesión previa informe a sus alumnos/as de que en la siguiente sesión trabajarán con el vídeo de la unidad. Pueden verlo en casa si lo desean y marcar sus respuestas para el ejercicio **1**. Explique el significado de la palabra **artilugio** y la forma de pregunta eco (que repite lo dicho por la otra persona) usada varias veces en el vídeo: [¿Cuando compraste la casa?] **¿Que cuándo compré la casa? / ¿Me preguntas que cuándo compré la casa?**

Procedimientos

2. Pregunte a sus alumnos/as, si han visto en alguna ocasión programas de televisón en los que pasan algunos de los cuatro supuestos que se ofrecen en el ejercicio **1**. Además, pregunte: **¿Son populares estos programas en vuestro/s país/es? ¿Hay más de uno en la programación nacional? ¿Conocéis otros programas donde una casa es la protagonista? ¿Cuáles?** A continuación, explíqueles que van a ver un vídeo en el que una mujer enseña su casa.

3. Después del visionado, pídales que contesten las preguntas que se plantean. Haga una puesta en común en clase abierta. Después, pueden hacer el ejercicio de la ficha fotocopiable 36.

Solución

a. En las afueras de la ciudad, en una urbanización.
b. Tres plantas y sótano.
c. En el 2001.
d. Amplio y con vistas al jardín.
e. Nevera, microondas, lavaplatos y un artilugio que la protagonista cree que es una cafetera.
f. Los dormitorios.

4. Formule en voz alta: **¿Qué relación tiene la protagonista del vídeo con la casa? ¿Os ha sorprendido el final?**

Solución

La mujer es de la agencia inmobiliaria que vende la casa.

5. Forme grupos de tres o cuatro personas y pídales que hagan una presentación en vídeo de una casa. Si lo cree, necesario, pueden repartirse las estancias de una misma casa entre las personas del grupo. En la siguiente sesión, se ven todos los vídeos, se corrigen los errores (entre todos/as) y se vota el mejor.

PANAMERICANA: ARGENTINA

Comprensión lectora global con información cultural sobre Argentina. Repaso de algunos recursos de la unidad.

Antes de empezar

En la sesión previa, diga a sus alumnos/as que el próximo día trabajarán en clase con el texto de Argentina. Anímelos/as a prepararlo en casa con el diccionario y a preparar sus respuestas para el ejercicio **3**, que comentarán en la siguiente clase. Invítelos/as a escuchar la locución en la/s variedad/es del español que prefieran. Escriba en la pizarra la palabra **Argentina** y pregunte a sus alumnos/as qué saben de este país. Apunte lo que digan en la pizarra y dígales que el texto de la actividad les dará más información sobre Argentina y su cultura.

Procedimientos

1. Pida a sus estudiantes que lean el texto de la actividad para sí mismos/as. Al tiempo que lo leen, pídales que subrayen las palabras que no entiendan. Haga una puesta en común en clase abierta para definir las palabras que desconocen. A continuación, pídales que marquen la palabra o expresión clave en cada párrafo. Antes de la puesta en común, permita que comparen sus respuestas con las de su compañero/a.

Sugerencias

1. Buenos Aires; 2. El tango; 3. Borges y Cortázar; 4. La Patagonia.

2. Pídales que lean de nuevo el texto y que definan las tres palabras de las etiquetas. Pueden hacerlo en parejas. Haga una puesta en común en clase abierta.

Solución

Colectivo: *autobús, transporte público urbano.*
Tango: *música única con textos tristes de amor; baile que acompaña esa música.*
Mate: *bebida caliente de té de mate que se toma en un vaso especial.*

3. Pídales que busquen en el texto los datos numerados del 1 al 5. Antes de la puesta en común, permita que comparen sus respuestas con las de su compañero/a.

Solución

1. Porteños/as; 2. La avenida Corrientes; 3. Carlos Gardel; 4. Julio Cortázar; 5. La ballena.

4. Haga grupos de trabajo con varios/as estudiantes para que contesten y comenten las preguntas del enunciado. Después, un/a portavoz habla en clase abierta. ¿Cuál es el país de la Panamericana...

---

11 CASA NUEVA, VIDA NUEVA

Hola, me llamo Marcelo y soy argentino, pero vivo en Colonia. Soy profesor de español. Mi ciudad preferida es Buenos Aires, pero, claro, es que yo soy de allí, soy porteño (así se llaman los habitantes de Buenos Aires, por el puerto).

Buenos Aires tiene aproximadamente 14 millones de habitantes. Es una ciudad enorme y fascinante, con una vida cultural única. ¿Quién no conoce las casas del barrio de La Boca o la avenida Corrientes, "una calle que nunca duerme", con sus teatros, galerías y librerías que abren las 24 horas? Una buena manera de conocer la ciudad es tomar el colectivo (así se llaman los autobuses en Argentina).

Buenos Aires está junto al Río de la Plata, la unión de dos ríos poco antes de desembocar en el mar. Allí nació el tango, una música única con textos tristes de amor. Algunos grandes artistas del tango son Carlos Gardel o Ástor Piazzolla, que lo modernizó.

Argentina es un país de grandes autores, como Jorge Luis Borges o Julio Cortázar. Nuestra tradición literaria empezó ya con las historias de los gauchos. A los argentinos nos gusta contar historias y compartirlas con los amigos tomando un mate, una bebida caliente de té de mate, que se toma en un "vaso" especial. Hay un ritual para beberlo: todos beben del mismo vaso y lo pasan de mano en mano.

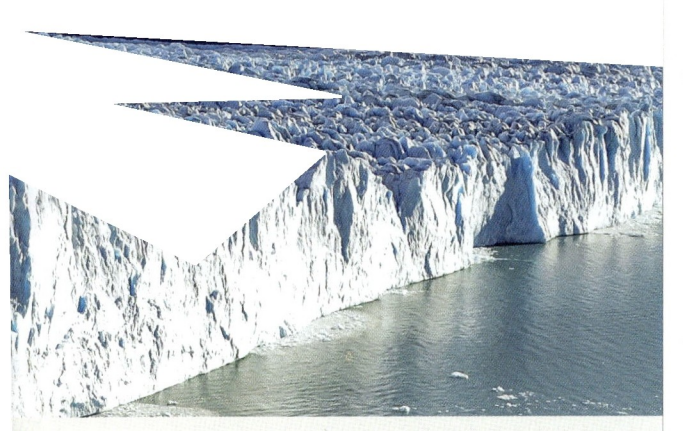

Para los amantes de la naturaleza, mi país ofrece lugares maravillosos. El paisaje que más me fascina es la Patagonia. Ver el Perito Moreno, el glaciar más famoso de Argentina, o hacer una excursión en barco para ver ballenas es un espectáculo inolvidable. Y, además, es el final de la Panamericana, una ruta fascinante llena de paisajes, ciudades, costumbres y comidas maravillosas.

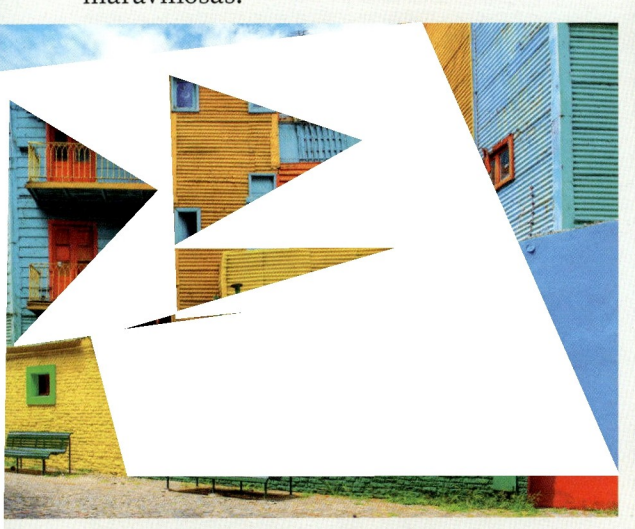

1 Marca la palabra o expresión clave de cada párrafo. Luego, compara tus respuestas con el resto de la clase.

2 Lee de nuevo el texto y explica el significado de estas palabras.

| colectivo | tango | mate |

3 Busca en el texto los siguientes datos.
   1. El nombre de los habitantes de Buenos Aires.
   2. Una zona conocida de Buenos Aires.
   3. Un cantante.
   4. Un escritor famoso.
   5. Un animal.

4 ¿Cuáles son tus dos países preferidos de la Panamericana? ¿Por qué? Coméntalo con tus compañeros/as.

PANAM - campus difusión   27

Texto mapeado
Texto locutado

11 CASA NUEVA, VIDA NUEVA

COMUNICACIÓN

LA CASA Y LOS MUEBLES

PARTES DE LA CASA	EL SALÓN	EL DORMITORIO	LA COCINA	EL BAÑO
la terraza / el balcón	la mesa	la cama	la nevera	la ducha
el pasillo	la silla	el armario	el microondas	la bañera
la puerta	el sofá	la lámpara	el lavaplatos	el espejo
la ventana	el televisor	el escritorio	la lavadora	el lavabo

DESCRIBIR UNA VIVIENDA

está en el centro ≠ está en las afueras
es tranquilo ≠ es ruidoso
es antiguo ≠ es moderno
es viejo ≠ está renovado
está en la planta baja ≠ está en el primer piso
es interior ≠ es exterior / con vistas a...

Vivimos en el segundo piso.
Mi piso tiene 60 metros cuadrados.
Vivimos en una casa renovada en las afueras.
La casa de Laura es exterior y tiene mucha luz.
¿Vives con tus padres?
¿Vives de alquiler o tienes casa propia?
¿Cómo es tu casa / piso?

HACER CUMPLIDOS Y REACCIONAR

CUMPLIDO	REACCIÓN
• ¡Qué zapatos más elegantes!	▪ ¿Te parece? Pues son viejos, la verdad.
• ¡Qué mesa tan original!	▪ ¿Te gusta? Es del rastro.
• ¡Tienes un salón muy grande!	▪ ¿Tú crees? No tiene tantos metros.
• ¡Qué práctico!	▪ Sí, no está mal.

DAR DATOS BIOGRÁFICOS

Nací en 1995 en Granada.
Fui a la escuela de 2000 a 2012.
Terminé la escuela en junio de 2016.
Empecé la universidad en otoño de 2009.

En 2016 pasé medio año en Venezuela.
Terminé los estudios en 2015.
En 2006 me mudé a León y empecé a trabajar.
Me casé en 2019.

HABLAR SOBRE SUCESOS EN EL PASADO

Guillermo Xiu se fue a España.
Trabajó varios años en un museo de chocolate.

Cristóbal Colón llevó el cacao a Europa en el siglo XVI.
Los alemanes lo tomaron como una medicina.

PREGUNTAR POR EL PASADO

- ¿Cuándo comiste chocolate por última vez?
- ¿Cuándo te mudaste a esta ciudad?
- ¿Cuándo aprobaste el examen de conducir?

LOCALIZAR UN MOMENTO EN EL PASADO

- Ayer. / La semana pasada.
- En febrero. / En 2002. / En verano. / El año pasado.
- Hace un mes. / Hace un año. / Hace dos semanas.

EXPRESAR LA CANTIDAD

(Casi) Todos/as
Muchos/as
La mayoría (de)
La mitad (de)
Algunos/as
Pocos/as
(Casi) Nadie

- *Yo creo que la mayoría de la gente ha ido al cine en el último año como mínimo una vez.*
- *Pues yo creo que casi nadie va al cine hoy en día.*
- *¡Yo fui ayer!*

ME COMPRÉ ESTE PISO EN MAYO DE 2019 Y ME MUDÉ EN JULIO. ME GUSTA MUCHO VIVIR AQUÍ. TIENE DOS HABITACIONES, UN SALÓN GRANDE Y UNA TERRAZA. ES MUY CÓMODO Y TRANQUILO.

GRAMÁTICA

EXPRESIONES DE LUGAR

encima (de)
debajo (de)
delante (de)
detrás (de)
al lado (de)
entre... y...
a la izquierda (de)
a la derecha (de)
en el centro (de)

- Marcos, ¿dónde estás en esta foto?
- Mira, soy este. Estoy al lado de mi madre y a la derecha de Marta. Soy el niño rubio.
- ¡Es verdad! ¿Y esta niña es Martina?
- Sí, está sentada encima de mi tía Julia.

EL PRETÉRITO INDEFINIDO

REGULAR — **IRREGULAR**

	-AR: ESTUDIAR	-ER: NACER	-IR: VIVIR	SER / IR
yo	estudié	nací	viví	fui
tú	estudiaste	naciste	viviste	fuiste
él, ella, usted	estudió	nació	vivió	fue
nosotros/as	estudiamos	nacimos	vivimos	fuimos
vosotros/as	estudiasteis	nacisteis	vivisteis	fuisteis
ellos, ellas, ustedes	estudiaron	nacieron	vivieron	fueron

MARCADORES TEMPORALES

PARA EL PRETÉRITO INDEFINIDO	PARA EL PRETÉRITO PERFECTO
ayer	hoy
la semana pasada	esta semana
el domingo (pasado)	este domingo
en 2002	este verano
hace tres años	todavía no
la última vez	alguna vez

El pretérito indefinido se utiliza para expresar acciones terminadas en el pasado (**ayer**, **en 2014**...).

El pretérito perfecto se usa para hablar de acciones pasadas dentro de un período de tiempo no terminado (**hoy**, **esta semana**...) o cuando hacemos referencia a experiencias con expresiones como **alguna vez**, **nunca**...

AYER FUE UN GRAN DÍA. FUI A UNA ENTREVISTA DE TRABAJO Y HOY ME HAN DICHO QUE LO HE CONSEGUIDO.

- Me llamo Natalia Leni. Nací en Málaga en 1998 y viví allí con mi familia hasta los 8 años. Después, nos mudamos a Madrid. A los 20 años, me fui a vivir a Buenos Aires. Allí empecé la universidad y dos años más tarde encontré un trabajo donde conocí a mucha gente interesante. Este año he abierto mi propia empresa de comunicación con Leandro y Marcela, dos buenos amigos.

HABLAMOS DE CULTURA: RELACIONES PERSONALES

Reflexionar sobre algunos aspectos culturales y compararlos con la cultura propia.

Procedimientos

1. a. Pida a sus estudiantes que respondan de manera personal a las siete preguntas de este pequeño cuestionario sobre hábitos personales en cuanto a quedar y salir. Incida en que no hay respuestas correctas ni incorrectas. Antes de la puesta en común en clase abierta, permítales comparar sus respuestas con uno/a o dos compañeros/as, sobre todo si tiene un grupo plurinacional.

b. Explique a sus alumnos/as que van a escuchar una entrevista a diferentes hispanohablantes. Lea en voz alta las cuatro preguntas que se le hacen a los/as entrevistados/as. Insista en que, antes de toda audición, tienen que saber el tema del que va a tratar, prever el léxico que aparecerá y, en su caso, leer las opciones. No se trata de entender todos los detalles de la entrevista, sino de reconocer las informaciones que se proponen la actividad. Anímelos/as a intentar realizar la actividad sin leer la transcripción, al menos una vez. Ponga la audición una primera vez y deje que comparen brevemente con un/a compañero/a. Vuelva a poner la audición y pida a algunos/as voluntarios/as que digan sus respuestas. Después, deje tiempo para comentar aspectos que les han llamado la atención.

Solución

1. En Bolivia, en las casas y en España y Argentina, en bares o restaurantes.
2. A la familia directa, para almorzar.
3. A muy buenos amigos, de manera espontánea.
4. Generalmente, no.

2. Formule en voz alta la pregunta del enunciado y explique a sus alumnos/as que tienen que relacionar el concepto de la izquierda con la explicación de la derecha. Permítales comparar sus respuestas con un/a compañero/a antes de la puesta en común.

12 MIRADOR
Unidad de repaso

HABLAMOS DE CULTURA: QUEDAR Y SALIR

1 a. Marca en el cuestionario tu respuesta personal. Luego, compara tus resultados con los de tus compañeros/as.

1. Normalmente me encuentro con amigos
   - en un bar o restaurante.
   - en casa.
   - en un club de deporte.

2. Invito a mi casa
   - solo a muy buenos amigos.
   - sobre todo a la familia.
   - a todo el mundo.

3. Invito a mis amigos o colegas
   - una semana antes.
   - un par de días antes.
   - espontáneamente.

4. Si tengo invitados en casa,
   - preparo una comida especial.
   - todos traen algo para comer.
   - pongo algo para picar (jamón, queso...).

5. A una invitación llego
   - a la hora en punto.
   - unos 15 minutos tarde.
   - un poco antes para ayudar.

6. Si tengo poca hambre,
   - pido en un restaurante un plato ligero.
   - pido solo una ensalada.
   - pido una porción pequeña.

7. Tomo café
   - por la mañana, en el desayuno.
   - por la tarde con pastel o tarta.
   - después de la comida.

NO HAY RESPUESTAS CORRECTAS NI INCORRECTAS.

b. 🔊 53 – Escucha una entrevista con hispanohablantes de diferentes países y responde.

1. ¿Dónde se encuentran los amigos en Bolivia? ¿Y en España y Argentina?
2. ¿A quiénes invitan los chilenos a casa los domingos y para qué?
3. ¿A quiénes invitan los españoles, bolivianos y argentinos a casa? ¿Cuándo?
4. ¿Son puntuales los hispanohablantes para llegar a una invitación?

2 ¿Quieres ampliar tus conocimientos sobre la cultura de los países hispanohablantes? Lee y relaciona.

1. El champán — [5] es el tiempo para charlar después de las comidas.
2. La comida — [3] se come poco, pero a eso de las 10 h mucha gente toma algo en un bar.
3. En el desayuno — [2] principal es la del mediodía. Tiene un primero, un segundo y postre.
4. Al teléfono — [6] el apellido de la gente que vive ahí no se pone en la puerta o en la entrada.
5. La sobremesa — [4] no se contesta con el apellido.
6. En una casa — [1] o cava se toma muchas veces con el postre y algo dulce.

146 ciento cuarenta y seis

AHORA YA SABEMOS

3 a. 🔊 54 – Ordena esta llamada telefónica. Luego, escucha y comprueba.

[3] • Hola, Silvia, ¿cómo estás?

[7] • Ah, sí, leí algo sobre esa película. ¿Es chilena?

[1] • ¿Dígame?

[9] • Vale, vamos juntos a verla. ¿Quedamos a las nueve en el bar de siempre?

[5] • ¿Cuándo, hoy por la noche?

[4] ▶ Bien, bien. Te llamo para ver si vienes conmigo al Rex. Es la semana del cine latinoamericano.

[8] ▶ No, argentina. Y dicen que es muy buena.

[6] ▶ Sí, a las diez ponen *Lluvia*, que me interesa.

[10] ▶ Claro, buena idea. Así podemos picar algo...

[2] ▶ Hola, Pedro. Soy Silvia.

b. 🔊 55 – Escucha estas cuatro preguntas y anota el número en la respuesta correspondiente.

[4] Están encima de la cama.   [1] Crema catalana, fruta o flan.

[2] Pues... está un poco salada, la verdad.   [3] La semana pasada, el martes.

c. 🔊 56 – Escucha y haz lo mismo con estas preguntas. **2, 3**

[6] No, pero como poca carne.   [5] Sí, hay uno cerca de la Plaza Mayor.

[7] Mucho viento, pero no hace frío.   [8] Un buen anorak y zapatos muy cómodos.

4 a. Piensa en uno de tus viajes y toma notas sobre estos aspectos.

1. ¿Qué idioma hablaste?
2. ¿Qué medio de transporte usaste?
3. ¿Con quién viajaste?
4. ¿Qué cosas visitaste?
5. ¿Qué comiste?
6. ¿Qué te gustó? ¿Qué no te gustó?

b. Haz las preguntas a tu compañero/a. Él/Ella contesta sin decir el lugar. ¿Sabes adónde fue?

c. Pensad en un viaje que queréis hacer juntos/as y explicad vuestros planes en un correo electrónico al resto de la clase. Luego, los correos se ponen en la pared y se leen todos. ¿A qué viaje te apetece ir? ¿Quién se apunta al vuestro?

AHORA YA SABEMOS
Repasar expresiones y preguntas útiles en situaciones cotidianas. Repasar actividades propias de un viaje ya hecho.

Procedimientos

3. a. Explique a sus alumnos/as que tienen que ordenar los diálogos de una llamada telefónica. Los diálogos están agrupados según el hablante: el primer grupo lo dice Pedro; el segundo, Silvia. Deles unos minutos y haga una puesta en común en clase abierta. Después, ponga la audición para que comprueben.

b. y c. Pida a sus alumnos/as que cierren el libro un momento. Lea en voz alta las frases de estos dos apartados y pregunte a la clase: **¿Qué creéis que son estas frases?** Aguarde la contestación correcta: **respuestas**. Explíqueles que van a escuchar primero cuatro preguntas y después otras cuatro, y que ellos/as solo tienen que enlazar la pregunta que oyen con su respuesta escribiendo el número de la pregunta antes de la frase. Antes de la puesta en común de ambos apartados, permítales comparar sus opciones con las de un/a compañero/a. Si lo cree más adecuado, puede realizar estos apartados de uno en uno. También puede pasar la audición una segunda vez y dejarles que se ayuden de la transcripción, si lo necesitan.

4. a. y b. Pídales que piensen en un viaje que hayan hecho y que respondan a las preguntas de este apartado. Después, en parejas, se hacen las preguntas mútuamente, pero sin decir el lugar. ¿Son capaces de adivinarlo?

c. En grupos de tres o cuatro personas, sus estudiantes piensan en un viaje que quieran hacer y explican los planes en un correo electrónico que le pueden enviar a usted. Una vez corregidos, proyecte todos los correros para que los lea la clase. ¿Quién cambia de viaje y se apunta a otro?

APRENDER A APRENDER
Reflexionar sobre el propio aprendizaje. Fomentar la autonomía de los/as alumnos/as.

Procedimientos

5. a. y **b.** Pida a sus estudiantes que relacionen las palabras y expresiones de las etiquetas con uno o más verbos de la tabla. Permítales comparar sus respuestas con un/a compañero/a antes de la puesta en común. Llame su atención sobre los diferentes significados que esos verbos pueden adoptar dependiendo del contexto. Después, pídales que añadan más palabras a cada columna. Junto a las repuestas, encontrará en azul algunas sugerencias más.

6. a. Con el libro cerrado, pregunte a un/a alumno/a: **¿Qué haces si al hablar te falta una palabra?** Apunte en la pizarra la respuesta que dé. Pregunte: **¿Alguien hace algo diferente?** Apúntelo también en la pizarra. A continuación, pídales que lean las técnicas de aprendizaje que aparecen en la actividad y que marquen aquellas que suelen usar. Si usan alguna otra técnica que no aparece, pueden escribirla abajo.

b. Pídales que comenten sus respuestas con algunos/as compañeros/as. Es probable que los resultados sean bastante dispares. Haga que comenten en clase abierta las diferencias.

---

12 MIRADOR

APRENDER A APRENDER

5 a. Es útil memorizar palabras en combinaciones de uso habitual y no sueltas. A veces nos sorprende lo diferente que puede ser el significado de un verbo dependiendo de la combinación en la que aparece. Relaciona las palabras con los verbos y escribe la traducción. Hay varias posibilidades.

frío	deporte	35 años	viento	un taxi
camping	un gato	prisa	la maleta	
tiempo	alcohol	gafas	ajo	sol	el sol
una cerveza	zapatos negros			

SUGERENCIAS

HACER	TENER	TOMAR	LLEVAR
frío, sol, viento	35 años	un taxi	la maleta
deporte	un gato	alcohol	gafas
camping	prisa, tiempo	ajo	zapatos negros
la maleta	gafas	el sol	prisa
35 años	zapatos negros	una cerveza	tiempo
magdalenas	fiebre	un avión	a los niños al cole
crucigramas	ganas	un libro prestado	el jersey del revés

b. ¿Puedes añadir otras palabras? *3, 4*

6 a. ¿Qué haces si al hablar te falta una palabra? En una conversación seguro que tu interlocutor/a te ayuda, pero las técnicas personales de aprendizaje también te pueden resultar útiles. Marca las que utilizas y añade dos más.

- ☐ Me aprendo todas las palabras nuevas de memoria.
- ☐ Cuando leo un texto, busco todas las palabras que no entiendo en el diccionario.
- ☐ Cuando leo un texto, intento entender las palabras que no entiendo por el contexto.
- ☐ Comparo las reglas gramaticales del español con las de mi lengua. Así lo entiendo mejor.
- ☐ Intento traducir todo a mi lengua.
- ☐ Leo, escucho música y veo películas en español con frecuencia.
- ☐ En clase aprovecho para hablar todo lo que puedo y practicar lo que sé.
- ☐ Estudio español varios días a la semana.

_____

_____

b. Comenta tus respuestas con el resto de la clase. ¿Qué opinas de las técnicas que han añadido tus compañeros/as? ¿Te parecen útiles? ¿Tú también las usas?

TERAPIA DE ERRORES

7 **a.** Markus viaja por la Panamericana y escribe un correo a su profesora de español. Lee y corrige los errores.

b. Compara tus resultados con un compañero/a y escribe el correo de nuevo sin errores.

c. Piensa en tres errores que cometes a menudo. Tu profesor/a los va a escribir todos en la pizarra. ¿Cuáles son los errores más frecuentes? *i 6, 7*

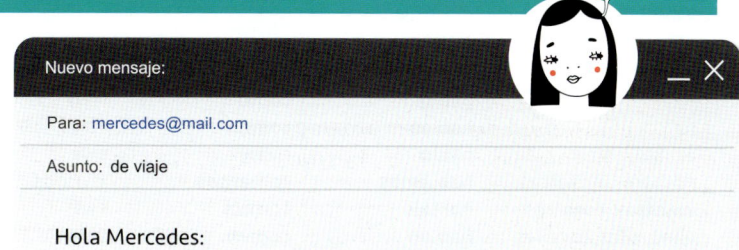

> LOS ERRORES FORMAN PARTE DEL PROCESO DE APRENDIZAJE. INDICAN QUE ESTÁS APRENDIENDO ALGO NUEVO. SI LES DEDICAS TIEMPO, VERÁS DÓNDE ESTÁ EL PROBLEMA Y PODRÁS CORREGIRLOS.

Nuevo mensaje:
Para: mercedes@mail.com
Asunto: de viaje

Hola Mercedes:
¡El viaje es súper! Ahora somos en Argentina. Lars y yo han conocido otros alemanos que van también por la Panamericana y ahora somos en una pensión. Por la noche los otros juegan cartas, pero yo no, porque yo no puedo "Bridge". Yo juego la guitarra y miro las estrellas, que son fantásticos aquí. Hace buen tiempo y no es frío. Mañana vamos seguir y tenemos que levantarse a las seis. No me gusto, pero es necesito porque la ruta es muy larga.
Bueno, muchos saludas de Markus y Lars

ORGANIZAR UN JUEGO

8 **a.** Hacemos un juego, el Memory. Cada persona escribe cuatro cartas: dos con una palabra y dos con la definición de la palabra.

b. ¡A jugar! Se forman grupos de cuatro. Cada grupo junta todas sus tarjetas y se las intercambia con otro grupo, de modo que nadie juegue con sus propias cartas.

Cada equipo coloca sus 16 tarjetas bocabajo sobre la mesa. Un/a jugador/a levanta dos cartas. Si coincide la palabra con la definición, se las queda. Si no, las deja de nuevo bocabajo y pasa el turno a la siguiente persona, y así sucesivamente.

El juego acaba cuando se terminan las cartas. Gana quien tiene más parejas.

Cama — Está en la habitación. Se usa para dormir.

Verdura — Es un tipo de alimento muy saludable. Se come todos los días.

Ciudad — Es un lugar donde hay muchas casas y vive mucha gente.

TERAPIA DE ERRORES
Reflexionar sobre errores frecuentes y sus causas. Repasar vocabulario de forma lúdica.

Procedimientos

7. a. y **b.** Explique a sus alumnos/as que Markus, un estudiante de español, ha escrito a su profesora, pero que ha cometido algunos errores. Pídales que lean el texto y busquen, de forma individual, los errores que ha hecho Markus. Déjeles tiempo para esta reflexión y haga más tarde una puesta en común. Para que esta corrección colectiva sea más fácil, conviene proyectar el texto. Anime a sus alumnos/as a reflexionar sobre los errores que quizá ellos/as también habrían hecho o los que no pudieron descubrir. También puede pedirles que los clasifiquen por tipos (gramática, vocabulario, etc.), a partir de las categorías que establecieron para ello en la unidad **4**. Finalmente, pídales que reescriban el texto sin errores y propóngales guardar este modelo de correo en su dosier.

Solución

Hola, Mercedes:
¡El viaje es súper! Ahora **estamos** en Argentina. Lars y yo **hemos** conocido otros **alemanes** que van también por la Panamericana y ahora **estamos** en una pensión. Por la noche los otros juegan **a las** cartas, pero yo no, porque yo **no sé jugar al** "Bridge". Yo **toco** la guitarra y miro las estrellas, que son **fantásticas** aquí. Hace buen tiempo y no **hace** frío. Mañana vamos **a** seguir y tenemos que **levantarnos** a las seis. No me **gusta**, pero es **necesario** porque la ruta es muy larga.
Bueno, muchos **saludos** de Markus y Lars.

c. Anime a sus alumnos/a a reflexionar sobre los errores que cometen con más frecuencia y pídales que los anoten. Luego, por turnos, se ponen en común. Recoja todas las respuestas en la pizarra y haga un *top* 5 de los errores más usuales de la clase. Aproveche esta información para plantear futuras actividades de refuerzo para sus estudiantes, a fin de ayudarles a mejorar en lo que se refiere a esos errores frecuentes.

8. Pida a sus alumnos/as que lean las instrucciones del juego y aclare las dudas que puedan surgir. Para las tarjetas, necesitará llevar cartulinas del mismo color. Primero tienen que preparar las tarjetas y, una vez corregidas, jugar en grupos de cuatro. Si cree que algunos/as de sus alumnos/as pueden tener problemas con la cantidad de tarjetas, plantee la actividad utilizando solo ocho tarjetas cada vez. Si lo ve oportuno, puede repetir el juego con otras ocho tarjetas diferentes. Pase por los grupos para comprobar que han entendido bien el funcionamiento del juego.

VERBOS REGULARES

	hablar	comer	vivir	levantarse
yo	hablo	como	vivo	me levanto
tú	hablas	comes	vives	te levantas
él, ella, usted	habla	come	vive	se levanta
nosotros, nosotras	hablamos	comemos	vivimos	nos levantamos
vosotros, vosotras	habláis	coméis	vivís	os levantáis
ellos, ellas, ustedes	hablan	comen	viven	se levantan
participio	hablado	comido	vivido	(me he) levantado
gerundio	hablando	comiendo	viviendo	(me estoy) levantando

VERBOS CON FORMAS IRREGULARES

e → ie **pensar**	o → ue **probar**	e → i **pedir**	c → zc **conocer**	i → í **enviar**	u → ú **continuar**	i → y **construir**
pienso	pruebo	pido	conozco	envío	continúo	construyo
piensas	pruebas	pides	conoces	envías	continúas	construyes
piensa	prueba	pide	conoce	envía	continúa	construye
pensamos	probamos	pedimos	conocemos	enviamos	continuamos	construimos
pensáis	probáis	pedís	conocéis	enviáis	continuáis	construís
piensan	prueban	piden	conocen	envían	continúan	construyen
pensado	probado	pedido	conocido	enviado	continuado	construido
pensando	probando	pidiendo	conociendo	enviando	continuando	construyendo

dar	**decir**	**dormir**	**estar**	**haber**	**hacer**	**ir**
doy	digo	duermo	estoy	he	hago	voy
das	dices	duermes	estás	has	haces	vas
da	dice	duerme	está	ha	hace	va
damos	decimos	dormimos	estamos	hemos	hacemos	vamos
dais	decís	dormís	estáis	habéis	hacéis	vais
dan	dicen	duermen	están	han	hacen	van
dado	dicho	dormido	estado	habido	hecho	ido
dando	diciendo	durmiendo	estando	habiendo	haciendo	yendo

jugar	**leer**	**oír**	**poder**	**poner**	**querer**	**saber**
juego	leo	oigo	puedo	pongo	quiero	sé
juegas	lees	oyes	puedes	pones	quieres	sabes
juega	lee	oye	puede	pone	quiere	sabe
jugamos	leemos	oímos	podemos	ponemos	queremos	sabemos
jugáis	leéis	oís	podéis	ponéis	queréis	sabéis
juegan	leen	oyen	pueden	ponen	quieren	saben
jugado	leído	oído	podido	puesto	querido	sabido
jugando	leyendo	oyendo	pudiendo	poniendo	queriendo	sabiendo

salir	**sentir**	**ser**	**tener**	**traer**	**venir**	**ver**	**volver**
salgo	siento	soy	tengo	traigo	vengo	veo	vuelvo
sales	sientes	eres	tienes	traes	vienes	ves	vuelves
sale	siente	es	tiene	trae	viene	ve	vuelve
salimos	sentimos	somos	tenemos	traemos	venimos	vemos	volvemos
salís	sentís	sois	tenéis	traéis	venís	veis	volvéis
salen	sienten	son	tienen	traen	vienen	ven	vuelven
salido	sentido	sido	tenido	traído	venido	visto	vuelto
saliendo	sintiendo	siendo	teniendo	trayendo	viniendo	viendo	volviendo

NOS VEMOS HOY 1

ILUSTRACIONES

Miguel Manich (studiomanich.com)

Excepto por: **U1**: p. 20 mystock2/AdobeStock, Dariia/AdobeStock; p. 22 miniature/GettyImages. **U4**: pp. 54-57 Dariia/AdobeStock. **U7**: p. 94 cnythzl/iStockPhoto, Enis Aksoy/iStockPhoto. **U11**: p. 140 SpicyTruffel/AdobeStock, Mary Long/AdobeStock, R-DESIGN/AdobeStock, logistock/AdobeStock, NADEZHDA/AdobeStock.

FOTOGRAFÍAS

Cubierta: karrastock/AdobeStock. **Primer contacto**: p. 11 SolStockjpg/iStockPhoto. **U1**: p. 12 Jiawangkun/Dreamstime.com, Jedynakanna/Dreamstime.com, lunamarina/AdobeStock, ondrejprosicky/AdobeStock, Richard Semik/AdobeStock, Francisco/AdobeStock, markop/AdobeStock, akulamatiau/AdobeStock, Emmanuel/AdobeStock, Noradoa/AdobeStock; p. 14 Guillermo/Wikimedia Commons, George Stroud/GettyImages, Jose Lara/Wikimedia Commons, Amy Sussman/GettyImages; p. 15 Brad Pict/AdobeStock; p. 16 Marcos/AdobeStock, TAGSTOCK2/AdobeStock, Andrea/AdobeStock, JackF/AdobeStock, Space _ Cat/AdobeStock, Kako Escalona/iStockPhoto; p. 18 Lunamarina/Dreamstime.com, Supachai Supachai/Dreamstime.com, Valentina Razumova/Dreamstime.com; p. 20 yaophotograph/AdobeStock; pp. 22-23 Jia Liu/GettyImages; p. 22 Connormah/wikimediacommons, Gina Pricope/GettyImages, Hugo Caballero-EyeEm/GettyImages, Mlenny/GettyImages; p. 23 Gian/AdobeStock, Galen Rowell/GettyImages, Antonio Busiello/GettyImages. **U2**: p. 26 Bojan89 _ 2/iStockPhoto, SeventyFour/iStockPhoto, Pitchayaarch/AdobeStock, mikhail _ kayl/AdobeStock; p. 27 AfricaImages/iStockPhoto, Pekic/iStockPhoto, Flamingo Images/AdobeStock; p. 28 mavoimages/AdobeStock, luckybusiness/AdobeStock; p. 30 DMEPhotography/iStockPhoto, PeopleImages/iStockPhoto, monkeybusinessimages/iStockPhoto, valentinrussanov/iStockPhoto, Laurence Dutton/iStockPhoto, Andrey Popov/AdobeStock, Ekaterina/AdobeStock, kupicoo/iStockPhoto; p. 31 Ridofranz/iStockPhoto; p. 32 Look!/AdobeStock; p. 33 design56/iStockPhoto, Rido/AdobeStock, fizkes/AdobeStock, elnariz/AdobeStock; p. 34 New Africa/AdobeStock; pp. 36-37 orestegaspari/iStockPhoto; p. 36 Krakenimages.com/AdobeStock, vitals/AdobeStock, Gage Skidmore/commons.wikimedia.org; p. 37 Carlos/AdobeStock, Andrea Izzotti/AdobeStock; p. 38 David _ Becker/GettyImages; p. 39 fizkes/iStockPhoto, JackF/AdobeStock. **U3**: p. 40 JenkoAtaman/AdobeStock, JenkoAtaman/AdobeStock, alfa27/AdobeStock; p. 41 nenetus/AdobeStock, Pepe Caparrós, dubova/AdobeStock; pp. 42, 46 John Phillips/GettyImages; p. 43 Krakenimages.com/AdobeStock, alfa27/AdobeStock; p. 44 Diana Taliun/AdobeStock; p. 45 nenetus/AdobeStock, JenkoAtaman/AdobeStock, kupicoo/AdobeStock; p. 47 Mangostar/AdobeStock; pp. 50-51 THPStock/AdobeStock; p. 50 Ranta Images/AdobeStock, lic0001/AdobeStock; p. 51 fredy/AdobeStock; p. 52 luckybusiness/AdobeStock; p. 53 Evrymmnt/AdobeStock. **U4**: p. 54 Jacob Lund/AdobeStock, nullplus/AdobeStock, Boggy/AdobeStock. **U5**: p. 60 bnenin/AdobeStock, Sarawut Kaewboonrueang/Dreamstime.com, Indigolotos/Dreamstime.com; p. 61 somchai20162516/AdobeStock; p. 62 Ppy2010ha/Dreamstime.com, Natalia Zakharova/Dreamstime.com, Olena Danileiko/Dreamstime.com, Freestocker/AdobeStock, pedrotalens.com/AdobeStock, JackF/AdobeStock, ValentynVolkov/iStockPhoto, fcafotodigital/iStockPhoto; p. 63 Lasse Kristensen/Dreamstime.com, Zbynek Pospisil/iStockPhoto, Alex Manzanares Muñoz/iStockPhoto, mythja/iStockPhoto, Freestocker/AdobeStock, EunikaSopotnicka/iStockPhoto; p. 65 Alvaro/AdobeStock; pp. 68-69 SimonDannhauer/iStockPhoto; p. 68 nering a petronaityte/EyeEm/AdobeStock, Dirk Ercken/Dreamstime.com, Sergio Quiros/AdobeStock; p. 69 esdelval/AdobeStock, Serge Goujon/Dreamstime.com; p. 70 PhotoArt Thomas Klee/AdobeStock, Production Perig/AdobeStock. **U6**: p. 72 Cmon/AdobeStock, SamyStClair/iStockPhoto; p. 73 LucVi/Shutterstock, Sorin Colac/Dreamstime.com, Jon Le-Bon/AdobeStock; pp. 72-73 cienpiesnf/AdobeStock; p. 74 LucVi/AdobeStock, mehdi/AdobeStock, aharond/AdobeStock, Eduardo /AdobeStock; p. 75 janifest/AdobeStock, anyaberkut/iStockPhoto; p. 77 izusek/iStockPhoto, Chouk/AdobeStock; p. 78 DC _ Colombia/iStockPhoto; p. 79 iferol/AdobeStock, Posztós János/AdobeStock, Devasahayam Chandra Dhas/iStockPhoto, Danaan/AdobeStock; p. 80 SeanPavonePhoto/AdobeStock; pp. 82-83 mehdi/AdobeStock; p. 82 Carlos/AdobeStock, MAUROOSO/AdobeStock, Devasahayam Chandra Dhas/iStockPhoto; p. 83 es.wikipedia.org, Sura Ark/GettyImages, anamejia18/AdobeStock; p. 84 jon _ chica/AdobeStock, bodnarphoto/AdobeStock; p. 85 DMEPhotography/iStockPhoto. **U7**: p. 86 Jan/AdobeStock; p. 87 Alex/iStockPhoto, olindana/iStockPhoto; p. 88 slava296/iStockPhoto, Alex/iStockPhoto; p. 89 ysbrandcosijn/AdobeStock, andrzej2012/AdobeStock, FG Trade/iStockPhoto; p. 91 Cmon/AdobeStock; p. 92 Iren _ Key/iStockPhoto; pp. 96-97 Eduardo Fonseca Arraes/GettyImages; p. 96 Morsa Images/iStockPhoto, Ammit/AdobeStock, Cavan Images/GettyImages, DC _ Colombia/GettyImages; p. 97 Konstik/GettyImages;

p. 98 Syda Productions/AdobeStock; p. 99 sonyachny/AdobeStock. **U8**: p. 102 Mariia Korneeva/AdobeStock. **U9**: p. 104 istanbulimage/iStockPhoto, TanyaRozhnovskaya/iStockPhoto, mawielobob/iStockPhoto, clu/iStockPhoto, ZavgSG/iStockPhoto; p. 105 DonNichols/iStockPhoto, Taek-sang Jeong/iStockPhoto, the-lightwriter/iStockPhoto, popovaphoto/iStockPhoto, naumoid/iStockPhoto, ilkersener/iStockPhoto; p. 106 andreusK/iStockPhoto; p. 107 maribom/AdobeStock, MarBom/iStockPhoto; p. 109 filrom/iStockPhoto, Charles Wollertz/iStockPhoto; p. 110 michelangeloop/AdobeStock, xalanx/iStockPhoto, Shcherbyna/AdobeStock, CRimages/AdobeStock; p. 112 martin-dm/iStockPhoto; pp. 114-115 christian vinces/AdobeStock; p. 114 ajr_images/iStockPhoto, Aleksandar Todorovic/AdobeStock, EnricoPescantini/AdobeStock; p. 115 Gary DeJidas/AdobeStock, lblinova/AdobeStock. **U10**: p. 118 DragonImages/iStockPhoto, mihailomilovanovic/iStockPhoto, pixelfit/iStockPhoto, 120bpm/AdobeStock; p. 119 BalanceFormCreative/AdobeStock, AleksandarNakic/iStockPhoto, lzf/iStockPhoto, denozy/iStockPhoto, Sonja Rachbauer/iStockPhoto, Raul_Mellado/iStockPhoto; p. 120 Ranta Images/AdobeStock, Marina Andrejchenko/AdobeStock; p. 121 NoSystem images/iStockPhoto, Prostock-Studio/iStockPhoto, 4th Life Photography/AdobeStock, SolStock/iStockPhoto, chabybucko/iStockPhoto, leszekglasner/iStockPhoto; p. 122 mavoimages/AdobeStock, ozmen/AdobeStock; p. 124 StratfordProductions/AdobeStock; pp. 124, 130 jacoblund/iStockPhoto; p. 125 Viacheslav Iakobchuk/AdobeStock, vorDa/GettyImages, grey/AdobeStock; pp. 128-129 sunsinger/AdobeStock; p. 128 DMEPhotography/iStockPhoto, LisaStrachan/iStockPhoto, Mariana Ianovska/AdobeStock; p. 129 Loïc Bourgeois/AdobeStock, lblinova/AdobeStock; p. 130 BullRun/AdobeStock. **U11**: p. 132 Bill Oxford/iStockPhoto, mariesacha/AdobeStock; p. 133 oben901/AdobeStock, imaginima/iStockPhoto, alexandre zveiger/AdobeStock, Madhourse/iStockPhoto; p. 136 Fertnig/iStockPhoto; p. 137 Guillermo Xiu; p. 138 Song_about_summer/AdobeStock; p. 139 mumemories/AdobeStock; pp. 142-143 ailtonsza/iStockPhoto; p. 142 Delmaine Donson/iStockPhoto, Edgardo/AdobeStock, andriigorulko/AdobeStock; p. 143 ggfoto/AdobeStock, Valeriy/AdobeStock, bruno oliveira/AdobeStock; p. 144 pressmaster/AdobeStock; p. 145 Framestock/AdobeStock, deagreez/AdobeStock, FluxFactory/iStockPhoto.